中公新書 2783

榎村寛之著

謎の平安前期

——桓武天皇から『源氏物語』誕生までの200年

中央公論新社刊

はじめに――平安時代は一つの時代なのか？

なよっとした平安時代

近年、平安《へいあん》時代のイメージは、十二単《じゅうにひとえ》と陰陽師《おんみょうじ》に代表されていると思う。たしかに両者の代表格、『源氏物語《げんじものがたり》』の作者紫式部《むらさきしきぶ》と、陰陽頭《おんみょうのかみ》の安倍晴明《あべのせいめい》（はれあきら）はそれぞれ映画にもなり、マンガやライトノベル、ゲームなどの創作でも欠かせないキャラクターになっている。二人が生きていた時代の権力者、藤原道長《ふじわらのみちなが》も、「この世をば我が世とぞ思ふ望月《もちづき》の欠けたることの無しと思へば」、娘三人を天皇の妃《きさき》に容《い》れ、外祖父の地位を確立して満月のように欠けるところもなくすべてを手に入れたという意味のこの「望月の歌」とともに広く知られている。

しかし注意していただきたいのは、藤原道長が生きていたのは九六六年から一〇二七年までである。平安時代とされるのは平安京遷都《へいあんきょうせんと》（都を移転すること）の七九四年から十二世紀末期の鎌倉《かまくら》幕府の確立までおよそ四〇〇年間もある。つまり紫式部も晴明も道長も、長い平安時代の中では、後半の二〇〇年の中に生きた人なのであり、平安時代はそれ以前に二〇〇年近くあったのだ。

ところが、遅くとも室町《むろまち》時代には、平安貴族は男女ともになよっとした、恋だの和歌だのに

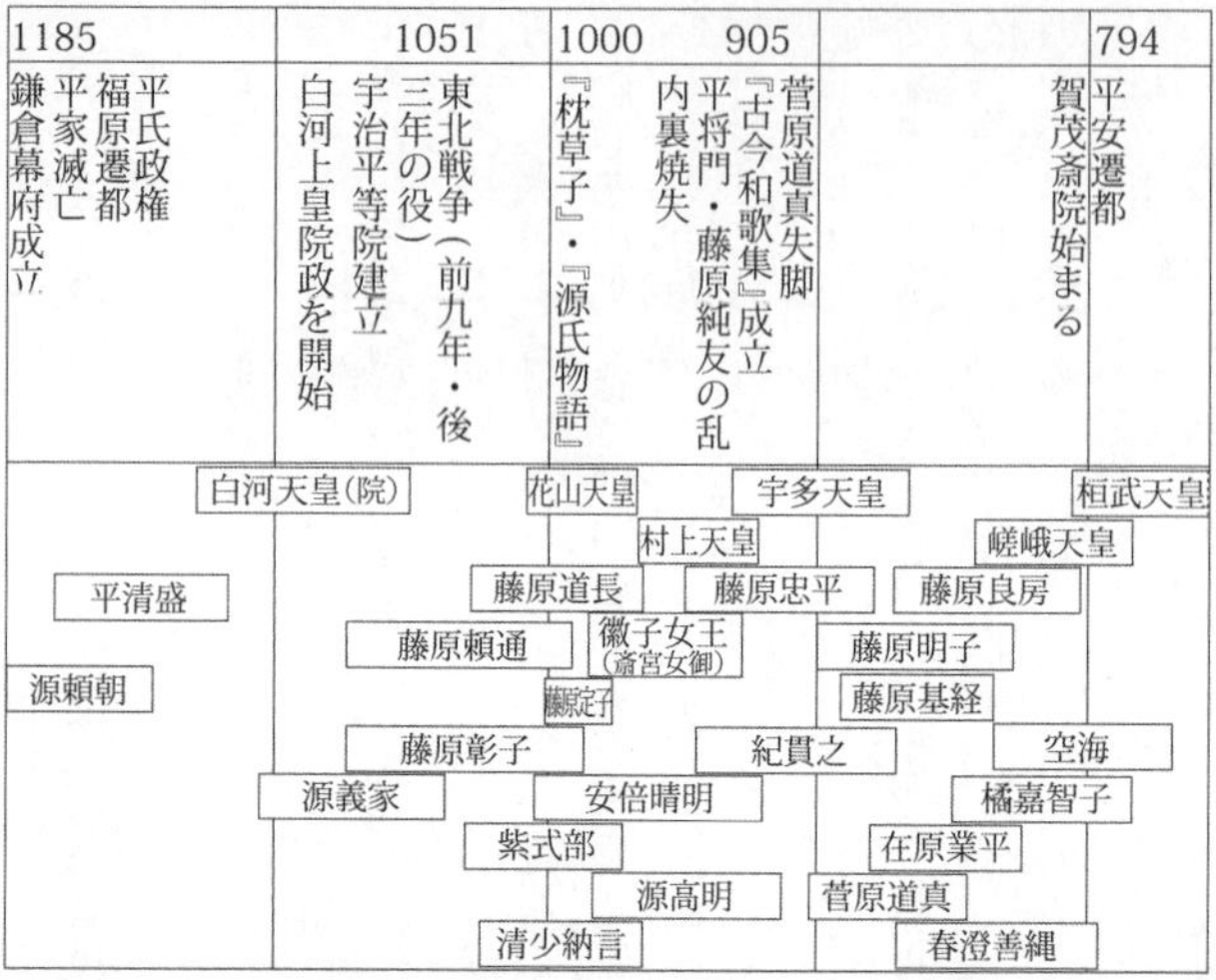

ひと目でわかる平安400年の事件人物表

うつを抜かし、政治はどこへやら、という固定的なイメージで理解されるようになっていた。なぜこうなったのか、それは武士の時代が本格的に到来し、貴族の政治的実権が衰えてきたことで、貴族を否定的に捉《とら》える風潮が強くなったことと深く関係している（実際には貴族も応仁《おうにん》の乱くらいまでは割合に頑張っている。貴族や天皇の本格的衰退は荘園《しょうえん》（貴族や寺社の私有する農地などの土地）が形骸化《けいがいか》して、経済的に室町幕府に頼らざるを得なくなる十五世紀後半からであり、決して政治をおろそかにした結果ではない）。そして江戸《えど》時代には「本来の王であったはずの天皇を操り人形にして社会をダメにした貴族たち」という否定的な歴史構図が平安時代四〇〇年を覆ってしまった。

そして、奈良《なら》時代と平安時代は、おおらか

で行動的な奈良時代と、よくいえばなよやかで上品な平安時代という対照的なイメージで語られるようになる。

わかりやすい奈良時代

私たち歴史研究者にとって、奈良時代とはわかりやすい時代である。なぜなら、奈良時代の政府は、日本と名づけたこの国を、いろいろな側面から分析して、その実態をとことん記録として残すことを目標にしていたからである。すなわち日本ではじめて、『大宝律令《たいほうりつりょう》』、『日本書紀《にほんしょき》』、『風土記《ふどき》』、あるいは戸籍《こせき》をはじめとした行政資料などの多様な文字記録が作られた。彼らは律令という成文法《せいぶんほう》に基づいて、政治を進め、支配の仕組みを作り上げた。いわばそれまで、形のなかった「社会」というものに、全国一律の均質な形を与えたのである。

たとえば、奈良時代の国家は、陸奥《むつ》から薩摩《さつま》（鹿児島県）まで、国家の支配するすべての範囲に「国」と「郡《こおり》」を置いた。この国という単位は幕末まで生きていたし、「あなたの生まれ故郷または出身地はどの地域ですか？」の意味で使う「お国はどちらですか？」という言葉なら今も生きているだろう。郡になると、市町村のような行政区域ではないが、今でも町や村をまとめた地理的な区分として機能しているところが全国にある。それは「国家に支配された集落」を、地形や水系、山や川、そして人口の集中具合などに基づいて、支配をしやすいように行われたグループ分けである。奈良時代に国ごとに編纂《へんさん》された『風土記』はまさにそうした地域のデータを集積した資料といえるだろう。つまり律令国家の国とは、未整理の日本の地域社会を、いくつかの「簡単な概念」をもとに切り分けたものだった。だからこそわかりやすく、支配に有効だったのである。

同じことは税や戸籍にもいえる。税は租《そ》（米の税）、庸《よう》（労働奉仕またはその代わりとしての麻布の税）、調《ちょう》（成人男性が納める麻布の税あるいは諸国名産品の税）からなっていた。特に租は、郡の正倉《しょうそう》に保管され、出挙《すいこ》という形で種もみとして五割の利率で農民に強制貸付される「地《ち》産地消《さんちしょう》」の税なので、都では誰もその実物は見たことがない税である。しかし都には正税帳《しょうぜいちょう》という帳簿の形でデータ化されて送られるので、支配層は書類上で詳細に確認できるようになっていた。彼らが知りたかったのは、地域の農業経営がうまく回っているかを「データで見ること」だったのである。

これに対して調は運脚夫《うんきゃくふ》に担がれ（これも雑徭《ぞうよう》という労働税で行われる）、国司《こくし》（国の支配者、つまり今の県知事以下の幹部職員。守《かみ》、介《すけ》、掾《じょう》、目《さかん》の四等官を総称して国司という。ただし中央の官人が任命される）の責任下で都に集約される。品目規定と人口からその総量は定められており、個々の物品には誰の税かわかるような書き込みや付札《つけふだ》（木簡）が付けられ、輸調帳《ゆちょうちょう》という帳簿とともに提出され、国庫で確認されて返抄《へんしょう》という領収書が発行される。庸は労働税だが、多くの場合その日数分の布生産で代用されるので、納税方法はだいたい調と同じで、輸庸帳《ゆようちょう》が作られる。つまり律令国家の税は、「山のようなお宝」というような漠然としたものではなく、すべてデータ化された帳簿とともに管理されていたのである。

一方、戸籍は郡司《ぐんじ》や里長《りちょう》といった地域支配をする地元採用の人たちが集落をしらみつぶしに歩いて作った住民の台帳（計帳《けいちょう》という）をまとめたものだ。そこには班田《はんでん》や徴税を行うため、性別・年齢・家族数・家族関係・兵士や障碍者《しょうがいしゃ》など日常労働に適さない人の数・奴婢《ぬひ》の所有などが書き上げられている。いわばすべての人々の「国家に必要な個人情報」だけを切り取った「データ集」である。

このように奈良時代の政権は、日本国中のデータを集めまくっていた。地方から都に大量の物資とともにデータが送られてきて、それが支配の基盤となっていた。まさに統計の時代なのである。

これらの数値データは、律令に基づいて集積、分類、整理、検討される。そして行政の基本、予算と決算が作成できるわけだ。そして行政法である律令は例外なく全国に適用できるのが建前である。つまり全国が一律に支配され、データはその成果として中央に集積される。それを活用して行政を行うのは、官位制《かんいせい》というランキングに基づいて各分野に配置された官人たちである。彼らの勤務もまた、上日制《じょうじつせい》という出勤報告制度によってデータとして掌握され、勤務評定がなされていた。

だから奈良時代はわかりやすいといえる。たまたまわかりやすかったのではなく、最初に触れた、「いろいろな側面から分析して、その実態をとことん記録することを目標にしていた」

から、わかりやすくなったのである、いや、わかりやすくしたのである。

簡略にいうならば、奈良時代とは、日本史上はじめて訪れたデジタル化社会なのである。六六三年の白村江《はくそんこう》の戦による百済《くだら》の最終的な滅亡の結果、大量の移民が膨大なデータとともに渡《と》来《らい》し、文化先進国だった百済の最新の技術・文化が支配層に共有された結果、生まれた情報化社会なのである。それは古代版の黒船の来航・文明開化といえるほどの変化の産物だった。

平安時代の後退したイメージは本物か？

これに対して平安時代は、そうした「デジタルデータが全く見えない社会」であるとイメージされてきた。社会は人間関係で動き、政治の動きも不透明で、律令はだんだん機能しなくなり、戸籍も空文化していく。国家全体の収入など誰も気にしなくなる。その意味では平安時代はアナログ＝人と社会の連続性・関係性で動いている時代といえる。その関係は、天皇と貴族の関係、上流貴族と下級貴族との関係、下級貴族と下級官人や地方豪族との関係など、目の前にある関係の連続だ。国家を維持していくことだけを目的とした社会、血縁とコネが社会の基本となり、貴族たちは政治に飽き飽きして、怠惰に日々を過ごし、奈良時代のような生き生きした活力が失われていく時代。一方地方では国の統制が及ばなくなり、西部劇のような自己救済・自己責任の世界が展開し、その中で在地《ざいち》領主《りょうしゅ》の武装が当たり前になり、そこから武士が生まれた。そして倦《う》み疲れた貴族に対して清新な気風を持ち続けた彼らが、新しい武士の時代を切りひらいていく……。というように、これまではかなり長い間考えられていた。

しかしながら、平安前期二〇〇年と後期二〇〇年は、その実態が大きく異なることが近年わかってきた。いや、政治・経済・文化などそれぞれの事象では異なっていることは早くからわかっていたのだが、全体像を比べると全く違う国家といっていいくらいに変わっていたのである。特に平安前期二〇〇年は巨大な転換期であり、平安時代から連想されがちな、比較的安定した平安後期にバトンを渡すまで、平安の名にそぐわない、面白く変化に富んだ時代が展開されていたのである。

そして奈良時代のイメージも実は近年大きく変わりつつある。透明なデジタルデータである戸籍や税の書類が、どこまで律令の実態を反映しているのか、機械の歯車のように機能していたとされる下級官人たちは、どこまで真面目に仕事をしていたのか。

そもそも下級官人の人生とは、郡司になれるような地域の有力者の子弟が都に出て宮廷に仕えるところから始まる。役人見習いの男子は舎人《とねり》に、宮廷女官《にょかん》を目指す女子は采女《うねめ》となった。彼らは都では下っ端でも、実家ではお坊っちゃま、お嬢様である。その実家の多くは、国家の末端とはいいながらも、二〇〇年くらい前のご先祖様は全長一〇〇メートル級の古墳《こふん》を造っていたという、地域の「王様」に等しい有力者（在地首長《ざいちしゅちょう》という言い方でくくられることが多い）だった。いくら国家の役人である国司が貴族の身分で大きな権力を持つとはいえ、しょせんは転勤族、彼ら郡司層を頼りにしないと地域支配もまともには進まないはずだ。その子弟を走狗《そうく》のごとく末端の走り使いとして扱うことが本当にできていたのか。今に通じる、中央と地方の行政関係の建前と本音が見え隠れしてくる。表面的にはデジタル化されて一体のものとなった奈良時代の国家がどのように変容して、「日本」という均質意識が定着したのか。その謎を解き明かす手がかりとして注目できるのが、平安前期の二〇〇年なのである。

平安を創っていく時代

平安前期二〇〇年は、奈良時代に作られた律令国家を基盤として、律令国家という外枠《そとわく》を残しながら、古代から中世に向けていろいろな試行錯誤が行われた時代である。私の認識する古代とは、中央政府の権限が強く、地方が中央に指導されて発展する集権的な時代、中世とは、地域社会が自立して、相互の政治経済的なつながりにより、国家のまとまりや求心性を維持していく時代である。広く見れば、鎌倉政権ができて「中央」が京単独から京・鎌倉の二択になるまでが古代の範囲内である。しかし平安後期二〇〇年には、荘園が自立的な村落とほとんど同じ意味になり、地域領主が貴族や大寺院の命令を簡単にきかなくなる社会、つまり基礎からの中世社会化が進むと考えている。前期二〇〇年はその前提として、いわば中央、地方のいろいろな人の顔が見えてくる時代であり、その完成点に、清少納言《せいしょうなごん》や紫式部が現れる。

彼らを注意して見ていくと、それ以前の二〇〇年が透けて見える。

なお、本書では、なじみのない人名をはじめ、書名・年号・地名などがたくさん出てきますが、できる限りふりがなを入れました。興味をお持ちになった方は、ネット検索しながら読んでいただくと、一人一人の人生をはじめ、それぞれのデータの歴史がわかり、より平安時代が浮かび上がってくるはずです。

今は調べ物のために図書館に籠もる時代ではなく、いつでもどこでも図書館にいるのと変わりない時代になり、私たちの若いころから見るとうらやましい限りです。スマホ片手に本書で気になった人物の人生をのぞいてみてください。

また、この時代の女性の名前は訓読みで読まれていたはずですが、読み方がわからないので、音読みするという慣習ができています。しかし本書では、訓読みに統一しました。訓読みのほうがより当時の雰囲気に近いからです。そのため、清少納言が仕えた皇后《こうごう》は「ていし」、紫式部が仕えた中宮《ちゅうぐう》は「しょうし」として知られていますが、本書では「さだこ」「あきこ」としています。イメージが少し違うかもしれませんが、ご了承ください。

目次

嵯峨		大原浄子 更衣　飯高宅刀自 秋篠高子 山田近子 宮人　大原全子 交野女王 文室文子 高階河子 広井某（弟名女） 長岡某（岡成女） 女孺　当麻某（治田麻呂女） ほか多数	参議源明 左大臣源信 大納言源弘 宮内卿源寛 参議源生 左大臣源融 参議源勤 正子（内）／業子（内） 仁子（内）／斉子（内） 有智子（内） 源潔姫 尚侍源全姫 ほか多数	⑪漢詩文学の勃興 ⑫天台・真言宗の定着 ⑬嵯峨譲位
淳和	桓武天皇 藤原旅子	皇后　正子（内） 妃（贈皇后）高志（内） 女御　永原原姫 橘氏子 更衣　藤原潔子 宮人　大中臣安子 橘船子 尚蔵　緒継女王 ほか	（皇）恒貞親王 基貞親王 （皇）恒世親王 良貞親王 氏子（内） 寛子（内） 崇子（内） ほか	
仁明	嵯峨天皇 橘嘉智子	女御（皇太后） 藤原順子 （贈皇太后） 藤原沢子 藤原貞子 滋野縄子 橘影子 更衣　紀種子 宮人　藤原賀登子 三国某（三国町） 高宗女王 百済王永慶 ほか多数	**文徳** **光孝** 宗康親王 人康親王 本康親王 宮内卿源覚 右大臣源多 右大臣源光 参議源冷 時子（内） 久子（内） 高子（内） ほか多数	⑭皇后の大変質 ⑮張宝高が献上物を進める ⑯恒貞親王辞太子

表1　平安前期200年の天皇の両親、キサキ、子女一覧①

子女の項の**太字**＝天皇、(皇)＝皇太子、(内)＝内親王、
皇后は淳和以降は置かれず。丸数字は序章年表に対応

天皇	両親	キサキ	子女	主要事件
光仁	志貴皇子 紀橡姫	皇后　井上(内) 夫人　高野新笠 ほか	**桓武**／早良親王 他戸親王／酒人(内) ほか	①東北38年戦争始まる
桓武	光仁天皇 高野新笠	皇后　藤原乙牟漏 妃　酒人(内) 夫人　藤原旅子 藤原吉子 多治比真宗 藤原小屎 女御　百済王教法 橘常子 坂上又子 坂上春子 藤原河子 藤原平子 百済王教仁 中臣豊子 女孺　百済永継 ほか多数	**平城**／**嵯峨**／**淳和** 伊予親王 葛原親王(平清盛らの祖先) 万多親王 仲野親王 高志(内) 朝原(内) 大宅(内)／高津(内) 甘南美(内) 伊都(内) 布勢(内) 大納言良岑安世 従四位上長岡岡成 ほか多数	②長岡京遷都 ③早良親王廃太子 ④伊勢神宮・斎王制度の改革 ⑤軍団・徴兵制廃止 ⑥平安京遷都 ⑦兄弟による皇位継承の形成
平城	桓武天皇 藤原乙牟漏	東宮妃(贈皇后) 藤原帯子 妃　朝原(内) 大宅(内) 宮人　伊勢継子 葛井藤子 尚侍　藤原薬子 上皇妃　甘南備(内) ほか	高岳親王 阿保親王 大原(内) ほか	
嵯峨	桓武天皇 藤原乙牟漏	皇后　橘嘉智子 妃　高津(内) 多治比高子 夫人　藤原緒夏 女御　百済王貴命 百済王慶命	**仁明** 秀良親王 業良親王 忠良親王 大納言源定 左大臣源常	⑧平城京還都計画 ⑨高岳親王廃太子 ⑩賀茂斎王始まる

		伴某(保平女?) 佐伯某 (いずれも退位後と見られる)	り) 儼子(内) 大納言源清蔭 刑部卿源清鑒 刑部卿源清遠	
光孝	仁明天皇 藤原沢子	女御(親王妃→皇太后) 班子女王 女御 藤原佳美子 藤原元善子 平等子 更衣 滋野直子 讃岐某(永直女) 藤原元子 宮人 菅原類子 某女王(正躬王女) 丹治某/布勢某 ほか	宇多/是忠親王 是貞親王/源元長 大蔵卿源旧鑑 従四位上源兼善 治部卿源近善 大納言源貞恒 大蔵卿源国紀 忠子(内)(女王として清和天皇女御→源賜姓→内親王) 簡子(内)/為子(内) 繁子(内)/源和子 ほか源氏賜姓された子女多数	㉒天皇系統の転換 ㉓仁和の地震 ㉔六国史の終わり
宇多	光孝天皇 班子女王	女御(皇太夫人) 藤原温子 女御(贈皇太后) 藤原胤子 橘義子 菅原衍子 更衣 徳姫女王 藤原保子 源久子 尚侍 藤原褒子(藤原時平女) 宮人 伊勢 ほか	醍醐/敦仁親王 敦慶親王/敦固親王 敦実親王/斉世親王 行明親王/雅明親王 (以上二人は譲位後に生まれ、醍醐猶子となる) 均子(内)(敦康親王妃) 柔子(内)/君子(内) 誨子(内)(元良親王妃) 源順子(藤原忠平室) ほか	㉕菅原道真、『類聚国史』を編纂 ㉖遣唐使中断

表2　平安前期200年の天皇の両親、キサキ、子女一覧②

子女の項の**太字**＝天皇、（皇）＝皇太子、（内）＝内親王、皇后は淳和以降は置かれず。丸数字は序章年表に対応

文徳	仁明天皇 藤原順子	女御（皇太后） 　藤原明子 女御　藤原古子 　藤原多賀幾子 更衣　紀静子 　滋野奥子 宮人　藤原列子 　藤原今子 　滋野岑子 ほか多数	**清和**／惟喬親王 惟条親王／惟彦親王 惟恒親王 儀子（内）／恬子（内） 述子（内）／掲子（内） 晏子（内）／慧子（内） 治部卿源本有 右大臣源能有 大宰大弐源行有 大蔵卿源定有 源済子（清和天皇女御） ほか多数	⑰大仏の首が落ちる
清和	文徳天皇 藤原明子	女御（皇太后） 　藤原高子 女御　藤原多美子 　藤原佳珠子 　隆子女王 　忠子女王 　源厳子／源済子 　源宜子 更衣　在原文子 　藤原某（良近女） 　藤原某（諸葛女） 　橘某（休蔭女） 　某女王（棟貞王女） 　佐伯某（子房女） 　大江某（音人女） ほか多数	**陽成** 貞保親王 貞辰親王 貞数親王（在原氏系の親王） 貞純親王（源頼朝らの祖先） 貞元親王 貞真親王 敦子（内） 識子（内） ほか多数	⑱清和天皇九歳で即位 ⑲御霊会始まる ⑳大伴氏没落
陽成	清和天皇 藤原高子	妃（上皇妃）綏子（内）（光孝皇女） 　姣子女王 宮人　藤原遠長女 　紀某	二品元長親王 三品元利親王 三品元良親王 三品元平親王（清和源氏の祖の異説あ	㉑陽成天皇の辞位

		藤原脩子 藤原有序 尚侍 藤原登子	盛子(内)/保子(内) ほか	
冷泉	村上天皇 藤原安子	中宮 昌子(内) 女御(贈皇太后) 藤原懐子 女御(贈皇太后) 藤原超子 女御 藤原怤子	**花山/三条** 為尊親王 敦道親王 尊子(内) ほか	㊳源高明の失脚
円融	村上天皇 藤原安子	中宮 藤原媓子 中宮 藤原遵子 女御(皇太后) 藤原詮子 女御 尊子(内) 更衣 藤原某(藤原懐忠女) 少将更衣	**一条**	㊴多分この頃に服制改革が行われる
花山	冷泉天皇 藤原懐子	女御 藤原忯子 藤原姚子 藤原諟子 婉子女王 出家後の愛人 平某(平祐之女 中務) 平平子(平祐忠女 中務の娘)	出家後の子女 清仁親王(冷泉天皇猶子) 昭登親王(冷泉天皇猶子) 某女王(上東門院女房) ほか	㊵花山天皇失踪事件
一条	円融天皇 藤原詮子	皇后 藤原定子 中宮 藤原彰子 女御 藤原義子 藤原元子 藤原尊子 御匣殿 藤原某(藤原道隆女 定子妹)	**後一条/後朱雀** 敦康親王/脩子(内) 媄子(内)	㊶藤原伊周失脚事件 ㊷枕草子できる ㊸源氏物語できる

表３　平安前期200年の天皇の両親、キサキ、子女一覧③

子女の項の**太字**＝天皇、（皇）＝皇太子、（内）＝内親王、
皇后は淳和以降は置かれず。丸数字は序章年表に対応

醍醐	宇多天皇 藤原胤子	中宮　藤原穏子 妃　為子（内） 女御　源和子 藤原能子 藤原和歌子 更衣　源封子 藤原鮮子 源某（昇女） 源周子 満子女王 藤原淑姫 藤原桑子 ほか	**朱雀／村上** 保明親王／常明親王 式明親王／有明親王 克明親王／代明親王 重明親王／盛明親王 兼明親王（左大臣源兼明） 章明親王 康子（内）（藤原師輔室） 勧子（内） 慶子（内）（敦固親王室） 韶子（内）／斉子（内） 宣子（内） 靖子（内）（藤原師氏室） 恭子（内）／婉子（内） 勤子（内）（藤原師輔室） 雅子（内）（藤原師輔室） 修子（内）（元良親王室） 普子（内）（源清平室） 英子（内） 左大臣源高明 参議源自明 刑部卿源為明 ほか	㉗醍醐天皇即位 ㉘菅原道真失脚 ㉙荘園整理令 ㉚古今和歌集完成 ㉛醍醐天皇ショック死事件 ㉜国語文芸の形成 ㉝国司（受領）の権限強化
朱雀	醍醐天皇 藤原穏子	女御　熙子女王（保明親王女） 藤原慶子	昌子（内）	㉞平将門・藤原純友の乱
村上	醍醐天皇 藤原穏子	中宮　藤原安子 女御　徽子女王 荘子女王 藤原述子 藤原芳子 更衣　源計子 藤原正妃 藤原祐姫	**冷泉／円融** 為平親王 具平親王（村上源氏の祖） 致平親王／昭平親王 広平親王／輔子（内） 資子（内）／選子（内） 規子（内）／楽子（内）	㉟伊勢斎王現役で死亡 ㊱内裏焼失 ㊲村上天皇亡くなる

図版制作・関根美有

序章　平安時代前期二〇〇年に何が起こったのか

年表からわかること

最初に、平安京《へいあんきょう》遷都から約二〇〇年の間に何が起こったのか、次の表のような前期二〇〇年の年表を作ってみた。ざっと見ていただきたいのだが、この時期は「平安」とはとてもいえない、実に面白い変化の時代だというイメージがつかめていただければと思う。

山城（京都盆地）への遷都から西暦九〇〇年くらいまでのできごと

① **774～811　東北38年戦争**：光仁《こうにん》期の陸奥《むつ》国桃生《ものう》城襲撃事件に始まり、桓武《かんむ》政権が東北の武力支配に乗り出し、伊治公呰麻呂《これはるのきみあざまろ》（780）、大墓公阿弖流為《たものきみあてるい》（789～802）らが抵抗。断続的な騒乱の時期がなんと38年間も続く。

② 784 **長岡京《ながおかきょう》遷都**：奈良盆地から京都盆地に都が移り、政治の中心となる。

③ 785 **早良親王《さわらしんのう》廃太子**：絶食死あるいは餓死して、祟《たた》りが恐れられ、崇道《すどう》天皇の諡号《おくりな》を贈られる（皇太子が廃される、その⑴）。

④ 780年代〜810年頃 **伊勢《いせ》神宮・斎王《さいおう》制度の改革**：神宮が法律（式）で支配されるようになり、斎宮《さいくう》（国史跡斎宮跡は三重県多気《たき》郡明和町《めいわちょう》に所在）には都市的な街区が造成される。

⑤ 792 **軍団《ぐんだん》・徴兵制の廃止**：東北、北九州等を除き成人男子の徴発による軍団が廃止され、郡司の一族の選抜メンバーが「健児《こんでい》」となり、治安維持を行うようになる。

⑥ 794 **平安京遷都**：長岡京《ながおかきょう》を10年で捨てて平安京（現在の京都市）に、古代最後の遷都。

⑦ 806 **兄弟による皇位継承の形成**：桓武の子供、平城《へいぜい》・嵯峨《さが》・淳和《じゅんな》が兄弟順に即位。

⑧ 810 **平城京還都《へいじょうきょうかんと》計画**：平城上皇《じょうこう》が平安京を捨てて平城京《へいじょうきょう》に還都すると宣言。嵯峨天皇と対立し身柄を拘束され、出家（平城上皇の乱・薬子《くすこ》の変）。

⑨ 810 **高岳《たかおか》親王廃太子**：高岳親王は平城天皇の皇子で嵯峨天皇の皇太子。皇太子を廃され、その後空海《くうかい》の弟子になり、入唐《にっとう》。さらに天竺《てんじく》に向かい消息不明に

（皇太子が廃される、その⑵）。

⑩ 810頃　賀茂《かも》斎王（斎院《さいいん》）始まる：賀茂斎王は、伊勢斎王（斎宮）と並び、天皇の代わりに京の守護神の賀茂神社に仕える皇女。嵯峨天皇が平城上皇との対立の克服を賀茂神社に祈願したのが始まりといわれる。初代は嵯峨の娘有智子《うちこ》内親王《ないしんのう》（なお最初の伊勢斎王は天武《てんむ》天皇の娘大来《おおく》皇女で、673年就任）。

⑪ 814　漢詩文学の勃興：はじめての勅撰《ちょくせん》（天皇の命令で編集されること。後には上皇や法皇の命令を含む）漢詩集《かんししゅう》、『凌雲集《りょううんしゅう》』が作られる。はじめての勅撰和歌《わか》集《しゅう》『古今和歌集《こきんわかしゅう》』より90年ほど早いことに注目。古代より漢詩こそインテリの証《あかし》であった。

⑫ 806〜　最澄《さいちょう》・空海による天台《てんだい》・真言宗《しんごんしゅう》の定着：唐《とう》の最新仏教がもたらされる。特に密教《みっきょう》は日本の仏教の形を全く異なったものとしていく。

⑬ 823　嵯峨譲位：上皇の政治的権限を返上するが、次代の淳和の兄で義父、次々代の仁明《にんみょう》の父という強い立場で政治を遠隔操作する。院《いん》による政治の始まり。

⑭ 833　皇后の大変質：淳和皇后正子《まさこ》内親王が天皇譲位に伴い皇太后《こうたいごう》になる。これを最後に醍醐《だいご》皇后藤原穏子《ふじわらのやすこ》まで、6代にわたり皇后が置かれず、天皇の母となった女御《にょうご》が皇太夫人《こうたいぶにん》・皇太后になる体制が続く。

⑮ 841　張宝高《ちょうほうこう》が献上物を進める：張宝高は新羅《しらぎ》の海商で政治家。新羅南端の清海《チョンヘ》へ

鎮《ジン》を拠点に唐・新羅・日本と交易し、広い影響力を持っていた。韓流《ハンりゅう》ドラマ『海神《ヘシン》』の主人公。

⑯ 842 **恒貞《つねさだ》親王皇太子を辞する**：嵯峨・淳和上皇が亡くなったすぐ後、淳和の子で仁明の皇太子だった恒貞親王を立てるクーデター計画が未然に発覚（承和《じょうわ》の変）。皇太子は辞する（皇太子が廃される、その⑶）。

⑰ 855 **大仏の首が落ちる**：斉衡《さいこう》の大地震で被災。復旧責任者を真如《しんにょ》入道親王こと高岳元皇太子が担当する。

⑱ 858 **清和《せいわ》天皇9歳で即位**：本来は家長的存在だった天皇に子供がなる最初。母、藤原明子《あきらけいこ》の父の藤原良房《よしふさ》が皇族以外ではじめて摂政《せっしょう》になる。

⑲ 863 **御霊会《ごりょうえ》始まる**：非業の死を遂げた政治的敗者の怨霊《おんりょう》を御霊として祀《まつ》る仏教イベント。平安宮《へいあんきゅう》付属の庭園、神泉苑《しんせんえん》を庶民にも開放して盛大に行う。

⑳ 866 **古代豪族大伴《おおとも》氏**（伴《とも》氏）、**政治の表舞台から実質的に消える**：応天門《おうてんもん》焼失事件の犯人として伴善男《よしお》、中庸《なかつね》父子が失脚する（応天門の変）。清和朝末期には政治に関わる貴族は藤原氏の中でも摂関家《せっかんけ》と、他には嵯峨源氏《げんじ》（嵯峨天皇の子供たち）がほとんどになる（灰原薬《はいばらやく》のマンガ『応天の門』に詳しく、宝塚《たからづか》歌劇でも上演された）。

㉑ 884 **陽成《ようぜい》天皇の辞位**：宮廷内で乳兄弟の源益《みなもとのまさる》を過失から死なせた事故による

という前代未聞の退位（18歳）。嵯峨から続いた天皇の父子継承が途切れる。

㉒ 884 **天皇系統の転換**：仁明の子、光孝《こうこう》天皇が即位。その子の宇《う》多《だ》天皇が継承し、天皇の系統が代わり、藤原基経《もとつね》が関白《かんぱく》として政治の実権を掌握する。

㉓ 887 **仁和《にんな》の大地震**：南海トラフ級の地震。畿内に大被害をもたらし、その後まもなく光孝天皇も亡くなる。

㉔ 887 **『六国史《りっこくし》』の終わり**：光孝朝の終了で『日本三代実録《にほんさんだいじつろく》』が完結し、『日本書紀《にほんしょき》』に始まる歴史をまとめた国史は以後作られなくなる（一〇ページ「六国史年表」参照）。

㉕ 892 **菅原道真《すがわらのみちざね》、『類聚国史《るいじゅこくし》』を編纂**：『六国史』を項目別に分けて年代順に再編集した辞典的な書物。以後、『延喜式《えんぎしき》』（927年完成。式＝律令《りつりょう》の施行細則を項目別に分類）、『類聚三代格《るいじゅさんだいきゃく》』（11世紀初頭完成。格＝律令の追加法を項目別に年代順に配列）など、辞典的に使われる法制書が編纂され、前例の利用が容易になる。

㉖ 894 **遣唐使《けんとうし》中断し民間外交に転換**：遣唐使に指名された菅原道真が唐の政治の乱れからその成果を期待できないという内容の上表《じょうひょう》をして延期、そのまま送られなくなり、結果的に唐や新羅の商人による民間交易への依存が高まる。

㉗ 897 **貴族として生まれた醍醐天皇が即位**：源維城《これざね》として生まれ、敦仁《あつひと》親王となり、

父の宇多天皇の譲位を受けて即位し、平安時代最長在位の天皇となる。

西暦一〇〇〇年くらいまでのできごと

㉘ 901 右大臣菅原道真の失脚・左遷：娘婿の皇子、斉世《ときよ》親王を即位させようとした疑いによる（昌泰《しょうたい》の変）。以後、藤原氏・源氏以外の大臣は出なくなる。道真の怨霊は、のちに王権守護神とされ、北野《きたの》天満宮に祀られる（947年頃）。

㉙ 902 荘園整理令《しょうえんせいりれい》：いわゆる「延喜《えんぎ》の荘園整理令」。皇族・貴族（院宮王臣家《いんぐうおうしんけ》）の大土地所有を規制する方針に転換。

㉚ 905 最初の勅撰和歌集、『古今和歌集』の完成：9世紀には私的な文芸活動だった和歌に、勅撰という公的な権威を与える。

㉛ 930 醍醐天皇ショック死事件：内裏清涼殿《だいりせいりょうでん》に落雷があり、菅原道真の祟りとみなされ、3ヶ月後に醍醐天皇が死去。のちに地獄に落ちたとする伝説が語られる。

㉜ 900年代前半　国語文芸の形成：『竹取物語《たけとりものがたり》』・『伊勢物語《いせものがたり》』・『土佐日記《とさにっき》』などが作られ、ひらがなによる文芸が定着する。

㉝ 900年代前期　**国司《こくし》（受領《ずりょう》）権限の強化**：9世紀より見られた、国司に徴税や警察など国の経営を任せる（受領国司《ずりょうこくし》）体制が定着。同時に地域有力者との対立が進み、平将門《たいらのまさかど》・藤原純友《ふじわらのすみとも》らの反乱の原因ともなる。

㉞ 935〜941　**平将門・藤原純友の乱**：地方に赴任した貴族の子弟が、地域有力者に迎えられて土着し、隣接する一族との内紛（承平《じょうへい》の乱）などを契機に反乱、国司を追放して広域支配を行う（天慶《てんぎょう》の乱。将門の場合）。海賊追捕《ついぶ》を通じて地域有力者とつながって土着し（承平の乱）、海賊行為を通じて大船団を編成、大宰府《だざいふ》から畿内まで瀬戸内海の海上交通を制する（天慶の乱。純友の場合）。ともに地域有力者同士の戦いで戦力を削《そ》がれ、壊滅する。

㉟ 946　**伊勢斎王現役での死亡の始まり**：村上《むらかみ》天皇代の斎王、英子《はなこ》内親王（醍醐天皇の娘）が現役のままで急逝。それまでは病気辞任はあったが、現役での死亡ははじめてで、伊勢神宮の怒りに触れたかともいわれる。

㊱ 960　**内裏が焼失する**：平安宮の内裏（天皇の生活空間）を中心に大規模な火災が起こり（天徳《てんとく》の内裏焼亡）、内侍所《ないしどころ》（高級女官詰所）に保管されていた神鏡も焼損する。

㊲ 967　**普通すぎる名前の天皇、村上《むらかみ》天皇ができる**：村上天皇は20年にわたる治世の後、在位のままで亡くなる。陵《りょう》墓《ぼ》の近くの地名が諡号《しごう》（貴人に死後贈る名

前）にされたため、あまりに普通の名前の天皇になる。

㊳ 969 **左大臣源高明《たかあきら》の失脚**：現役の左大臣が娘婿の皇子を即位させようとして失敗、というぬれぎぬ（安和《あんな》の変）。高明は西宮左大臣《にしのみやさだいじん》といわれるように、右京に大邸宅を構えていたが、右京はこの頃から衰退が顕著になっていた。

㊴ 900年代後半 **多分この頃に服制改革が行われる**：男性官人の袍《ほう》（上着）の色が整理され、女官や女房《にょうぼう》は唐衣《からぎぬ》に裳《も》、いわゆる十二単《じゅうにひとえ》の原型になる装束を着るようになる。

㊵ 986 **花山《かざん》天皇失踪事件**：ある日突然現役の天皇が失踪した、という信じられない事件が起こる。しかも発見されたときには僧になっていた。『大鏡《おおかがみ》』では安《あ》倍晴明《べのせいめい》も出てくるエピソード。

㊶ 996 **内大臣藤原伊周《ないだいじんふじわらのこれちか》（定子《さだこ》皇后の兄）失脚事件**：恋愛トラブルに行き違いが加わり、弓で射た相手が花山上皇。ライバル藤原道長（彰子中宮《あきこちゅうぐう》の父）の栄華の始まり（長徳《ちょうとく》の変）。

㊷ 1001頃？ **『枕草子《まくらのそうし》』できる**：現在の平安時代認識の基礎になった本、その(1)。

㊸ 1008頃？ **『源氏物語《げんじものがたり》』できる**：現在の平安時代認識の基礎になった本、その(2)。

年表を見てまずお気づきになるのは、九世紀の事項が多いということだろう。天皇や貴族が起こす戦争や大改革・大仏建立のようなビッグイベントに満ちた奈良《なら》時代の八世紀に比べると、平安時代の九世紀は律令国家《りつりょうこっか》の衰退期というマイナスイメージのつきまとう時代であるため、高校の教科書で習っても、ほとんど覚えていない方が多いだろう。

しかし実際には九世紀に数多くの改革が行われ、それが現在にも影響を与えていることも少なくない。それに対して十世紀は一見極端に事件の少ない時代である。ところが九世紀の改革路線を修正し、十世紀に起こった変化があってはじめて「平安時代」ができあがるということになる。

この年表にはいくつか注目してほしい点がある。まずは九世紀末に国が編纂した歴史書がなくなることだ。意外に知られていないが、八世紀をカバーする歴史書はほぼ『続日本紀《しょくにほんぎ》』一冊、しかし九世紀の歴史書は四冊もある。『続日本紀』が一冊四〇巻で奈良時代の九五年を書いているのに対して、『日本後紀《にほんこうき》』『続日本後紀《しょくにほんこうき》』『日本文徳天皇実録《にほんもんとくてんのうじつろく》』『日本三代実録《にほんさんだいじつろく》』の四冊一二〇巻で平安初期の九七年間にあてている。つまり、記録としては、九世紀のほうが断然詳しい。ところが九世紀末以降、正確には仁和《にんな》三年（八八七）以降、このような歴史書は全くなくなるのである。『新国史《しんこくし》』と仮称された史書（おそらく、宇多《うだ》・醍醐《だいご》朝＝八八七年から九三〇年までの歴史をまとめた書）の断片が記録されているものの、完成されないままに散逸し（一部は『日本紀略《にほんきりゃく》』に引用されたとも見られているが）、現在に伝わらない。

六国史年表（日本国が制作した歴史書）

名前	完成年	いつから	いつまで	備考
日本書紀	養老４年（720）	世界の始まり	持統天皇10年（697）	日本初の歴史書。大和政権と天武朝の正統性
続日本紀	延暦16年（797）	文武天皇元年（697）	延暦10年（791）	桓武朝の正統性
日本後紀	承和７年（840）	延暦11年（792）	天長10年（833）	編纂開始は弘仁10年（819）。同上
続日本後紀	貞観11年（869）	天長10年（833）	嘉祥３年（850）	編纂開始は斉衡２年（855）。一代一冊に変化
日本文徳天皇実録	元慶３年（879）	嘉祥３年（850）	天安２年（858）	編纂開始は貞観13年（871）。一代一冊
日本三代実録	延喜元年（901）	天安２年（858）	仁和３年（887）	宇多天皇の正統性と摂関政治の完成

もともと歴史書を作るということは、中国から伝わった文化だ。今から二〇〇〇年も前に書かれた『史記《しき》』や『漢書《かんじょ》』などの本の名をご存じの方も多いだろう。これらの中国歴史書の最新の本は何か。実は台湾《たいわん》で作られた『清史《しんし》』（一九六一年）で、さらに現在、中華人民共和国も『清史』を編纂しているという（二〇二一年現在未刊行）。つまり一つ前の王朝の史書を作る文化は今も生きている。ところが日本では自国の歴史を公的に記録する事業は、七二〇年に最初の歴史書『日本書紀《にほんしょき》』が完成してから二〇〇〇年と続かなかったのだ。

　上の表のように日本の歴史書は六冊あり、『六国史《りっこくし》』といわれるが、その最後、『日本三代実録』の序文には、「国家儀礼、慶事、災異はすべてのせる」とある。そこまで膨れ上がったデータ集積のシステムが、バブル崩壊のように消えてしまったのである。宇多・醍醐朝といえば天皇親政が行われ、「寛平《かんぴょう》・延喜《えんぎ》の治」といわれた政治的に重要な時代である。この時代の歴史書がないのは、歴史研究者には何とも痛い。なぜこのようなことが起こってしまったのか。

「歴史に学ぶ」から「先例を利用する」へ

単純にいうと、面倒臭くなってしまったからである。歴史書の編纂は収集した資料を時系列に配置し、政治的な意向も反映させて再構成するという膨大な事務作業を伴うものである。その大変さに疲れてしまったといえる。

しかし私は、それも歴史の必然だったと考えている。この変化は「過去のできごとから何を学ぶか」という歴史意識の変化によるものなのである。もともと中国の歴史書には、わが王朝の正当性を証明するために前王朝を批判的に検証する、という重要な目的があった。これは天命思想に基づき、国家簒奪《さんだつ》を正当化する、つまり前王朝は天という絶対的な存在に見放され、滅ぶべくして滅びたのであり、我々こそが天の意志を実行できる王朝であるというポーズの表れである。

しかし我が国の場合、そもそも『日本書紀』は律令国家のできるまでの歴史で、過去の王朝を批判的に検証しているわけではない。壬申《じんしん》の乱による近江《おうみ》政権打倒は重要事項ではあるから、やや中国の史書に似ているが、そもそもが「天神の子孫」の内紛なのだから、中国の王朝交替とは意味が違う。そして続く『続日本紀』は、後述するように天武《てんむ》天皇系に代わって即位した桓武《かんむ》天皇の政権の正当性を強調した点では、中国史書的ではあるが、これも王朝交替というわけではない。そして、九世紀に編纂された四種の史書になると、天皇の代々を適当に切っただけで、なぜここで本が替わるのかさえわからない。内容も詳細になってはいるが、人事異動や儀式の次第など、歴史的大事件ではない日常のできごとが多く、それはそれで歴史研究にはありがたいのだが、歴史書としてはダラダラとつまらなくなる。

そこに出てきたのが、類聚《るいじゅ》ものと呼ばれる文献である。寛平《かんぴょう》四年（八九二）に編纂された『類聚国史《るいじゅこくし》』は『六国史』を解体して、「神祇《じんぎ》」「帝王」「後宮《こうきゅう》」「斎宮《さいくう》」などの項目ごとに分けて時代順に並べた。『類聚三代格《るいじゅさんだいきゃく》』は、弘仁《こうにん》・貞観《じょうがん》・延喜の三回行われた律令の追加法「格」の集成を、内容別に分類し、時代順に再編集した。そして、弘仁・貞観・延喜の三代にわたる「式」（律令の施行細則《しこうさいそく》）を統合し、実施する官司《かんし》ごとに分類した『延喜式《えんぎしき》』もこれに近いものである。これらの書物は、一言でいえば政治の百科事典、今ならWikipediaにあたる便利本といえる。これらを使うことで、行政事務を行う際に、膨大な史書から先例を探す必要がなくなったのである。

そしておそらく、当時の行政担当者は気づいたのである。行政を行うなら、編纂された国史を作るより、それぞれの事務担当が生の声を残しておいたほうが便利じゃないかと。そして政治家がニュートラルな立場で選別した記録ではなく、直接の行政担当者の残した事務記録が「先例」としての価値を持ちはじめるようになる。こうして重要になったのが、行政を行う貴族たちが生の声を記した「貴族日記」なのである。

現在は散逸しているが、早くから『官曹事類《かんそうじるい》』という行政事務記録集が作られている。『続日本紀』が編纂されたときに採用されなかった行政記録をまとめた本らしい。つまり行政データベース自体は八世紀から作られていたのだ。九世紀にはそれは官司に保管され、最終的に歴史書に編纂されていたが、十世紀には天皇や貴族が、個人の日記として残す形に変化したわけだ。そしてそれぞれの立場で書かれた出来のいい日記は、いわば政治の指南書として家宝のように重要視されていく。政治の記録としての日記を書けることが有能な政治家の証になるのである。

「王朝は変わらないんじゃないかな」という実感の形成

歴史書が作られなくなったもう一つの大きな理由、それは古代王権の「歴史」に対する意識変化によるものだと思われる。先に述べたように、日本の場合、律令国家の完成を祝し、それ以前の時代との違いを明確にするために『日本書紀』が作られた。『日本書紀』は「律令国家前史」であり、『大宝律令《たいほうりつりょう》』が発布される直前の持統《じとう》天皇の退位で記述が終わる。ところが日本の史書は、その編纂を命じたのが、持統天皇の孫である文武《もんむ》天皇で、完成を見届けたのがその姉の元正《げんしょう》天皇であることからわかるように、前代の歴史を継承する形で時間が動いていて、過去とはつながっているため、批判的な視点はそもそも入りにくい。

第二の史書『続日本紀』もまた、平安京遷都直前の延暦《えんりゃく》十年（七九一）、つまり編纂を命じた桓武朝の半ばで終わる。突然「つづく」が出ておしまい、のドラマのような構成で、王朝ごとの歴史を記す中国の史書では考えられない。桓武は異母弟の皇太子他戸《おさべ》親王が廃された後に即位したというコンプレックスにより、生きているうちに自分の治世を肯定的に評価しておきたかったのだろう。このように、日本の史書は手本になった中国の史書とは大きく形が異なる。しかも政治家個人の事績と評価を行う「列伝《れつでん》」がない。たとえば小説『三国志演義《さんごくしえんぎ》』で知られる、関羽《かんう》の髯《ほおひげ》が立派だったことや、張飛《ちょうひ》が部下に厳しくそれが暗殺につながったことなどは『三国志《さんごくし》』の列伝がもとになっているように、列伝はエピソード集で、作者の人物評が書かれていて面白く、作者や後世の政治の考え方がわかる。

次の『日本後紀』は桓武後半から平城《へいぜい》、嵯峨《さが》、淳和《じゅんな》天皇まで四代の天皇の記録だが、かなりの部分が散逸してしまっている。これに限らず後半の四つの国史は写本が少なく、後世にあまり重要視されていなかったことがうかがえる。そして続く二つの国史にはこれまでにない新しい編纂姿勢が見られる。それは、『続日本後紀』＝仁明《にんみょう》天皇、『日本文徳天皇実録』＝文徳《もんとく》天皇と、一冊で天皇一人という関係が明確になったことである。これは中国の一王朝一史という考え方を、より個人史的に捉え直したものと考えられるだろう。そしてこの頃から「列伝」の代わりのように、有力な臣下が亡くなったときに、その人の伝記（かなり辛辣《しんらつ》なものもある）が記されるようになる。ところが最後の、『日本三代実録』は清和《せいわ》・陽成《ようぜい》・光孝《こうこう》天皇と三代にわたり、元の形に戻る。これは清和、陽成が幼帝で、清和は出家、陽成は一種のクーデターによる退位で評価が難しかったこと、編纂命令を出した宇多天皇が桓武同様に臣下から皇族に戻るという特殊な即位をした天皇で、自分の正統性を明確にしておきたかったことなどによると見られる。そして宇多新政以降、天皇と摂関《せっかん》がお互いに補い合い、役割分担をする姿勢が明確になることで、天皇の交替には政治的な大きな意味が薄れる（後述第四章一一三ページ以降）。つまり、天皇と藤原《ふじわら》氏摂関家《せっかんけ》が一体になったため、王権簒奪のような形での王朝の交替を強く意識することがなくなったのではないかと考えられるのである。

こうして、王朝交替という形で断絶した過去を批判的に評価する本、としての歴史書は日本においてはその価値を完全に失っていく。つまり変わりゆく歴史を重視する意識から、今でも使える先例を重視する意識へ、創造・改革から安定・維持へ、という転換が十世紀初頭に起こっていくのである。

大きな政府から小さな政府へ・その一——軍隊をなくして経費節減

さて、九世紀から十世紀にかけて、中央では大きな内乱が次第に少なくなっていく。奈良時代の八世紀は華やかな中にも殺伐とした時代であった。廃された王が一名、同じく皇后《こうごう》一名、殺された最高権力者一名、殺された皇族、貴族になるといちいち数え上げるのも大変なほどに多い。

しかし九世紀の政治は大きく異なってくる。皇太子の交替が三件、おそらく事件による天皇の退位が一件、いずれもいわばボヤで消し止められ、命は取られていない。

さらに、延暦十一年（七九二）に大規模な徴兵制による「軍団」が廃止される。農民兵を動員して大兵力を動かすのではなく、「健児《こんでい》」と呼ばれる地方豪族の子弟のみが公認の武力となり、宮廷の五衛府《ごえふ》の兵衛《ひょうえ》や衛士《えじ》を除いて、実戦的な兵士をほとんどリストラしてしまったのである。これは一般農民にはありがたい改革だったろうが、健児が一人では郡《こおり》や里《さと》の治安維持はできない。健児の制度下では、ある程度の部下を持つことは黙認されていたと思われる。いわば地方警察・治安維持を私兵に民間委託したといってもいい改革だった。律令国家としては直接の武力を失っていくことになり、先々に武士の台頭を生む原因の一つになっていくのである。

大きな政府から小さな政府へ・その二——私有地開発の公認で経済再生を

さらにこの時代には、大土地開発の規制が次第にゆるくなっていった。

律令国家とは公地公民制《こうちこうみんせい》、つまり農地は国のもので、水田は班田《はんでん》といい、国から国民である農民に均等に配られるもので、私有はできなかった。

「……しかし七二三年の三世一身法《さんぜいっしんのほう》で新耕地は三代にわたっての私有が、七四三年の墾田永年私財法《こんでんえいねんしざいほう》では永代の所有が認められるようになり、公地制は基礎から崩れていく……」と以前は考えられていた。だが、近年ではその説は否定されている。

もともと中国に由来する班田制は既成の農地をできるだけ平等に配布して生活を保障する法で、新規開拓地、墾田《こんでん》はその対象ではなく、農民の開発意欲を削がないように、墾田を認可しつつ届出制にするという形でバランスを取っていた。墾田永年私財法はそれにあたるもので、公地制の崩壊ではなく、補完する法であり、積極的な新耕地開発、荒地となっている耕地の再開発を、開発能力のある者に任せ、その収益を国家が回収する措置だった。つまり墾田永年私財法ではじめて、土地制度は完成したといえる。

たとえば初期の大荘園《しょうえん》領主として知られているのは東大寺《とうだいじ》などの大寺である。また、伊勢《いせ》神宮に仕えていた斎王《さいおう》、朝原《あさはら》内親王に退任後割り当てられた荘園は彼女の死後東大寺に、布勢《ふせ》内親王の名義で開発された荘園は東寺《とうじ》に寄進されている。大土地所有者はこうした皇族や貴族、つまり支配層だったのである。

それはもともと、天平《てんぴょう》九年（七三七）に発生した、感染症の大流行、いわゆる天平大パンデミックによる人口の激減により、農業が維持できず放棄される耕地が増加し、働き手を失った家族が離散して大量の難民が発生するなどの、社会崩壊の危機への対応策でもあったと考えられる。資本を持つ大貴族や寺院が地方の荒れ地を抱え込み、地域有力者を下請けにして再開発を促進する。地方有力者のもとには、家族を失った人々が大量に流入し、寄口《きこう》（居候）のような形で戸籍に登録されていたものと見られる。そうした「生き残った」人々を、その開発に動員することが期待されたのではないか。

またこの時代には、それまで布教活動を禁止されていた僧の行基《ぎょうき》集団が公認されて大仏造りに参加している。それは彼ら遊行《ゆぎょう》（僧が諸国をめぐり歩くこと）する仏教集団が、寺院造営の技術を応用した水利・土木技術を生かして港湾や水利の開発を行い、新田開発の基盤を整備して、地域有力者の支持を得ていたからと考えられる。つまり行基集団は単なる福祉団体でも、もちろん流民集団でもなく、大陸から伝来した土木・建築などの特殊技術を持つ開発法人だった。そして土木工事の人手は男女子供を問わず、いくらでも必要だったのである。

このように、墾田永年私財法とは、いわば崩壊寸前だった民政に民活を導入し、地域の再生を図る「雇用の創出」なのである。荘園の増加は、貴族や大寺院を肥え太らせ、政府の力を弱めるので「国家崩壊」である。あるいは地域の開発領主層がその権利を表立って主張する「封建革命」の始まりだというのが伝統的な見解だが、民間活力を国の外郭団体《がいかくだんたい》に導入して総生産を円滑に維持すると考えるのであれば、そして九世紀が八世紀以上に災害の頻発した時期であることを考えれば、公地制と荘園制という二重支配体制が、国家の負担を軽減する、バランスの取れた耕地有効活用として機能した側面はもっと評価されてもいい。つまり、国家の形より人民が食べていけるようにすることが国家の役目なのである。

大きな政府から小さな政府へ・その三――下級官人の生活は貴族や寺院に任せて支出を減らす

しかし荘園の収入は国家ではなく、所有者である大寺院や貴族に入るもので、国家財政を細らせ、国家基盤を弱めることには変わりはない。そのために九世紀の政府は、さらに弾力的な措置を取っていた。国家財政のかなりの部分を占める人件費の大削減、具体的には七位以下の官人をほとんどなくしてしまったのである。十世紀以降、史料上現れる官人はほとんどが六位以上で、七位、八位、初位《そい》などはほぼ見られなくなる。

では平安宮《へいあんきゅう》で下級事務を担っていた彼らはどこに行ったか、おそらく各役所の舎人《とねり》などの番上《ばんじょう》、つまり非常勤嘱託《しょくたく》のような立場になることや、貴族の仕事の下請けや財産管理を行う従者となるような道を選んだらしい。そして彼らは通常の収入に加え、舎人などの肩書きや主人の家の権力を利用して、官司に付属した田畑や主家の領地の拡大にも関わっていたようだ。九世紀には「王臣家《おうしんけ》」の家人《けにん》と呼ばれる人々の横暴を取り締まる禁制がしばしば出されている。おそらく公人でいるより、無位無官でも有力家の身内になるほうが、生活しやすくなったのであり、下級官人の消滅はこのような人の動きとも連動しているのであろう。本来下級官人に支払うはずの人件費を大貴族が肩代わりしたことになる。

それは寺院とて同様だった。大寺院の運営には大量の事務方職員が必要で、たとえば延暦《えんりゃく》寺《じ》には弘仁十四年（八二三）から俗別当《ぞくべっとう》と呼ばれる、公卿《くぎょう》が兼務する事務方のトップがおり、その下には相当な事務組織があった。八世紀の奈良時代では、これは造東大寺司《ぞうとうだいじし》に勤める国家公務員の仕事だったが、九世紀には外郭団体の職員になっていたのである。

十世紀以降の儀式の記録の中には、多くの庶民が見学していたことが記されている。九世紀の都は国家公務員を減らす一方で、都人、つまり都に住む庶民に多くの雇用を提供する場になっていたと考えられるのである。

地方官の権限を強めて、富を回収しよう

さて、九世紀には、多くの貴族がその娘を後宮に容れていたから、その華美な生活のために多額の資産をつぎ込むことになる。いわば貴族たちは国家から給与を得るだけではなく、王権の後援者、スポンサーとしての役割も果たすことになり、貴族が潤うと天皇や王家も潤う理屈になるのである。しかしそういう立場にない官人の生活は、たとえば五位以上の貴族でも決して豊かではなかったことが、多くの資料からわかっている。しかし、その中で別格なのは受《ず》領《りょう》、つまり地方に赴任した国守《こくしゅ》である。

現地赴任した国守の任務は、任期が終わって帰京しても終わらない。後任の国守が発行した解由状《げゆじょう》という業務引き継ぎ書を勘解由使《かげゆし》という監査官に提出し、任期中の監査を受けてはじめて完了するのである。しかし十世紀頃になると、赴任中は「国に規定の税を送り、極端に法に触れることがなければ」地域の王様として、一財産を作ることが黙認されるようになる。『今昔物語集《こんじゃくものがたりしゅう》』には十世紀後半の受領、谷に落ちてもヒラタケをたくさん取って上がってきた藤原陳忠《のぶただ》を評した「受領ハ倒ルル所ニ土ヲツカメ」、つまり転んでもただでは起きないとい

う有名な言葉があるが、これは受領の貪欲《どんよく》さを示すエピソードとしてよく使われる。それほどに受領は五位程度の下級貴族にはもうけ口になっていた。

しかしその背景には、能力の高い官人を選抜して問題の多い地域に赴任させ、民政や警察などに多くの権限を与えて、国の経営を一任するという九世紀の人事体制があったことが挙げられる。つまり中央からのコントロールではなく、現地の状況に合わせた国守の自由裁量が大幅に認可された結果、受領が生まれたのである。

さて、ここで素朴な疑問を持とう。受領はそれだけの収入を何に使うのか。高級海外ブランド品で簡単に身を飾れる時代ではない。豪華な邸宅も大して住みやすくはない。贅沢《ぜいたく》といっても高が知れている。それなのに彼らは富を求め続ける。なぜなのか。それは再投資するためである。権力者に奉仕して、次の除目《じもく》（人事異動）で再び受領になるため、その財産を費やすのである。つまり彼らの収入の大部分は大貴族に吸い上げられることになる。また、極楽往生《ごくらくおうじょう》を祈願したいということになれば、大寺院が寄付を手ぐすね引いて待っている。彼らの収入は宗教界にも回収されていくのである。

仏教も独特の進化を遂げて、自立する時代へ

さて、荘園領主の一方の雄である大寺院や仏教界にも、この時代には大きな変化が生まれた。そもそも八世紀には僧侶は国の許可がないと度牒《どちょう》、つまり出家免許はもらえなかった。しか

し鑑真《がんじん》が戒律《かいりつ》を中国からもたらした後、教団の自立傾向は強くなり、最新の仏教を唐からもたらした最澄《さいちょう》の天台宗《てんだいしゅう》、空海《くうかい》の真言宗《しんごんしゅう》は、国家から戒壇《かいだん》（新任の僧に戒律を授け、僧として認定する場）を置く権利をもぎ取った。奈良時代の南都六宗《なんとろくしゅう》とは違い、僧侶を再生産できる体制を作り、自己増殖を始めたのである。そのため、国家留学生として派遣された最澄は都に近い延暦寺を本拠として、以後この寺は、高級僧侶養成機関として機能するようになる。天台宗の僧侶集団は、貴族ではない地方有力者で、秀才だが血統がない子弟も頭角を現せる、ハイクラスのエリート集団となり、いわば宮廷の外部シンクタンクとして機能し、国家仏教という仕組みの頭脳の部分を支配するようになる。のちに法然《ほうねん》（地方豪族）や親鸞《しんらん》（下級貴族）、栄西《えいさい》（地方豪族）や日蓮《にちれん》（地方豪族？）ら、上級貴族以外、門閥《もんばつ》を問わない出自の有名僧が延暦寺で学んでいたことは偶然ではない。

一方真言宗は少し違う展開を遂げた。空海はほとんど私的な学問僧として唐に渡り、当時流行していた真言宗を学び、一式まとめて持ち帰り、九州で修行僧として名を売ってから都に戻った。つまり新しい仏教のカリスマ布教者として個人からスタートしたわけだ。さらに都から遠い高野山《こうやさん》を手に入れて修行の場を作る。しかし山に籠もったわけではなく、京内の官寺《かんじ》（国家によって造られ、監督を受ける寺院）だった東寺を任され、京と高野山に二大拠点を構えた、そして東大寺別当にも就任し、その後も真言宗は奈良時代の私度僧《しどそう》（官の許可なく出家した僧尼）で超能力者として有名な役小角《えんのおづぬ》ゆかりの大峰山《おおみねさん》の山岳信仰《さんがくしんこう》も傘下に収めて、京・奈良・

高野・大峰と南に直線的な展開を遂げることになる。

最澄・空海の二人によって日本の仏教は、高度な知識体系と奈良時代以前からあった呪術《じゅじゅつ》的な山岳信仰とが結びつき、その結果、日本独特の護国法会《ごこくほうえ》（法会とは仏法を説くために行われる僧侶や信者の集会で、法会を開くことで国を護《まも》れるという意識に基づく儀式）を最大の特徴にするスピリチュアルなイベント仏教に展開していく。そして天台宗が浄土教《じょうどきょう》信仰や禅宗《ぜんしゅう》の影響を取り込み、そこから鎌倉《かまくら》仏教が発展的に分化して、今、私たちが知る「仏教」のほとんどができあがるのである。

そして天台宗は、皇族や貴族の子弟を幹部として受け入れ、多くの有力寺院も傘下に収めていった。源平《げんぺい》の合戦の後の混乱期をなんとか収拾した関白九条兼実《かんぱくくじょうかねざね》と、天台宗のトップの天《てん》台座主《だいざす》慈円《じえん》が兄弟だったのは有名な話だが、平安後期には貴族と仏教界のトップの連携体制ができていたわけだ。さらに法親王《ほっしんのう》と呼ばれる皇族の出家ルートも確立され、政府の外郭団体である仏教界は、皇族をトップに置く門跡《もんぜき》寺院など皇族・貴族と一体化したシステムで国家と結びついていく。その発端はどうやら九世紀のようなのである。

奈良時代より平安時代の貴族のほうが豊かという不思議

奈良時代の貴族と平安時代の貴族を比べると、どうも不思議なことがある、と昔からいわれてきた。政治権力としては奈良時代の貴族のほうが大きいはずで、平安時代の貴族など年中行事以外生産性のある仕事はせず、いわば必死で働いているように見えない（実際には業務繁多《はんた》な貴族はたくさんいたのであり、行政官僚としての貴族は総じて大変忙しかった。ただ、現代の感覚からいえば、故実《こじつ》と呼ばれる瑣末《さまつ》すぎる作法に重点を置く結果忙しくなることが多いのも事実である）のに、たとえば長屋《ながや》王より藤原道長《みちなが》のほうがいい生活をしているように思える、ということである。

たしかにその通りかもしれない。たとえば正倉院《しょうそういん》宝物を見てみよう。その名品は唐からの渡来品《とらいひん》であるが、長安《ちょうあん》で発掘された法門寺《ほうもんじ》宝物に比べると見劣り感があることは否めない。日本で作られたと推定される奈良三彩などは明らかに出来が悪い。そして螺鈿《らでん》などの装飾は多いが、金銀の装飾が意外に少ない。

ところが平安時代後期になると、たとえば厳島《いつくしま》神社の平家納経《へいけのうきょう》や中尊寺《ちゅうそんじ》経のような経典《きょうてん》一つにしても、金字、銀字を取り合わせ、オールカラーの美麗な下絵を描き、金銀箔《きんぎんぱく》をふんだんに使って装飾するようなものが見られるようになる。砂金の産地であった東北の奥州藤原氏《ふじわらし》が天治《てんじ》元年（一一二四）に建立した中尊寺金色堂《ちゅうそんじこんじきどう》（岩手県西磐井《にしいわい》郡平泉町《ひらいずみちょう》）は堂内外に金箔《きんぱく》が煌《きら》びやかに貼りめぐらされている。これにより院政期《いんせいき》の都の寺院群も金色堂に勝るとも劣らない姿であったと推定される。平重盛《たいらのしげもり》が中国育王山《いくおうさん》に砂金三〇〇〇両（一両四〇グラムとすると約一二〇キログラム）を送ったなどという話は多分フィクションだろうが、黄金の島ジパング伝説のもとになった金銀を利用した交易があったとしても不思議ではないと思う。

中央政権の権限や徴税機能は弱まっていたはずなのに確かに贅沢をしているのである。これは権力の劣化というより、ここまで見て来た国家経営の合理化の結果、国全体が豊かになったからではないか。そしてこの変化こそが九世紀から十世紀にかけて行われてきた多様な試行錯誤、つまり日本がまだまだどのような国になるかわからない時代の選択肢が行きついたところなのではないかと思う。

その意味で九世紀から十世紀の歴史は、いろいろな日本の可能性を考えるとともに、現代に生きる私たちの立ち位置の基本がどこにあるのかと考える素材となると思うのである。

第一章　すべては桓武天皇の行き当たりばったりから始まった

平安時代のイメージと桓武天皇

まず、図1を見ていただきたい。この絵は六四五年の蘇我入鹿《そがのいるか》の暗殺、つまり乙巳《いっし》の変（大《たい》化改新《かのかいしん》のきっかけとなったクーデター）を描いている。しかしお気づきのように、どこか変だ。そう、入鹿や彼を討つ中大兄皇子《なかのおおえのおうじ》たちらしき人々も、御簾《みす》の奥で横を向いている皇極《こうぎょく》天皇らしい女性も、みんな平安時代の風俗になっている。奈良県桜井《さくらい》市の談山《たんざん》神社の縁起を伝える『多武峯縁起《とうのみねえんぎ》』、多分中世末期、十六世紀頃の画風である。

次に図2である。この戦いは六七二年の壬申《じんしん》の乱のクライマックス「勢多《せた》（瀬田《せた》）橋《ばし》の戦」なのだが、この風俗もどう見ても源平合戦絵《げんぺいかっせんえ》に見られる、平安時代のものである。福岡県筑紫《ちくし》野《の》市の武蔵寺《ぶぞうじ》の所蔵する『武蔵寺縁起《ぶぞうじえんぎ》』、近世中期、十八世紀頃の作品と考えられる。

このように、江戸《えど》時代以前、古代といえば、まず平安時代のイメージしか残っていなかったのである。私たちが知っている飛鳥《あすか》、奈良《なら》時代のイメージは、たとえば、安田靫彦《やすだゆきひこ》「飛鳥の春

図１　「乙巳の変・蘇我入鹿の暗殺」『多武峯縁起』（談山神社蔵）

図２　「壬申の乱・近江瀬田橋の戦」『武蔵寺縁起』第四幅（武蔵寺所有、筑紫野市歴史博物館提供）

図3　『源氏物語絵巻』夕霧帖模本（京都市立芸術大学芸術資料館蔵）

の額田王《ぬかたのおおきみ》」の中国風のベストにスカート、ショールの活動的な服装などに代表されると思う。しかしこれは、近代に研究が重ねられ、八世紀の正倉院《しょうそういん》宝物や七世紀の奈良県中宮寺《ちゅうぐうじ》蔵の『天寿国繡帳《てんじゅこくしゅうちょう》』、さらには五、六世紀の埴輪《はにわ》像などから再現されたイメージである。もちろん高松塚古墳《たかまつづかこふん》壁画の男女群像の果たした役割は限りなく大きい。そしてそれ以前の江戸時代の知識人たちは、今、私たちが平安時代といって思い出す姿を、飛鳥・奈良時代以来の姿だと思っていたわけだ。江戸時代人が無知だったわけではない、平安時代のイメージ固定がそれほどに強かった証拠なのだ。

しかし、このいわゆる平安風俗、専門的にいえば、男性貴族は衣冠束帯《いかんそくたい》、女性貴族は唐衣裳《からぎぬも》や小袿《こうちぎ》、つまり十二単《じゅうにひとえ》として知られる衣装を着る姿は、平安時代中期以降でないと確実には確認できない。一例を挙げよう。

国宝『源氏物語絵巻《げんじものがたりえまき》』（図3参照）は、『源氏物語《げんじものがたり》』や平安時代のイメージの根幹にある作品といえるだろう。

図4　中国風礼服の桓武天皇図（延暦寺蔵）

しかしその制作時期は十二世紀前半、つまり摂関期《せっかんき》ではなく院政期《いんせいき》と見られている。そして『源氏物語』の書かれたのは十世紀末から十一世紀初頭と見られているので、紫式部《むらさきしきぶ》が実際に見ていたものより百数十年後の宮中風俗で描かれているのである。百数十年といえば、江戸時代なら徳川家康《とくがわいえやす》のころから家光《いえみつ》・綱吉《つなよし》を飛び越えて吉宗《よしむね》の時代まで行ってしまう。つまり、『源氏物語絵巻』は、「暴れん坊将軍」が大坂《おおさか》夏の陣で暴れまくるくらいのイメージで描かれているのである。

実際、江戸時代に書かれたものだが、伊勢貞丈《いせさだたけ》という故実家（古いしきたりや社会風俗を研究する人）の書いた『貞丈雑記《ていじょうざっき》』では、公家《くげ》の化粧は源有仁《みなもとのありひと》（十一世紀後半の後三条《ごさんじょう》天皇の孫。一一〇三〜四七）が始めたとする説を紹介している。とすれば、私たちの知る貴族像は、紫式部の見た貴族の姿とはかけ離れていたかもしれないのである。私たちの持っている平安時代イメージは、実は院政期以降に限定されるといっても過言ではないと思う。

ここまでご理解いただいた上で、次に図4を見ていただきたい。これは延暦寺《えんりゃくじ》所蔵の桓武《かんむ》天皇画像である。もちろん平安時代のものではなく、やはり中世後期のものと見られるが、いささか異様な姿をしている。単純にいえば「日本風」ではない。これは中国の皇帝の礼服を意識した肖像となっている。実は唐風《とうふう》の礼服は天皇の晴れ姿で、桓武天皇の息子、嵯峨《さが》天皇の時代に袞冕《こんべん》十二章（冕服《べんぷく》）と称する礼服が定められ、明治直前の孝明《こうめい》天皇まで即位式など重要儀礼で着装していた。つまり平安時代以来、天皇には、日本風とはかけ離れた中国風の王者というイメージも付いていたのである。

このイメージは日本史上の天皇の立ち位置と深く関係している。そして、それは桓武天皇が怒濤《どとう》と迷走の生涯をかけて築き上げた遺産なのである。しかし彼自身は、中年になるまでそんなことはおそらく予想もしていなかった。

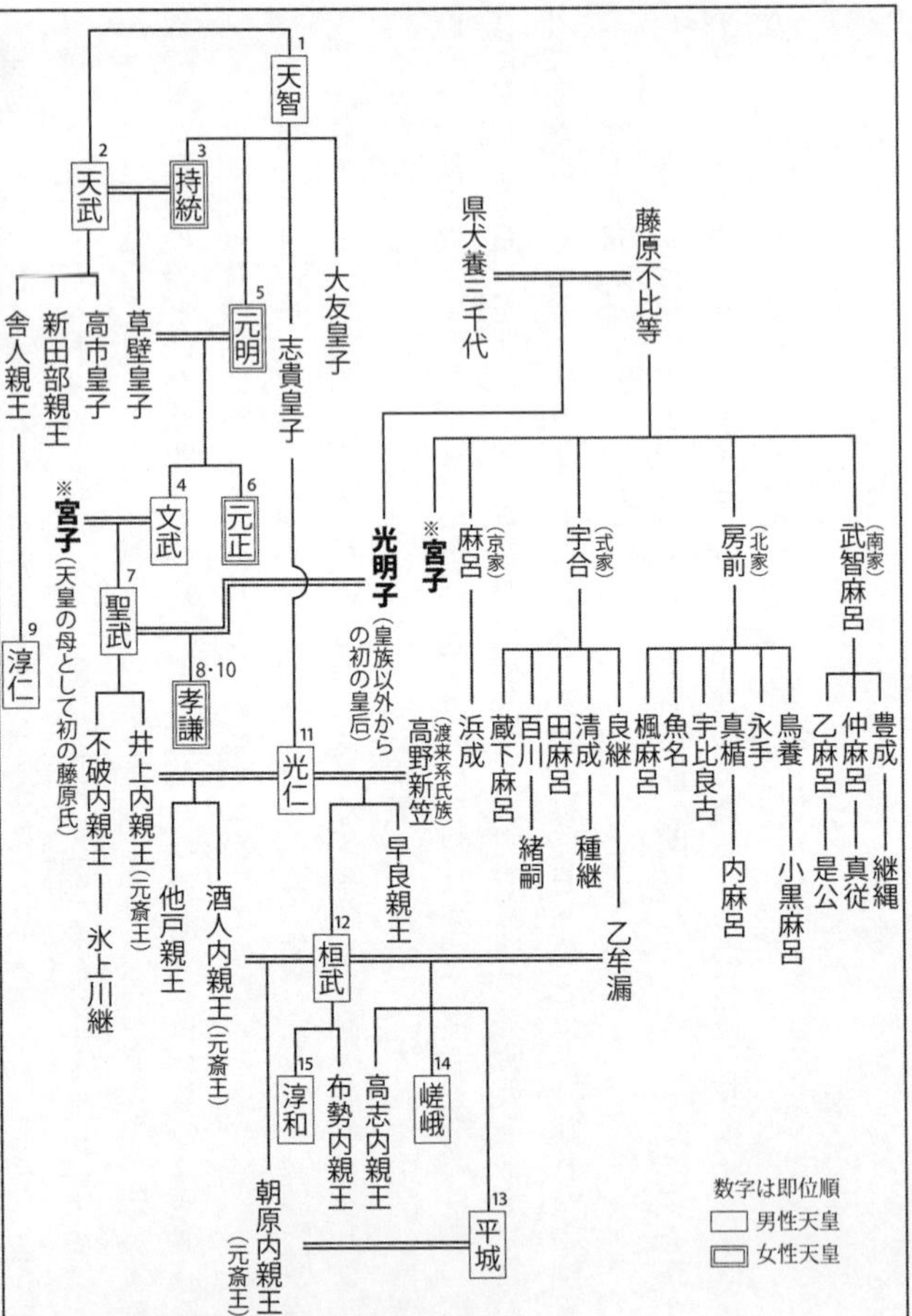

天皇家・藤原氏重要人物関係系図（８世紀編）
＊藤原氏の血統の最初の天皇は聖武
＊桓武は渡来系氏族の血を引く特殊な天皇

桓武天皇の立ち位置と政権掌握

桓武天皇は奈良時代最後の天皇だが、律令国家《りつりょうこっか》の王としての基準ではいろいろ変わった天皇である。

まず第一に、白壁王《しらかべ》の子、つまり天智天皇《てんじ》の三世王（つまり曽孫《そうそん》）として生まれたこと。王から天皇になったのは大炊王《おおい》（淳仁天皇《じゅんにん》）の前例があるが、大炊王は舎人親王《とねり》の子で二世王（天武天皇《てんむ》の孫）である。

第二に母が倭新笠《やまとのにいがさ》（のちに改姓されて高野新笠《たかののにいがさ》）、渡来系《とらいけい》氏族の出身であること。六世紀以来天皇は両親とも皇族というのが政権を構成する豪族たちから支持される安定継承の条件だったようで、豪族たち（群臣という）はそういう王子にレガリア（王のしるし、のちの三種の神器の原型）を捧《ささ》げ、大王《おおきみ》として服属を誓うのが本来の即位式だった。天智天皇の長男大友《おおとも》皇子、天武天皇の長男である高市《たけち》皇子らは政権の中心だった時期もあるのに、母が地方豪族出身のため即位には至らなかったのである。

第三に異母「弟」の皇太子他戸《おさべ》親王の廃太子の後に皇太子になったことである。皇太子が廃された例としては孝謙《こうけん》天皇の皇太子だった道祖王《ふなど》がいるが、道祖王の父は新田部《にいたべ》親王で、母は明らかではない。他戸親王の母は聖武《しょうむ》皇女で聖武朝の斎王《さいおう》だった井上《いのえ》内親王である。つまり母が尊貴な生まれで、聖武の外孫《がいそん》であるがゆえに皇太子になったのであり、父の白壁王が光仁《こうにん》天皇として即位できたのも他戸がいたからだったのである。その皇太子を廃して、母の血統に関係なく長男が継承した桓武の即位は、奈良時代以前より続いた天皇継承方針の大転換でもあった。

　このように桓武天皇は、天皇になれる皇族の条件をほとんどクリアしていないまま即位したのである。こういう天皇は、ほとんど権力が伴わないお飾り的な存在で終わるのがこれまでの前例だった。そのマイナスイメージを払拭《ふっしょく》するためには、天皇像の大転換が必要だったのである。

　そして桓武にとってもう一つのプレッシャーは、父、光仁が皇太弟に指名したと見られる、同母弟の早良《さわら》親王の存在だった。早良はもともと出家しており、親王禅師《しんのうぜんじ》ともいわれ、聖武天皇が全精力を傾けた権力の象徴である東大寺《とうだいじ》と深い関係を持っていた。桓武にはそうした仏教界とのパイプはない。桓武が連携できるのは藤原《ふじわら》氏、それもおそらく皇太子となってから結婚した妃《きさき》だった藤原乙牟漏《おとむろ》が属する藤原式家《しきけ》のみだった。ところが、長岡京《ながおかきょう》遷都の直後、式家のエースで桓武の片腕ともいえた藤原種継《たねつぐ》（乙牟漏の従兄）が暗殺されるという事件が起こる。首謀者とされたのは大伴《おおとも》氏の代表格になったばかりの大伴継人《つぐひと》らで、同年に亡くなっていた同族の中納言《ちゅうなごん》大伴家持《おおとものやかもち》は生前にさかのぼって官位を剥奪《はくだつ》される。なおも桓武の怒りは収まらず、この事件に春宮坊《とうぐうぼう》（皇太子に仕える役所）の官人が関わっていたことから、早良親王が事件の背後にいたとして廃太子して淡路《あわじ》（兵庫県）に配流することを決め、幽閉して餓死させた（または抗議の絶食自殺をしたとも）。さらに遺体を淡路に送るという見せしめ的な刑罰に処している。そして後継の皇太子に据えたのは長男の安殿親王《あて》（平城天皇《へいぜい》）である。桓武は弟二人（他戸と早良）が排除されたことで天皇位を息子に譲る体制を作れたわけだ。しかしこの政変の結果、桓武は種継を失うとともに、護国の象徴であるはずの奈良仏教界まで敵に回すことになりかねない立場になってしまった。

ところが桓武に幸運だったのは、乙牟漏の父の良継《よしつぐ》が宝亀《ほうき》八年（七七七）に、その弟の蔵下麻呂《くらじまろ》、北家《ほっけ》の永手《ながて》、楓麻呂《かえでまろ》も光仁朝中に相次いで亡くなり、光仁死去（七八二年）直後に起こった氷上川継《ひかみのかわつぐ》の乱に関連して京家《きょうけ》の浜成《はまなり》が左遷されるなどのできごとが相次ぎ、即位した時点で彼より年上の藤原氏のリーダーがほぼいなくなっていたことである。左大臣は魚名《うおな》（北家。七八三年没）、右大臣は田麻呂《たまろ》（式家。七八三年没）、大納言《だいなごん》は是公《これきみ》（南家《なんけ》。七八九年没）だったが、いずれも巨魁《きょかい》といえるほどの足跡は残せないまま、平安京遷都までに亡くなっていた。

その結果、平安京遷都が行われた延暦十三年（七九四）には左大臣は不在、右大臣に藤原継縄《ただつぐ》（南家）、大納言に藤原小黒麻呂《おぐろまろ》（北家）がいるだけで、事実上桓武の専制的な体制ができあがっていた。長岡京遷都、平安京遷都は桓武の専制君主、つまりわがままを通せる王としての成長の成果だったといえるのである。

山城遷都の歴史的な意義――大和川水系から淀川水系へ

とはいっても、山城《やましろ》（京都府）への遷都は桓武の気まぐれで始まったわけではない。それは

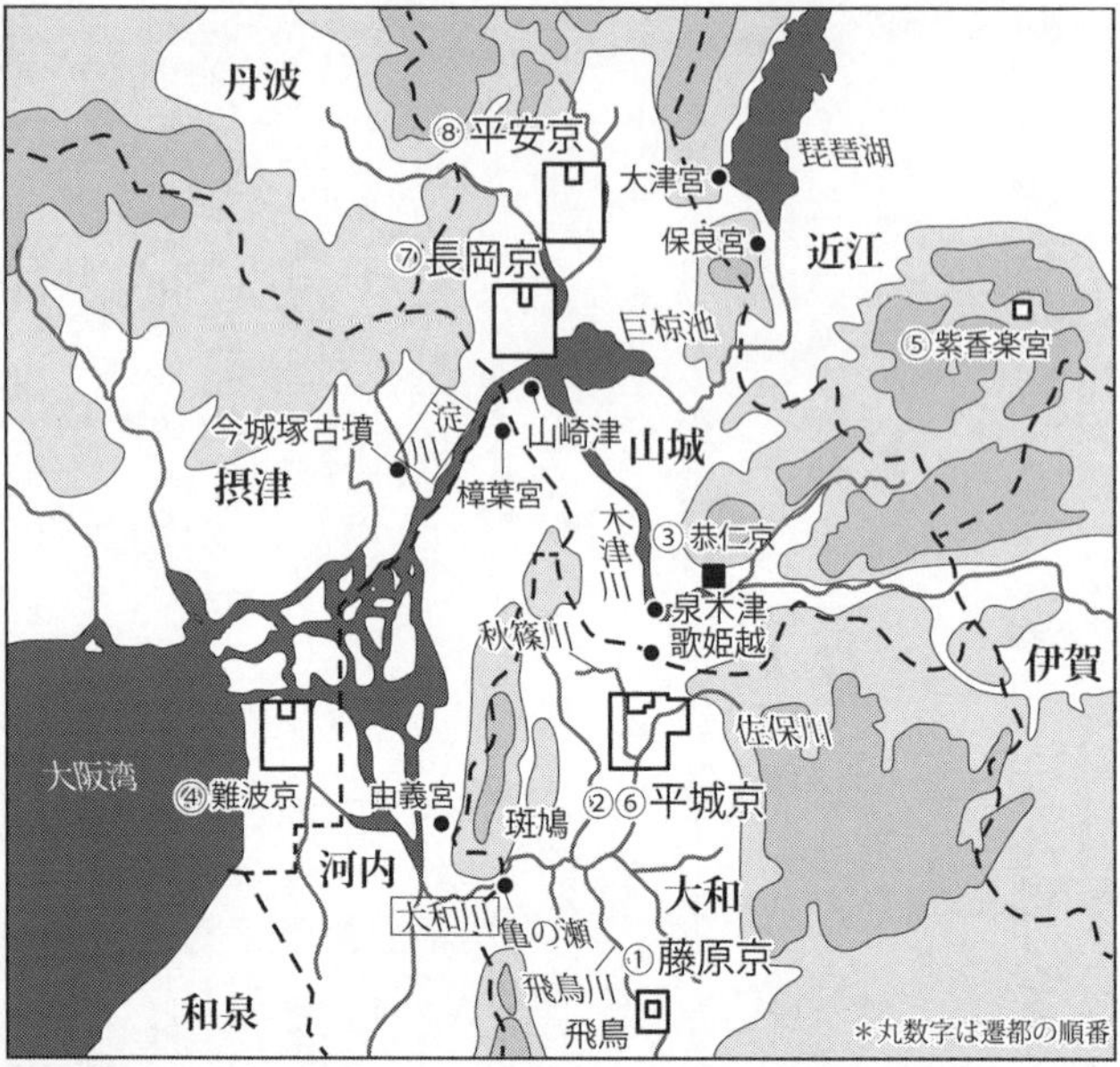

古代宮・京と津（港）と川の位置図（大和川水系と淀川水系）

そもそも、飛鳥時代に始まる大きな二つの政治路線に由来する。大和川《やまとがわ》水系か淀川《よどがわ》水系か、という問題である。

「大和《やまと》は国のまほろば」といわれた奈良盆地南部が飛鳥《あすか》、そこを流れるのが飛鳥川《あすかがわ》である。今は小さな川に見えるが、これを下っていくと斑鳩《いかるが》、つまり法隆寺《ほうりゅうじ》近くで、奈良盆地中の小河川が集まって大和川となり、亀《かめ》の瀬《せ》と呼ばれる急流を下り大阪府に入る。そして大和川（旧大和川）は北上して難波《なにわ》津《つ》に至る。これが飛鳥・斑鳩・難波《なにわ》の三拠点を結ぶ七世紀以前の大動脈である。そして奈良時代になり、都が飛鳥を離れても、大和川の重要性は変わらなかった。飛鳥川に代わるのは秋篠川《あきしのがわ》と佐保川《さほがわ》である。
しかし平城京《へいじょうきょう》にはもう一箇所大きな交通拠点があった。山城国の泉木津《いずみのきづ》（現京都府木津川《きづがわ》市木津《きづ》）である。ここは木津川に面した川港で、木津川を下ると山崎津《やまざきのつ》で淀川に合流し、難波に至る。平城京からは歌姫越《うたひめごえ》の峠道があるが、水量は大きく、大規模な物資運搬には適していた。この淀川水系の利用もまた遅くとも六世紀以来の歴史がある。六世紀初頭、倭の五王の系統の倭王権《わおうけん》（大和朝廷）が断絶し、北陸から近畿に入った継体《けいたい》天皇（男大迹《おおど》王）の陵墓である今城塚《いましろづか》古墳が大阪府高槻《たかつき》市にあり、その継体天皇の即位したのが大阪府枚方《ひらかた》市にあったと見られる樟葉宮《くすはのみや》であるように、継体天皇は福井県から滋賀県、京都府、大阪府のラインで近畿に勢力を伸ばし、摂津《せっつ》（大阪府・兵庫県）から大和（奈良県）に入ったと見られている。それは琵《び》琶《わ》湖《こ》から淀川を利用した水系に対応する。

そしてこの水系、特に琵琶湖畔の現在の大津市域には、天智天皇の近江大津宮《おうみおおつのみや》が、さらに淳仁天皇が「北宮」として造営した副都的な保良宮《ほらのみや》も置かれるなど、七〜八世紀にも重要拠点となっていた。しかし近江大津宮は大和を中心とした豪族たちが壬申の乱で勝利したことにより廃され、保良宮も淳仁天皇が恵美押勝《えみのおしかつ》の乱で廃されたことにより姿を消す。淀川水系に関わる近江の都（聖武天皇の紫香楽宮《しがらきのみや》も淀川水系に属する）は、大和との対立で負け続けていた。大和という伝統に勝てなかったのである。

桓武が山城盆地に長岡京《ながおかきょう》を置いた一つの理由は、淀川水系の利用であることは間違いない。

しかし彼のやり方は少し違っていた。日本海側の重要港である敦賀《つるが》から琵琶湖・淀川を経て瀬戸内海側の重要港である難波に至るルートを確保するとともに、平城京の外港泉木津に直結できる水系ルートの木津川をも押さえ、大和にも睨《にら》みを利かせられる山城の長岡京に都を定めたのである。それは六世紀以来の政治課題、淀川水系か大和川水系か、という問題の解決には実に有効な選択だった。そしてもう一つ長岡京には利点があった。それは巨椋池《おぐらいけ》である。一九四一年の干拓で姿を消したが、木津川と淀川の合流地点には巨椋池と呼ばれる東西四キロメートル、南北三キロメートルもの大池があった。この池を船の停泊地として活用することで、難波津の機能を吸収できるのである。桓武の時代に奈良時代の副都であった難波京《なにわきょう》は廃止され、その建物は淀川を北上して長岡宮に転用された。それとともに、難波津の政治的機能の大部分は山崎津と巨椋池に引き継がれたのである。

こうして大和から大和川水系を利用して難波に至るルートには大きな政治的意味がなくなった。桓武はそこまでして大和を離れたかったのである。

脱聖武系王権のために

なぜ平城京は捨てられなければならなかったのか。これまでもいろいろな説が出されてきた。軍事・交通面で大和より山城のほうが有利だったため、称徳《しょうとく》朝にできた過度な仏教とのつながりを断つため、豪族層を本拠である大和から切り離すため、低湿地帯に集住する平城京の環境が都市向きではなかったため、そもそも都城とは移転するものだったため、大仏建立の際の水銀の多量使用で水質環境が悪化したため、ざっと思いつく限りでこれくらいはある。

しかし意外に深く論じられていないのは、桓武と平城京という場との関係である。平城京はもともと元明《げんめい》天皇が造った都である。そして実際にそこで即位をしたのは、元正《げんしょう》・聖武・孝謙・淳仁・光仁・桓武の七人である。そして元正は聖武を我が子と呼び、淳仁も聖武亡き後、光明皇太后《こうみょうこうたいごう》が我が子と呼んでいた。つまり元正・聖武につながる天皇たちである。では光仁はどうか、光仁が即位したときに、「桜井《さくらい》に白壁しづくや。好き壁しづくや。おしとど、としとど」という一節のある童謡《わざうた》（風刺的な作者不明の歌）が流行《はや》り、『続日本紀《しょくにほんぎ》』には桜井の「井」は井上内親王で、そのおかげで白壁王、つまり光仁天皇は即位できたという意味が記されている。やはり聖武の娘婿という立場で即位したと認識されていたのである。

光仁と井上の息子である他戸親王が皇太子に立太子《りったいし》するのは、彼女が皇后《こうごう》に立后された宝亀《ほうき》元年（七七〇）十一月六日より後の宝亀二年一月二十三日で、聖武天皇の孫以上に、皇后の息子であることが重視されたと見られる。ところが彼女は約一年半後の宝亀三年三月に、光仁天皇を呪詛《じゅそ》（呪《のろ》い殺すまじない）した罪で皇后位を剝奪され、二ヶ月のちに他戸親王も「そういう皇后の子だから」という理由で皇太子を廃される。そして同四年には光仁の同母姉の難波内《なにわ》親王を呪殺した嫌疑をかけられて親子とも庶人に落とされて大和国の南端、宇智《うち》郡（奈良県五《ご》條《じょう》市）に幽閉され、同六年（七七五）四月に母子同日に死去している。

ここには二つの大きな問題がある。一つは、嫌疑が不自然すぎること。井上は光仁より八歳も若く、光仁の年齢から考えて、わざわざ呪詛をする必要があったのか、ましてその姉の難波内親王を、監視下に置かれて以後になぜ呪詛しなければならなかったのか。もう一つは、万事につけて井上が先に出てくること。つまり井上が皇后になったから他戸が立太子をして、井上が廃されたから他戸も廃されたという経過である。

どう見てもターゲットは他戸ではなく井上なのである。

ところが『類聚国史《るいじゅこくし》』には延暦二十二年（八〇三）のこんな記事が見られる。槻本老《つきのもとのおゆ》という人物が、かつて東宮《とうぐう》であった「庶人」が暴虐で、天皇をもないがしろにするので諫言《かんげん》したが、彼と「母廃后」の怒りを買って激しく叱責《しっせき》された。だが、のちに天皇呪詛が暴かれたときに二人を激しく糾弾して、ついに罪に追い込み、その功績により、老の忘れがたみの奈氏麻呂《なてまろ》、豊人《とよひと》の兄弟の官位が上げられた、というものである。この記事を見ると、なるほど二人は暴虐だったのだな、と思ってしまいそうだが、少し見てほしいのは、この話では悪の主犯は「庶人」、つまり他戸親王だとしていることだ。ここに描かれた井上内親王の立ち位置は我が子可愛《かわい》さのあまり道を誤った愚かな母にすぎない。そして槻本老はすでに故人なので話は作り放題、真相は藪《やぶ》の中なのである。

実は井上内親王はその祟りが恐れられ、この三年前の延暦十九年（八〇〇）に皇后に復位している。しかしそのときにも他戸親王はともに名誉回復されているわけではない。つまり、井上内親王の名誉回復は、他戸親王を主犯に書き換えることで行われた。ターゲットは井上から他戸に変わっているのである。

このことを考える上で三つの重要なポイントがある。第一に、井上はただの内親王ではなかった。彼女は聖武朝の伊勢《いせ》斎王だったのである。井上について少し詳しく書かれている本には、井上の斎王就任を左遷だと書いているものが多い。しかしその単純な決めつけには大いに問題がある。斎王こそ、天照大神《あまてらすおおみかみ》を皇祖《こうそ》とし、その血統に連なることを皇位に就く最大の根拠としてきた天皇家のステータスを具体化した存在なのである。そして井上内親王の時代には、斎《さい》宮《くう》を維持する機関の斎宮寮《さいくうりょう》の著しい拡大と、斎宮の経済の国家財政による保証が制度化された。それまで置いたり置かれなかったりしてきた斎宮は名実ともに国家的施設となり、井上はそのシンボル、いわば国家的な偶像、アイドルとなったのである。

第二に注意すべきは、井上皇后時代、あるいは廃されてすぐまでの間に、伊勢《いせ》神宮に関する大きな改革が行われていることである。それは称徳天皇の時代に絶えていた斎宮の復活と、同時期に重視されていた伊勢大神宮寺《だいじんぐうじ》の神郡《しんぐん》外への移転である。この二点の改革は神宮における仏教の排除と王権の直接支配の強化としてひと続きで考えるべきであり、そこには元斎王の井上内親王の意思が反映されていると見られる。つまり井上内親王は帰京後も伊勢神宮への強い影響力を持ち続けていたと考えられる。そして光仁天皇の時代の斎王には、井上内親王の娘、他戸親王の姉の酒人《さかひと》内親王が定められた。天皇は傍系だったが、皇后と斎王には聖武直系の内親王が就いたのである。

第三の注意点は、酒人内親王が母の罪に連座せず、伊勢に送られていることである。他戸が井上の子だから皇太子を廃されたのなら、酒人も廃されていてもおかしくない。斎王になることが左遷だ、という通俗的な見方でいえば、体のいい追放と理解できるが、井上内親王の事例でもわかるように、斎王は天皇の権威の象徴であり、天照大神の子孫で、それを祀ることが正統性の根拠とされた古代天皇には政治的に重要な意味を持っていた。そして光仁天皇は斎王の権威を定めた天武天皇からは傍系の天皇であり、ゆえに天武直系の酒人内親王を廃することができなかったと考えられる。たとえ井上を介していても酒人の天武直系としての価値はそれほどに高く、光仁や井上・他戸を追い落とした勢力も、「酒人は斎王として隔離されていたので廃后事件とは無関係」と苦しい判断をせざるを得なかったのだろう。その結果、他戸親王廃太子の直後から、廃后事件が井上一族すべての連座につながるわけではない、という認識を作ってしまったのではないか。だからこそ他戸親王が廃され、酒人内親王は廃されなかった理由、つまり他戸親王暴虐説がいわれるようになったのではないかと考えられる。そして当時の政界中枢にも、御都合主義的な判断という「後ろめたさ」を残したのではないか。

それでは桓武の立場で考えてみよう。皇位に就くためにまず邪魔なのは、聖武の娘でおそらく光仁天皇以上の権威を持っていた井上内親王だった。しかし皇太子になり、即位をすれば邪魔になるのは上の世代の井上ではなく、聖武直系の子孫の他戸親王やそれに連なる人物である。

桓武は光仁が亡くなった直後、天応《てんおう》二年（七八二）に聖武のもう一人の娘の不破《ふわ》内親王とその子の氷上川継を罠《わな》にかけて流罪にしている。しかしこのときは先に捕らえられたのは不破ではなく川継だった。光仁即位から一二年、すでに安殿親王が生まれ、次の世代の心配をしなければならなくなった桓武は即位にあたって、他戸を名誉回復せず、川継を流罪にした。つまりメインターゲットを聖武の娘ではなくその子たちにしぼり、聖武第三世代を罪人として排除し、政界から聖武の匂いや色を完全に拭い去ろうとしていたのである。

しかし、平城京にいる限り、聖武の影から逃れることはできない。なぜなら、平城京こそ聖武天皇の最大の遺産だったからである。八世紀中盤、聖武天皇が「彷徨《ほうこう》五年」と呼ばれる首都移転（恭仁京《くにきょう》→難波京→紫香楽宮→平城京）ののち、天平《てんぴょう》十七年（七四五）に再整備した後期平城宮《へいじょうきゅう》と東大寺は、彼がこの世に残したモニュメントに他ならなかった。平城京にいる限り、聖武を超えることはできない。

桓武を遷都に踏み切らせたのは、そういう焦りだったのではないか、とも思う。なぜなら、山城国長岡京への遷都とともに、桓武は「天皇」を全く違う形に変えていくからなのである。

桓武のコンプレックス払拭のための「新王朝」

桓武が長岡京で行ったことは、天皇を「皇帝」に近づけることだった。奈良時代には、たとえば聖武天皇が「勝宝感神聖武皇帝《しょうほうかんじんしょうむこうてい》」、孝謙天皇が「宝字称徳孝謙皇帝《ほうじしょうとくこうけんこうてい》」と諡《おくりな》をされたように、天皇が皇帝と呼ばれることもあった。しかし奈良時代の天皇は、帛衣《はくい》と呼ばれる白い衣装を着て冠をかぶる、中国の皇帝とは大きく異なるイメージだったようだ。とはいえいずれにせよ、「皇帝」というものを、奈良時代後期の天皇はある程度意識するようにはなっていた。

桓武はそれを具体的な形で表した。延暦四年（七八五）に長岡京から淀川を挟んだ南側の河内国《かわち》（大阪府）交野《かたの》郡で郊天上帝祭祀《こうてんじょうていさいし》（郊祀《こうし》）を行ったのである。これは中国の皇帝が天帝を祀る祭祀で、天命を受けて即位し、人と神の間にあるものとして政治を行う中国皇帝の立場を象徴する祭祀である。北京《ペキン》郊外には清《しん》の皇帝の郊祀の場だった天壇《てんだん》が公園として残っている。つまり本来日本の王朝意識にはなじまない。しかし桓武は、そもそも天皇は天神、つまり天照大神と高皇産霊尊《たかみむすひのみこと》の子孫とされているのだから、祖先祭祀として天を祀る、という理屈を編み出したらしい。

この祭祀に深く関わったと考えられるのが、祭祀の場の交野郡を本拠としていた百済王氏《くだらのこにきし》である。百済王氏は白村江《はくそんこう》の戦を最後に滅び去った百済《くだら》の王族善光《ぜんこう》が百済王の姓を受けて貴族として遇されていた氏族で、その卓越した技術力と渡来系氏族への影響力から、文化・宗教・軍事など国家の威信に関わる多くの任務を果たしていた。桓武を支えて右大臣にまでなった藤原継縄（南家）の妻は、桓武の尚侍《ないしのかみ》（女官長）だった百済王明信《くだらのこにきしみょうしん》で、藤原種継亡き後実質的に桓武のブレーンになっていたのは、おとなしい継縄ではなく、桓武後宮を掌握していた明信と百済王一族で、この頃には百済王氏を藤原氏と並んで桓武の外戚《がいせき》とするという詔まで出されている。

そして桓武は延暦六年（七八七）に二度目の郊祀を行っている。注目すべきは、このときに先帝である光仁を天帝とあわせて祀っていることだ。ここで光仁は、聖武の娘婿として天皇になったのではなく、天帝に匹敵する皇帝と位置付けられたことになる。つまり、光仁・桓武父子は聖武から切り離された、天から直接任じられた新しい王系だと演出したのである。「新しい王朝の始まり」といわれる桓武新体制の直接の動機は、正統であった聖武体制を排除して新しい価値観で自らを飾り立てる、いわばコンプレックス払拭の手段だったのである。

桓武による自己正当化の道

桓武はなぜここまで新しさにこだわったのか。それは自らのコンプレックスである渡来系氏族に対する価値観、いわば差別意識からの転換こそが、自分の立場の強化につながると考えたからだ。先にも述べたが、桓武の母は倭新笠なので、桓武は奈良時代以前なら天皇にはまずなれない皇族だった。そのため桓武は後立てを強化するために、こんなことをやってきた。

① 渡来系氏族で、唐で生まれた帰国官人、秦朝元《はたちょうげん》の孫である藤原種継を起用し、秦氏の本拠に長岡京を造営する。

② 百済王俊哲《しゅんてつ》（明信の甥《おい》）や坂上田村麻呂《さかのうえのたむらまろ》ら渡来系氏族を起用して蝦夷《えみし》征服戦争を行う（その結果、財政が圧迫され、社会体制の変動につながる）。

③百済王氏を藤原氏に並ぶ外戚氏族に位置付け、その本拠の百済寺《くだらじ》（河内国交野郡、現大阪府枚方市《ひらかた》）に京を模した方格街区《ほうかくがいく》を伴う計画都市区画（禁野本町遺跡《きんやほんまち》）を造らせる。

④大学で教える漢語《かんご》の発音を、伝統的な呉音《ごおん》（長江周辺《ちょうこう》の発音。仏教とともに六世紀頃から定着していた）から漢音《かんおん》（長安周辺《ちょうあん》発音。唐の標準発音）に切り替える。

⑤秦氏の本拠大原野《おおはらの》、百済王氏の本拠交野で盛んに鷹狩行幸《たかがりぎょうこう》を行う。

⑥平城・嵯峨・淳和《じゅんな》三代にわたる男系継承を計画し、女系天皇の可能性を排除して皇位継承時の大変動を防止する。

このように、威信・軍事・人材育成・遊興に至るまで、渡来系のスタイルが桓武の基本になっていることがわかるだろう。一介の皇族にすぎなかった桓武＝山部王《やまべ》がもともとこんな意識を持っていたとは考えがたい。これらは天皇としての桓武の自己演出した姿なのである。桓武は自らの政治の根幹を「軍事（東北戦争）と造作（新京の造営）」だと規定した。その実施に際して渡来系氏族の進んだ技術を投入し「渡来系の技術は国を変える」ことを形で示そうとしたのであろう。彼にとって幸いだったのは、百済王氏の百済王敬福《きょうふく》が天平二十一年（七四九）に陸奥国《むつ》で金の鉱脈を発見するなど、その先進知識を生かして東北経営で大きな成果を挙げたことと、宝亀十年（七七九）に、緊張関係にあった新羅《しらぎ》が「御調《みつぎ》（献上品）」を送ってきて、しばし日羅関係が安定化したことだった。奈良時代、軍事といえば新羅との対外危機がほとんどだったが、このときには東北に深く関わり、国内の緊張を内なる夷狄《いてき》としての蝦夷に向けさせて緊張感を高め、渡来系氏族に活躍の場を与えることができたのである。そして百済王氏に許された方格街区の形成は、日本という王国内にもう一つの王国があることの視覚化であり、その近辺で天皇が遊猟を行うことにより、桓武の皇帝的地位をさらに向上させる装置になっていたと考えられる。

それは、外観のみを唐の文物で飾り立て、北方文化すなわち官僚制と南方文化すなわち仏教の区別もいい加減で、律令政治も内実は伝統的な豪族たちの寄り合い所帯である畿内豪族の合議制が強く残っていた奈良時代の社会への挑戦だったと考えられる。

しかし、仏教を平城京に置き去りにして政治と切り離し、大学寮《だいがくりょう》を改革して先進的知識を持った官人を養成するという桓武の行った「漢風化」自体は場当たり的で、それほどの計画性があったとは思えない。この改革が実を結ぶのは、彼の子、孫の時代のことである。

桓武による、自らのコンプレックスからスタートした改革は、結果的には王権の価値観を大きく転換させることになったのである。

伊勢神宮と桓武天皇

さて、桓武天皇は長岡京遷都に合わせて、井上内親王の権威、つまり聖武天皇系皇族の権威のもう一つのよりどころだった伊勢神宮にも大きな改革を加えた。桓武と伊勢神宮の関係について、まず留意しておきたいのは、彼が皇太子として伊勢神宮に参詣していることだ。伊勢神宮は天皇の祖神を祀る神社のためか、『延喜伊勢大神宮式《えんぎいせだいじんぐうしき》』では、私幣《しへい》禁断といい、天皇の許可なしでの参詣は厳禁されている。しかし桓武は、皇太子時代の宝亀九年（七七八）に伊勢神宮に参詣しているのである。『続日本紀』によると、三月の段階で数ヶ月病気のため、大赦《たいしゃ》（罪人の罪を許すこと）や僧三〇人を出家させるなどの対策を行い、さらに大祓《おおはらえ》をして、伊勢神宮以下の天下の諸神に奉幣している。そして十月にある程度回復したらしく、神宮を親しく拝して、宿禱《しゅくとう》、つまりずっと願ってきた祈願についてのお礼参りをする、とある。その背景には、故・井上内親王に関わる伊勢神宮の潜在的な危険性があった。

この三年前、井上内親王と他戸親王が亡くなった五ヶ月ほど後に、伊勢（三重県）・尾張《おわり》（愛知県）・美濃《みの》（岐阜県）に暴風雨があり、国府や国分寺《こくぶんじ》に大きな被害をもたらした。そのときに斎宮には特に使者が派遣されている。井上内親王の死後すぐだから、当時の斎王酒人内親王は母の死によって帰京したばかり、あるいはまだ斎宮に留《とど》まっていただろうか。代わって斎王になったのは、光仁天皇の娘、弥努摩《みぬま》内親王と天皇の甥の神王《みわのおう》（光仁の甥、桓武の従兄弟《いとこ》、当時参議《さんぎ》、のち右大臣）の子、浄庭女王《きよにわにょおう》なので、もしこの事件以前に決まっていたら井上の祟りで斎宮が破壊されたと見られたことだろう。いずれにせよ、井上・酒人母子に対する「後ろめたさ」はこの一件でさらに強まり、それが井上内親王の怨霊への恐怖心につながったものと考えられる。そして井上や酒人の政治利用の結果、宮廷内では、伊勢神宮に対する「後ろめたさ」も増幅したのではないか。だから皇太子の健康不安も、伊勢神宮の不満の表れと認識されていたのではないか。つまりは、井上内親王の怨霊と伊勢神宮の怒りが重ね合わされ、伊勢神宮への新しい対応が必要になったのではないか。桓武は、南都仏教とともに伊勢神宮も敵に回しかねない立場に置かれていたのである。

桓武の伊勢神宮改革

しかし桓武の反撃はここから始まる。桓武が伊勢で見たのは、称徳天皇時代の神仏が一体化していた痕跡を色濃く残す、いわば聖武系王権の遺物色の強い伊勢神宮の姿だったろう。そしてこれはなんとかしなければならない、と思ったのだろう。前述のように、光仁は浄庭女王を斎王としていたが、斎宮や伊勢神宮のあり方に明確なビジョンを持っていたとは思いにくい。

それに対して桓武は積極的だった。まず酒人内親王を後宮に容れ、生まれた朝原《あさはら》内親王を延暦元年（七八二）に斎王とした。聖武の血を引く斎王がここに再生された。そして光仁の母系氏族である紀《き》氏の有能な官僚で尾張・伊勢守の経験もある紀作良《きのつくら》を同四年（七八五）に造斎宮長官として、斎宮に方格街区を造営した。この街区は一二〇メートル四方の区画を東西最大七列、南北四列造成し、その間を最大幅一五メートルの道路で区画するという、東西一キロメートル、南北五〇〇メートルに及ぶ広大なもので、まさに「みやこ」といえる空間が伊勢平野に突然現れたのである（一五三ページ地図参照）。そして斎王に仕える斎宮寮《さいくうりょう》の長官は伊勢国司《こくし》を兼務するようになり、史生《ししょう》（事務吏員）も増員され、斎宮の事務的能力が向上し、伊勢国北部の鈴鹿《すずか》郡に置かれた国府と対のように伊勢国南部の支配に参画する。これは朝廷が伊勢神宮を尊崇していることの証であるとともに、伊勢に対する警戒感の表れだったとも理解できる。同十年（七九一）には精神的に不安定だった皇太子安殿親王を伊勢に派遣しているが、これも伊勢神宮への並々ならぬ気づかいの表れといえるだろう。

ところが翌十一年（七九二）、伊勢神宮の内宮《ないくう》が焼失するという事件が起きる。伊勢神宮をめぐる不穏な動きはなお続いていたのかもしれない。しかし桓武はめげない。この火災に伴う伊勢神宮の再建にあたり、その企画書を神宮から提出させ、それに伴い、そこで行われる儀式や経済、人員に関わる事項、つまり活動実態のレポートも詳細に作らせたのである。これが延暦二十三年（八〇四）に提出された『皇太神宮儀式帳《こうたいじんぐうぎしきちょう》』、『止由気宮儀式帳《とゆけぐうぎしきちょう》』で、内宮・外宮《げくう》それぞれが作成し、神宮の事務を司《つかさど》る大神宮司《だいじんぐうし》がまとめて、公文書として神祇官《じんぎかん》に提出した、れっきとした公文書である。この情報はのちに『弘仁式《こうにんしき》』が作られる際の基礎資料とされ、『延喜伊勢大神宮式』に継承されて、伊勢神宮は式で定められた、つまり国家法で動く神社となっていく。それは伊勢神宮の国家的地位を保証するものであるが、言い方を変えれば、神の祀り方が、文字で規定されたということでもある。神を畏《おそ》れ、敬うという漠然とした意識が、文字で記された規則によって具体化された神社、それが桓武のこしらえた伊勢神宮なのである。

この『儀式帳』には奈良時代の伊勢神宮を思わせるものはほとんど見られない。たとえば新羅から送られた献物は伊勢神宮にも宝物として奉《たてまつ》られたはずなのだが、その記述はない。そして伊勢神宮は垂仁《すいにん》天皇の時代（考古学的には垂仁天皇は三世紀半ばの大王からイメージされた人物とされる）に創始された段階から、仏教や穢《けが》れに関することを言い換える忌詞《いみことば》（仏を中子《なかご》、経典を染紙《そめがみ》、寺を瓦葺《かわらぶき》、僧を髪長《かみなが》、死を奈保留《なほる》、血を阿世《あせ》、打つを撫《な》づなど）を使い、仏教を遠ざけていたとする。いうまでもなく垂仁朝は六世紀中盤の仏教公伝よりはるか昔なので、ありえない話である。つまりここに書かれているのは、伊勢神宮の実態ではなく、桓武天皇が望んだ伊勢神宮の姿、天武・聖武朝色を消した伊勢神宮の姿なのである。

そして九世紀前半の史書には、伊勢神宮の「祟《たたり》」という記事がしばしば現れる。そのためしばしば、これは伊勢神宮が「祟る神」になったのだといわれる。しかし本来、「たたり」とは、「立《た》つ有《あ》り」という和語《わご》からできた言葉で、「立つ有り」とは、何らかの信号を送ってくることである。つまり、伊勢神宮の出すサインを判断し、適正な対応を行うことで、「いつも気にしていますよ」という姿勢を見せることが伊勢神宮の神、天照大神への対応だと考えられたのである。そのサインは天皇の健康や、天災のこともあるし、ごく些細《ささい》な事件のこともある。そうしたもののリサーチとして定着したのが六月と十二月の御体御卜《すめみまのみうら》（占いによる天皇の身体検査）で、天照大神はそのレギュラーとして感知される神だった。そして斎宮でも、毎月の晦日《みそか》（最終日）と斎王の三節祭《さんせつさい》（伊勢神宮の重要祭祀で九月神嘗祭《かんなめさい》、六月、十二月の月次祭《つきなみさい》）参宮の前には斎王の御卜《みうら》が行われた。伊勢神宮はその権威を天下に公認されるとともに、王権の監視下に置かれる神社となったともいえるのである。

さらに桓武は、延暦十六年（七九七）、平安京遷都の三年後に、斎王を朝原内親王からその異母妹の布勢《ふせ》内親王に切り替えた。交替の理由は明らかではないが、朝原が「帰ろうとした」と『日本後紀《にほんこうき》』には書かれており、彼女の強い意思がそこにはうかがえ、聖武の血統に属する斎王はここに終わりを告げる。そして斎王は聖武天皇系の特別な皇女がなるものではなく、普通の内親王の務めに変わっていく。そしてついに、延暦十九年（八〇〇）、井上内親王が死後二十五年目にして皇后の身分を回復される。この段階で、桓武は聖武系王権からのプレッシャーからようやく解放され、新しい王権のイメージは、ここに固まったのではないかと考えられる。

斎宮もまた、桓武新王権の象徴的存在として再生を遂げたのである。

集約された都市としての平安京

平安京遷都は、まさに一〇〇〇年の都への基盤となった大改革だったのだが、平安京遷都以前は、遷都自体それほど珍しいことではなかった。奈良時代を通じて、天皇の居所としての「都」は、平城京遷都の後も恭仁京、難波京、紫香楽京《しがらききょう》、そして長岡京などがあり、天皇がある時期過ごした宮にも保良宮や由義宮《ゆげのみや》がある。つまり、天皇は一箇所に止まっていたわけではない。事実難波宮は七世紀後半以来置かれており、都は一つとは限らなかったのである。

しかし桓武の遷都はこれまでの遷都とかなり違っていた。長岡京遷都の際に難波宮を廃し、大極殿《だいごくでん》をはじめとしたその主要な建物を長岡京に移築したからである。それは、平城京を離れる、難波京もなくす、という脱・奈良時代の試み、退路を断つ思いでの遷都だったと考えられる。

ところが長岡京はわずか一〇年で廃棄されることになった、と一般的には理解されている。ある意味、天皇が平安京に移ったのだからその意味では正しい。しかし長岡京は難波京のように完全に放棄されたのではない。国家的な港の山崎津と河陽宮《かやのみや》という離宮《りきゅう》は残されたのである。長岡京は河川の氾濫《はんらん》により疫病が蔓延《まんえん》し、それが早良親王の怨霊だと認識されたので捨てられた、とよくいわれる。また、皇后藤原乙牟漏、桓武の母の高野新笠らの相次ぐ死去も遷都の原因とされることも多い。しかしそれは本当なのだろうか。疫病の発生は事実だろうし、桓武近親の死や天災の続発も事実だろう。しかし皇太子の病気の原因が早良親王の祟りであるという延暦十一年（七九二）の占いは、いうならば桓武周辺の早良に対する「後ろめたさ」の現れにすぎない。祟りを恐れて遷都したというのは買いかぶりすぎである。もしも本格的に長岡京から離れることで祟りから逃れられると考えていたなら、その跡地は完全な廃墟《はいきょ》として立ち入りもできず、山崎津や河陽宮が残ることもなかっただろう。

平安京遷都は政治をする宮と経済の窓口である港の再分離なのである。長岡京は淀川の氾濫原（洪水時には水没する低い土地）が過半を占めており、宮殿部分こそ台地上にあるが、その東側には河原が迫っている。そこが水没すれば、宮殿にも疫病が迫ることは目に見えている、事実そうなったのだろう。淀川と木津川の合流点にある長岡京にはその危険性が高い。官人層が低湿地に集住するのでは感染症に苦しめられた平城京と同じことが起きる。そういうリスクの再現を避け、港としての経済機能は維持しつつ、都を北に拡張する。平安京の選定はそのような意識で行われたのだろう。

そして平安京は東にも開かれた首都だった。近江大津宮の故地である大津は、奈良時代には古津《ふるつ》と呼ばれていたが、遷都に伴い再度、大津となり、琵琶湖を中継点としての日本海とのつながりが強調される。狭い盆地いっぱいに広がり、東西に外港を持ち、陸上交通でも水上交通でも四方に広がった都、それが平安の都なのである。

飛鳥も斑鳩も藤原《ふじわら》もある広い奈良盆地の一角を占めていた平城京との違いがここにある。平安京は長岡京をも包み込み、山城盆地を埋め尽くした「集約された都」として機能を始めるのである。

桓武の政治の中心は「軍事（東北戦争）と造作（新京の造営）」といわれた。軍事は東北地方の律令国家の境界を明らかにする行為である。一方造作は政治の中心を集約する行為だったといえるだろう。それは新しい王権のピラミッド構造の中心と外縁にあたる。そしてその頂点に桓武が座る。しかしここまで来るには長い時間がかかった。そしてこの桓武の行き当たりばったり＝試行錯誤が行きついたのが一〇〇〇年の都「平安京」なのである。それは桓武にとってのみの平安や安心を追い求めた結果の産物だった。

第二章　貴族と文人はライバルだった

異色の貴族

桓武《かんむ》天皇の末期、政治は行き詰まっていた。「軍事（東北戦争）と造作（新京の造営）」という基本的なスローガンが国家財政を圧迫していたのである。奈良《なら》時代に班田制《はんでんせい》確立と新規開発の奨励、そして戸籍の整備によって安定させた税制による潤沢な国庫収入をほとんど使い果たしていた、という研究もあるくらいだ。

桓武天皇は延暦《えんりやく》二十四年（八〇五）に、政治を方向転換するにあたり、ある手順を踏んだ。有能な貴族に、政治のあり方について今でいうディベートをさせたのである。その壇上に上げられたのは桓武擁立で活躍した藤原百川《ふじわらのももかわ》の子の藤原緒嗣《おつぐ》と菅野真道《すがののまみち》という二人の貴族、ともに参議《さんぎ》、つまり政治局といえる太政官《だいじょうかん》の会議に参加する資格がある（決議には参加できないが）最高級に準ずる貴族である。しかし緒嗣は三十二歳、真道は六十五歳だった。緒嗣は誰もがご存じのあの藤原氏、不比等《ふひと》の三男宇合《うまかい》の孫というエリートである。一方真道の菅野氏という姓はあまり聞き覚えがないのではなかろうか。実は菅野氏は一五年ほど前に「できたばかり」の氏族である。それもこの真道が賜姓《しせい》されてできた氏族なのである。菅野朝臣《あそん》氏は、それ以前は津連《つのむらじ》氏、その前には津史《つのふひと》氏だった。氏の名の変化もさることながら、カバネが史《ふひと》↓連《むらじ》↓朝臣《あそん》と変化していることにもご注意いただきたい。史は六世紀後半頃に文筆に関わる氏族に与えられた姓（カバネ）なので、読み書きに強い氏族、つまり渡来系《とらいけい》氏族だとわかる。連は天武《てんむ》天皇十三年（六八四）に制定された「八色《やくさ》の姓《かばね》」（氏族のランクを決定する身分表象。一二八ページ参照）の下っぱなので下級官人、一方朝臣は天皇から近い時代に分かれた氏族に与えられる真人《まひと》に次ぐランクなので、上級官人と認められたことになる。また、この氏族の本拠は津という名からうかがえるように、難波津《なにわづ》に関わる摂津《せっつ》・河内《かわち》地域だったようで、同族には葛《ふじ》井連《いのむらじ》や船連《ふなのむらじ》（いずれも菅野氏賜姓の翌年に宿禰《すくね》に改姓）など、地名（大阪府藤井寺《ふじいでら》市）や海に関わる氏族がいる。歴史はあっても、藤原氏から見れば、いわば河内あたりの田舎豪族にすぎない。そんな二人がディベートできるのが桓武朝の特性だった。そう、渡来系のデキる人物を桓武は見逃さなかったのである。

そして当然のように真道は負けた。「徳政相論《とくせいそうろん》」と呼ばれるこのディベートで、緒嗣が「軍事と造作」からの転換を主張したのに対し、真道は継続を主張し、桓武は緒嗣の案を採用したのである。おそらく桓武の中では方向転換は決まっていたので、老年世代の真道を負けさせ、若い世代の案を採用したのである。ま、よくある出来レースだが、真道はそれほどに桓武に信頼されていたということなのだろう。

官位制の表

＊外位は地方有力者や地方出身官人に与えられる官位

		位		官			＊外位
貴族（上級官人）	貴	正一位 従一位		太政大臣			
貴族（上級官人）	貴	正二位 従二位		左大臣 右大臣			
貴族（上級官人）	貴	正三位		大納言			
貴族（上級官人）	貴	従三位		中納言			
貴族（上級官人）	通貴	正四位	上				
貴族（上級官人）	通貴	正四位	下	参議	卿		
貴族（上級官人）	通貴	従四位	上	左右大弁			
貴族（上級官人）	通貴	従四位	下				
貴族（上級官人）	通貴	正五位	上	左右中弁			
貴族（上級官人）	通貴	正五位	下	左右小弁	大輔 大判事		
貴族（上級官人）	通貴	従五位	上			大国守	外従五位
貴族（上級官人）	通貴	従五位	下	少納言	少輔	上国守	
下級官人		正六位	上	左右弁大史			外正六位
下級官人		正六位	下		大丞 中判事	大国介 中国守	
下級官人		従六位	上		少丞	上国介	外従六位
下級官人		従六位	下		少判事	下国守	
下級官人		正七位	上	大外記 左右弁小史	大録		外正七位
下級官人		正七位	下		判事大属	大国大掾	
下級官人		従七位	上	少外記		大国少掾 上国掾	外従七位
下級官人		従七位	下				
下級官人		正八位	上		少録	中国掾	外正八位
下級官人		正八位	下		判事少属		
下級官人		従八位	上			大国大目	外従八位
下級官人		従八位	下			大国少目 上国目	
下級官人		大初位	上				外大初位
下級官人		大初位	下			中国目	
下級官人		少初位	上			下国目	外少初位
下級官人		少初位	下				

参議に上るインテリ官人たち

真道は光仁《こうにん》朝末期にはまだ外正八位上《げしょうはちいのじょう》という下っ端官人だったらしい。すでに三十代半ば、普通なら六位に手が届けばラッキーというヒラ役人級の人生である。違っていたのは仕事が少内記《しょうだいき》、つまり天皇秘書の下っ端として、皇太子の目には止まりやすかったことである。それが桓武天皇即位のときに外従五位下《げじゅごいのげ》になり、皇太子安殿《あて》親王の立太子《りったいし》に伴い、東宮学士《とうぐうがくし》に抜《ばっ》擢《てき》された、つまり皇太子付きの家庭教師になり、外官《げかん》から内官《ないかん》に移った。外位《げい》は地方豪族に与えられた官位で、この違いはすごく大きい。簡単にいえば外位は外従五位で出世が止まる。東宮学士は内官、つまり普通の五位の職である。このとき、真道は天井が抜けた思いをしたことだろう。

ここまででお気づきだろうか。真道はインテリ学者なのである。学者が政治をリードして大臣候補のエリート官僚とディベートをしたのである。たとえヤラセの負け役としても。

政治を行う者が豊かな学識を持つ、というのは世界史的に見れば珍しいことではない。しかし日本の場合はどうか。たとえば平清盛《たいらのきよもり》、源頼朝《みなもとのよりとも》、足利尊氏《あしかがたかうじ》、織田信長《おだのぶなが》、徳川家康《とくがわいえやす》、歴史上有名な人物で、学識豊かな人間と誰からも認められている者はほとんどいないのではないだろうか。それより古く、たとえば藤原道長《ふじわらのみちなが》など摂関家《せっかんけ》の人間でも学識豊か、と讃《たた》えられた例はほぼ見られない。彼らはいわば生存競争の勝者として政治家となったのである。そして現在に至るまで、政治家とはそういう者、知性より生命力のある者なのだ、という認識がなんとなくできあがってしまっているような気がする。有識者であり哲学者である人間が国政を担当する、などという例は江戸《えど》時代の新井白石《あらいはくせき》や松平定信《まつだいらさだのぶ》（彼は徳川吉宗《よしむね》の孫で大名なので、割り引く必要があるが）くらいしか思い当たらない。日本の学者はせいぜい政治顧問で、物知りではあるが実用とはいえず、政治家が学派に分かれて闘争する、という中国の宋《そう》代や明《みん》代のような社会とは全く異なるといっていい。

しかし九世紀のこの時期は、そういう時代ではなかった。実はこのような学識派の官人は真道一人ではない。この時期には、あまり聞いたことのない氏族から、自らの学識を生かして参議、つまり貴族の中の貴族、太政官（国政を行う最高機関）の構成員にまで上った人が何人も見られるのである。

たとえば土師《はじ》氏、つまりもともと埴輪《はにわ》を作って大王《おおきみ》の葬送に奉仕していた氏から出て桓武天皇の皇子伊予《いよ》親王と関係が深かったらしい秋篠安人《あきしののやすひと》、遣隋使《けんずいし》で有名な小野妹子《おののいもこ》の玄孫《やしゃご》で近江《おうみ》国（滋賀県）を本拠とする小野岑守《おののみねもり》、大化改新《たいかのかいしん》のころの国博士である南淵請安《みなぶちのしょうあん》の同族で大納《だいな》言《ごん》にまで上った南淵年名《みなぶちのとしな》、秋篠氏や菅原《すがわら》氏と同じく土師氏の分かれである大江音人《おおえのおとんど》、美濃《みの》国の出身で、元は六人部《むとべ》という「部」、つまり専門技術職の氏（ただし六人部の専門職は不明）から出た善淵永貞《よしぶちのながさだ》、讃岐《さぬきの》（香川県）国造《くにのみやつこ》という地方豪族から出た讃岐永直《ながなお》、やはり讃岐の出身で元は秦公《はたのきみ》を名乗っていた惟宗直本《これむねのなおもと》、古来の名族大伴《おおとも》氏の分派でやはり讃岐出身の伴宗《とものむね》などの名前が挙がる。彼らの共通点は「学者」で中国通だということである。秋篠安人、小野岑守は菅野真道と同じく内記《ないき》や外記《げき》など文筆官人の出身だが、南淵年名、大江音人は紀伝道《きでんどう》（中国史や漢文を学ぶ学科）を学び文章得業生《もんじょうとくぎょうしょう》になり、善淵永貞、讃岐永直、惟宗直本、伴宗は明《みょう》法道《ぼうどう》（律令《りつりょう》を研究する学科）の博士だった。つまり、国立大学の文学部や法学部で学位を取った人たちという感じなのである。

したがって大学に入ることが彼らの人生を華やかにしたといえる。大学はいわば国立の官人養成機関で、儒学《じゅがく》を基礎教養として（のちには明経道《みょうぎょうどう》といった）、法学（明法道といった）、語学・文学（文章道《もんじょうどう》といった。のちに紀伝道に統合される）、中国史（紀伝道といった）などの「文系」的なコースと、陰陽道《おんみょうどう》、暦道《れきどう》、算道《さんどう》、天文道《てんもんどう》などの「理系」的なコースがあった。律令国家は正一位から少初位下《しょうそいのげ》まで、三〇ランクに分かれた官位制《かんいせい》を採っている。もちろん新人は少初位下からスタートするのだが、蔭位制《おんいのせい》というシステムがあり、官位の高い貴族の子弟はいわばゲタを履かせてもらえる仕組みになっていた。たとえば正一位、つまり大臣級貴族の嫡子（跡継ぎ）はいきなり従五位下、つまり五位以上である貴族ランクの最下層からスタートできるのである。そしてこのシステムは貴族、つまり五位以上の子に限定されて適用される特権だった。支配層にすごく有利だったことはおおよそおわかりいただけるだろう。ところが大学を出て、国家試験をパスした学生には得業生《とくごうしょう》という、いわば給料をもらいながら学問を続けられる制度があり、しかも得業生はだいたい八位くらいの官職に任命されている。八位など下っ端ではあるが、従八位下でも初位から四ランク飛んでいる。六位以下は一位進むのに六年分の実績が必要だったので、一歩ずつ進んでいけばここまでで二四年かかる計算である。五位相当の貴族の子弟の蔭位が八位だから、秀才であれば大国や上国の国守《こくしゅ》、あるいは寮頭《りょうのかみ》（今でいえば省の下の庁の長官級）クラスの貴族の坊っちゃまと同等の扱いを受けられたわけだ。大学が機能していた時代は、下級官人や時には庶民出身の得業生も生まれていた。菅野真道らはこうしたルートで学者としての実績を積み、天皇に抜擢されて貴族に至ったのである。つまり彼らは、天皇のシンクタンクであった。

　このように書くと、門閥貴族と渡り合えるインテリ官人というのは、ごく一部の超秀才的な存在だったのではないか、という見方も出てくるだろう。しかし実際にはそういうわけではない。

　たとえば学問で鳴らした人たちの中での有名人には、小野篁《おののたかむら》（八〇二～八五三）がいる。『百人一首』の「わたの原八十島《やそしま》かけて漕《こ》ぎ出《い》でぬと人には告げよ海人《あま》の釣舟《つりぶね》」で知られる「参議篁」である。彼は小野妹子以来の名族小野氏の出身で岑守の息子だが、文章生から仁明《にんみょう》天皇の皇太子恒貞《つねさだ》親王の東宮学士（家庭教師の一種）を経て、遣唐使《けんとうし》辞退・政府批判漢詩事件を起こして隠岐島《おきのしま》に流刑された。そのときに詠んだのが「わたの原」の歌なのだが、赦免《しゃめん》の後もその学識を讃えられ、従三位参議左大弁《さだいべん》に上っている。同世代で桓武天皇の皇子なのに母の身分が低く臣籍降下《しんせきこうか》した良岑安世《よしみねのやすよ》（七八五～八三〇）は、天皇の子で狩猟を好むことと漢詩の才能をはじめ豊かな学識で知られ、さまざまな政治提言を行い、正三位大納言に至っている。

大臣級という点では、傍流になってしまった天武天皇の子孫から右大臣に上った清原夏野《きよはらのなつの》（七八二〜八三七）もこのタイプである。また、橘広相《たちばなのひろみ》（八三七〜八九〇）は、嵯峨《さが》天皇皇后《こうごう》橘嘉智子《かちこ》に連なる橘氏の公卿《くぎょう》だが、やはり文章生から文章博士《もんじょうはかせ》を経て貞明《さだあきら》親王（陽成《ようぜい》天皇）の東宮学士から正四位上参議左大弁となり、晩年には後述する大事件「阿衡《あこう》の紛議《ふんぎ》」の発端となる文章を起草して処罰されそうになっている。

このように、九世紀の政治家にとって学識は大変重要なものであり、学才に富んだ人材は決して例外的な人たちではなかったのである。

学閥の形成――島田一族とその系統

島田《しまだ》氏という一族がいる。その初代といえるのは島田清田《しまだのきよた》という人物で、宝亀《ほうき》十年（七七九）の生まれで斉衡《さいこう》二年（八五五）の没、つまり激動の奈良末期から平安初期を生ききったといえる。島田氏はどうも尾張《おわり》国あたりの地方豪族の出身らしいが、父親は正六位下の官人で、地方豪族の官位の外位ではないから、数代前に都に出て下級官人となっていたのだろう。そしてこの時代の秀才と同様、清田も大学に入って学問を積んだ。さらに文章生（紀伝道を専攻する学生）の試験に合格し、少外記から大外記《だいげき》に至り、その博識と教養を生かしてか、歴史書『日本後紀《にほんこうき》』の編纂にも関わった。

彼は最終的には従五位上、伊賀《いが》（三重県）守《かみ》で、貴族の最底辺から少し上がったところで出世は打ち止めになったが、注目できるのは、その孫に島田忠臣《ただおみ》という人物がいることだ。彼は文章博士の菅原是善《これよし》に師事し、祖父と同じく文章生になる。文章博士の試験に通ったくらいだから、漢文の作成能力は極めて高かったのだろうが、彼はそれに加えて、会話や詩作などにも才能を発揮し、渤海使《ぼっかいし》の接客をして漢詩を唱和したという記録もある。つまり、桓武天皇が期待していた、漢語を駆使できる官人となったのである。そして菅原是善は彼を見込み、自分の息子の家庭教師にして漢詩を仕込ませる。この「息子」こそ菅原道真《みちざね》である。島田忠臣は中央での実務官僚と因幡《いなば》（鳥取県）や美濃の介《すけ》（次官）などの地方官を歴任し、儒教《じゅきょう》思想に基づく国家体制の引き締めに従事していたようで、藤原基経《もとつね》ら権力者にもその力量を高く評価されていた。寛平《かんぴょう》四年（八九二）に没したときは正五位下、典薬頭《てんやくのかみ》兼伊勢介《いせのすけ》だったが、それ以上にその娘の宣来子《のぶきこ》を菅原道真に嫁がせていたことが注目される。

菅原氏は先に述べた秋篠氏と同じく、土師氏から分かれた氏族である。その初代は光仁天皇の時代に外従五位下、遠江《とおとうみの》（静岡県）介になった菅原古人《ふるひと》に始まる。古人も学者として高名だったというが、その子の清公《きよきみ》は文章得業生《もんじょうとくごうしょう》から遣唐使を経てその経験を生かし地方官として実績を重ね、京に戻っては儀式の整備に大きな功績があり、文章博士のままで従三位の高位にまで上がる。そして彼の時代に「菅家廊下《かんけろうか》」と呼ばれる私塾が作られ、その子の是善に引き継がれる。島田忠臣が学んだのはおそらくここである。是善は文徳《もんとく》天皇の東宮学士や文章博士と、父をなぞるように出世を重ね、ついには菅原氏としてははじめて参議に至る。つまり菅原道真は、政治家を兼ねた学問の家の後継者として世に出たのである。

そして、島田氏や菅原氏は「学問」を家業として代々伝えていく道を選んだらしい。先に見た惟宗氏なども明法《みょうぼう》の家として子孫へと続いていくが、彼らで注目できるのは血縁と学閥をミックスさせていることである。今でいえば、秀才を集めて進学校で鍛え上げ、大学に通して官人として育て上げるというシステムを作り上げ、それを親から子へと継承して、有能な弟子たちを自分たちのサポーターにしていったわけだ。こうして学問は、血統を持たない官人の出世ツールとなるとともに、学閥という形でまとめられ、菅原氏や島田氏に生まれることがアドバンテージになるという、一見して少し矛盾した体制ができつつあった。この矛盾が、先々に文人の競争と個性を弱める時代を呼び込むことにもなったのである。

郡司の孫が貴族に――春澄善縄という生き方

九世紀に春澄善縄《はるすみのよしただ》という官人がいた。延暦十六年（七九七）の生まれで貞観《じょうがん》十二年（八七〇）の没、仮に二十歳で都に出たとすれば、嵯峨・淳和《じゅんな》・仁明・文徳・清和《せいわ》朝というまさに九世紀激変の時代を生き抜いた人物である。

そもそも春澄氏などという氏族は古来いなかった。名前が残っているのは、彼とその子の世代までで、歴史の流れでいえば一瞬光っただけの氏族である。しかし善縄の光り方はなかなかのものなのである。

その名前が引っかかったのは、三重県の北部にある員弁郡《いなべ》（現いなべ市）の歴史を調べていたときだったと思う。彼はもともと春澄などというかっこいい氏ではなく、猪名部造《いなべのみやつこ》善縄といった。猪名部という名は、大阪府と兵庫県の間を流れる猪名川《いながわ》という川と関係があるらしい。『新撰姓氏録《しんせんしょうじろく》』という九世紀に造られた畿内の氏族の出自をまとめたデータ本によると、物《ものの》部《べ》氏の配下にあった氏族で、『日本書紀《にほんしょき》』にはもともと新羅《しらぎ》王から送られた木工の匠《たくみ》に由来するとある。つまり五世紀頃に渡来して、大王の宮に奉仕した技術者集団が、彼らを直接支配した主氏である物部氏に伴って東国に赴き、倭王権《わおうけん》の出先として伊勢に定着した、という歴史が考えられる。本貫地《ほんがんち》（氏の本拠）と見られる猪名川流域は狭い谷筋の平地が大阪平野に出てくるあたり、員弁郡も員弁川《いなべがわ》の流域から伊勢平野に出てくる地域であり、地形はよく似ている。こうした中級河川流域の開発も得意として、中規模の古墳《こふん》を作っていたくらいの氏族なのだろう。員弁郡の猪名部氏は、員弁と猪名部が同じ音であることからわかるように、この郡を代表する氏族で、郡司《ぐんじ》を務めることができ、祖父の財麿《たからまろ》は少領《しょうりょう》（郡の次官）だった。父の豊雄《とよお》は中央に出て官人となったようだが、従八位下周防大目《すおうのだいさかん》、つまり山口県の目《さかん》、事務方の取りまとめ役の下っ端公務員という地位だった。しかしトンビが鷹、なのかは知らないが、善縄は大変出来が良く、財麿は家産を傾けて教育を施したという。ここで面白いのは、員弁郡にいながら財麿が孫に教育を受けさせられる環境があったということだ。おそらく伊勢あたりならそれなりの学問を身につけた家庭教師を雇うことができたことを思わせる。当時の郡司氏族にはそれができたのである。

実家の後押しもあって善縄は弱冠、つまり二十歳で大学に入り、目にしたものはすべて口にできる、当時の学問好きにも及ぶ者がいないという勉強ぶりで、天長《てんちょう》のはじめごろに国家試験に俊士《しゅんし》（第二位の成績）で合格、常陸《ひたち》少目、常陸国（茨城県）の総務課長補佐のような仕事を得る。ここで早くも父に追いついたわけだ。しかし給料はすべて学問に費やす、という研鑽《けんさん》ぶりは変わらず、よほど目についたのか、天長五年（八二八）に春澄宿禰（のちに宿禰から最高位の姓の朝臣に昇格する）を賜姓される。このときに兄弟姉妹も賜姓されたというので、秀才の七光りが兄弟にまで及んだのだろう。そして多分この前後に戸籍を京に移している。猪名部造善縄という古墳時代にでもいそうな名前の伊勢の男が、春澄宿禰善縄というトレンディーな京の俊才に変身したのである。

俊才の快進撃はさらに続く。俊士から文章得業生という官人昇進コースに乗り、式部省《しきぶしょう》が行う「対策《たいさく》」（官僚選抜試験）も優れた成績で突破、そして少内記、さらに大内記《だいないき》といった天皇の言葉を記録する書記係を務める。ここでも美文作成の能力を遺憾なく発揮し、天長九年（八三二）に従五位下に昇進、三十五歳にして貴族の末端にぶら下がったのである。ところが従五位上に上ったところでとんでもない事件が起こる。天皇付きの書記役なので、善縄は淳和天皇に近かったらしく、その皇子で、仁明天皇の皇太子だった恒貞親王の東宮学士、つまり家庭教師も務めていた。ところがその恒貞親王が、彼を担ごうとしたクーデター計画（おそらく冤《えん》罪《ざい》）の承和《じょうわ》の変（八四二）で皇太子を辞退してしまったのである。そして善縄もとばっちりで周防権守《ごんのかみ》に転勤させられる。権守（国の仮の守《かみ》）とはいえ、体《てい》の良い流罪である。しかし世間はこの逸材を捨て置かなかったようで、翌年には文章博士となり大学で『後漢書《ごかんじょ》』を講じてその理解の深さが広く知られるようになる。天安《てんあん》二年（八五八）に従四位上に上る頃には、備《びっ》中《ちゅうの》（岡山県）守《かみ》、但馬《たじまの》（兵庫県）守《かみ》、刑部大輔《ぎょうぶだいふ》など、地方官でも省の次官級でも実績を残していたらしい。そして貞観二年（八六〇）にはついに参議にまで上がる。参議は政治に参画できる立場、つまり本当の貴族になったのである。

善縄が変えた日本史の一面

そしてこのころから彼は政界の実力者、藤原良房《よしふさ》とともに『続日本後紀《しょくにほんこうき》』の編纂に着手する。この史書には他の史書にない大きな特色がある。それは、不思議なこと、得体の知れないことについての記録が多いことである。物怪《もののけ》と呼ばれたこうしたできごとに、善縄は深い関心を持っていたらしい。ここまで述べてきた彼の経歴は薨伝《こうでん》（亡くなったときの記録）に詳しいのだが、それによると、彼は陰陽、つまり「陰陽五行《いんようごぎょう》で世界は構成されているという中国の思想」を信じ、物怪と見られる現象があるたびに、家の門を固く閉ざして人に会わなかったという。一見ものすごく迷信深いオヤジに見えるが、よく考えて見るとメディアも発達していない時代に怪しげな情報を集めるのは大変なことである。しかし彼だけではなく、少し下の世代の学者、三善清行《みよしのきよゆき》は『善家秘記《ぜんけひき》』という不思議な話を集めた本を作っている。儒家《じゅか》と呼ばれ、徳治《とくち》主義（徳をもって人民を治める儒教の理論）を説く彼らのような官人は、陰陽、つまり世の中のバランスの乱れが天災や飢饉《ききん》や戦乱につながると考えていた。そのことを広く知らせるためにネットワークを作り、不思議な情報を集め、危険と判断すれば閉じこもって避けることを実践していたのだろう。

『続日本後紀』には、承和《じょうわ》十一年（八四四）に物恠があったとき、占いによって死者の祟りと出た際に、藤原良房の諮問を受けて彼と菅原是善が中国の前例を調べたことが記録されている。当時、リアリストだった嵯峨天皇の遺戒により、物恠など気にすることはない、というのが政治の風潮だったが、彼らはやはり占いが正しいと上奏して、良房は嵯峨天皇の遺命を覆すことになる。そのことを善縄も良房も、誇らしく自分たちが編纂した史書に明記したのである。

彼らの心の中には、「貴族たる者、目に見える民政は当然、目に見えないものへのセンサーをも持つことは社会的義務」という思いがあったのだろう。しかし「怪異に怯《おび》える平安貴族」という現在にも伝わる貴族のイメージは、この善縄の上奏に始まるということになってしまった。たたき上げの超情報通の政治家が残した遺産は、皮肉な結果を招いたのである。

善縄は派閥にとらわれない清貧を好む大儒《たいじゅ》であり、政治を行うものはすべてを知る努力を怠らないことを自分に課して生涯を送り、参議従三位という高位で亡くなった。努力すれば九世紀は高位高官に上ることができた時代だったこととともに、迷信深い平安貴族のイメージの発端にもなった時代だったことを象徴する人物なのである。

日本の官人登用試験

官人登用試験の先進国はもちろん中国である。隋《ずい》の文帝《ぶんてい》が導入したと伝わる科挙《かきょ》のシステムが有名だろう。この試験は、南北朝が合一されたものの、武断主義の北方中国と貴族政治の南方中国という、異なる価値観・文化体系に基づく社会、しかしどちらも血統・門閥主義という社会を克服するために全国統一の基準で試験を行い、国家が俊才を確保するというシステムとして発足した。科挙合格者は皇帝の直属官人として、貴族たちに対抗できる勢力となり、唐代《とうだい》には貴族制を克服して官人制が定着し、最終的には士大夫《したいふ》と呼ばれる階層を生み出す。そしていろいろな弊害ももたらしたが、清朝《しんちょう》末期まで続いた。

一方日本でも、官人登用試験は八世紀以来行われていた。ただし対象は大学を修了した者に限られる。大学は国家による教育機関であり、地方には国学と呼ばれる国単位の学問施設があった。官人養成はピラミッド型の国営組織が行い、その頂点を国家がすくいあげるというシステムだ。しかし日本の場合、蔭位制という、親の官位に基づいて立身《りっしん》のスタートでゲタを履かせるシステムがあった。いわば既成勢力が絶対的に有利な体制で、親から子へと継承されていく氏族制度が濃厚に残されていたともいえる（これにもいろいろな矛盾があり、大伴氏などはそれに引っかかって衰退していくのだが）。

そんなことから官人登用試験はあまり重視されてこなかった。緻密な研究は進んでいるがそれほど注目はされていない。しかし実は試験問題は残されている。『経国集《けいこくしゅう》』という天長四年（八二七）に編纂された勅撰《ちょくせん》漢詩集（編者は先述の良岑安世、菅原清公ら）に、奈良時代の対策（論述試験）の名文が載せられているのである。模範解答というだけではなく、理想的な美文であることが求められたので、漢詩文集に採り上げられたのだろう（厳密には詩ではないが）。

そこには、もちろん中国世界の伝統的な哲学や美意識、いうならば有職故実《ゆうそくこじつ》の知識を問う、というものもあったが、たとえば天平宝字《てんぴょうほうじ》元年（七五七）の対策には、「新羅に対する軍事行動の是非について、戦わずに服属させる方向で意見を述べなさい」という出題がなされている。ちょうど藤原仲麻呂《なかまろ》（恵美押勝《えみのおしかつ》）が政治の実権を握り、新羅征討計画が検討されはじめた時期にあたり、実に生々しい問題が取り上げられていたことがわかる。これには文章生大初位上紀《だいそいきの》真象《まがた》という人の回答が残されており、中国の例を引きつつ戦争ではなく徳による交流を説き「古《いにしえ》の善戦は智力なく勇功なし」など、なかなかいいことを美文調で述べている。彼はのちに駿河《するがの》（静岡県）介になっている。また、延暦二十年（八〇一）には、「儒家や仏家の思想を踏まえて天地の始終を論じなさい」や「宗廟《そうびょう》の祭祀（氏の祖先の祭）について答えなさい」といった出題がある。一見政治と関係のない机上の空論のように見えるが、これが郊祀《こうし》を行い、伊勢《いせ》神宮の国家的な位置付けを大整理した桓武天皇晩年の出題だと思えば、実は新しい国家イデオロギーの方向性を正しく理解しているか、という隠れた意図が見えてくる。これには文章生中《なか》臣栗原《とみのくりはらの》連年足《むらじとしたり》の回答が載せられており、「天は圜《まる》くして寛《ひろ》く、地は方（四角）なり」「それ上天下地は、始まりありて終わりなし」など、中国的な天地意識を示したり、「聖人の徳は孝に加ふることなく、人の子の徳も孝に加ふることなし」と、祖先祭祀の重要性を説き、宗廟の早期建設を進言している。彼の経歴は伊勢国の大掾《だいじょう》（伊勢国司《こくし》のナンバー3）だったこと以外は明らかではないが、中臣栗原連は美濃国に由来する渡来系氏族で、天応《てんおう》元年（七八一）に大《おお》炊助《いのすけ》栗原勝《くりはらのすぐり》子公《こきみ》という人物の一族一八名に賜ったという限られた姓なので、その一族で、美濃から都に出てきて、故郷との関係を断ち、官人として生きていく道を選んだ氏族の一人と見ていいだろう。

この年の試験問題には、五行の調和と治平民富《ちへいみんぷ》、つまり自然や社会のバランスと平和で豊かな社会の関係について、というものもあり、桓武朝末期の社会の疲弊を意識したものだった。つまり四年後に行われる「徳政相論」の種はすでにこの段階で蒔《ま》かれていたのである。

このように八世紀から九世紀にかけての高等文官試験は、単なる重箱の隅をつつくような試験ではなく、現場の課題を解決するために秀才を確保するという性格を明確に持っていたのである。こういう試験を突破できる人物こそ、この時代の政権が期待した官人だったのである。

庶民出身の東宮学士勇山文継や怪異がまとわりつく博士たち

こうした試験を突破した人として記録されている春澄善縄や紀真象や中臣栗原連年足は下級

官人の子弟だったが、文章生から出身した官人にはさらに上手のツワモノがいた。弘仁《こうにん》元年（八一〇）に「連」の姓を賜与された勇山文継《いさやまのふみつぐ》は、元は姓がなかったのではないかと見られる、河内国出身の従八位下の官人だった。ところが従六位下の紀伝博士（紀伝道の最高専門職）を皮切りに、大学助（大学寮の次官、国立大学の副学長といったところか）となり、七年後には嵯峨天皇に『史記《しき》』を進講して従五位下に昇進、貴族に列する。さらに安野宿禰《あののすくね》に改姓して、皇太子正良《まさら》親王（仁明天皇）の東宮学士にまで出世する。一介の庶民が天皇や皇太子に学問を教えるまでに成り上がるというのは、平安時代のイメージからかなりかけ離れたものではないだろうか。この時代はチャンスを生かせばそういう出世ができる、裏返せば、政権はそんな役に立つ人材を常に必要とし探していたのである。そうした秀才たちをストックするいわば人材バンクのようなポジションが、文章博士、紀伝博士、明法博士などの「博士職」だったと思われる。この時代には、この他にも都良香《みやこのよしか》、巨勢文雄《こせのふみお》、橘広相など、その道では博識で知られた人々が名を連ねている。

そして注目していただきたいのは、ここに藤原氏がいないことである。文人として学問を磨き、博士になることは、門閥主義に対抗して実務官人として立身していく昇進ルートであり、それは貴族制に唯一対抗しうる九世紀に顕著な人材登用システムだった。そして彼らの能力はただの「物知り」ではなかった。九世紀とは、有為の人材がその実力によって立身できる可能性を秘めた社会だったのである。

彼らは単なる参考意見の陳述者ではなく、政策提言者だった。公式の提言の典型として知られるのは延喜《えんぎ》十四年（九一四）の元文章博士で式部大輔（宮中儀礼の責任者）の三善清行による「意見封事十二条《いけんふうじじゅうにじょう》」だが、学者の提言にはいろいろな形があり、たとえば仁和《にんな》三年（八八七）に起こった藤原基経の政務放棄事件、いわゆる「阿衡の紛議」（基経が宇多《うだ》天皇の「関白《かんぱく》に任じる詔勅〔命令書〕」に、阿衡となってくれ、とあるのに目をつけて「中国の故事では阿衡には職掌がない」として政務をやめた事件）で、当時讃岐守だった菅原道真が基経に意見書を送ったというのもその類として考えられる。そして菅原道真の右大臣昇進は、何よりのその証拠となるものだった。

しかしながら、このような博士の役割は十世紀には次第に衰えていった。右大臣にまで上った菅原道真が昌泰《しょうたい》の変で失脚・左遷されたのは象徴的な事件だが、そのときに先述の三善清行が、道真関係者を連座させて罪に問えば、学者が朝廷からいなくなってしまい、政治が動かなくなることを危惧《きぐ》している。当時の学者の政界における力をうかがわせるとともに、菅原家系学閥の学者がその多くを占めていた、つまり学者を出す家や門閥の寡占化《かせんか》が進んでいたことも見逃せない。事実十世紀になると、文章博士は菅原氏と大江氏、そして一部の藤原氏が占める「家の職」と化していく。特に藤原氏は、菅原氏が創設した菅原氏・大江氏のための大学別曹《だいがくべっそう》（つまり予備校）の文章院《もんじょういん》に対して勧学院《かんがくいん》を設け、南家《なんけ》、式家《しきけ》、そして北家《ほっけ》の一部など、いわば中央政界から弾《はじ》かれた人材の救済場所として博士の人事に食い込んでくる。こうなると諸々《もろもろ》の氏族の俊英が集まる文章博士、という性格は次第に薄れ、学問の力で中央政界へ進出する秀才ではなく、代々学者になる家という、およそ実力主義の学問には似つかわしくないものができてしまうのである。

最後にそれに関係するエピソードを二つ挙げておこう。一つは、藤原為時《ためとき》の話である。為時は北家藤原氏、具体的には摂政《せっしょう》良房の弟良門《よしかど》の五世の孫という傍流で、祖父は堤中納言《つつみちゅうなごん》の別名で知られた兼輔《かねすけ》だったが父の雅正《まさただ》は従五位下に止まっている。本人は文章生から出身したので、まさに文人層を侵食した藤原氏傍流の代表的人物である。彼は花山《かざん》天皇の侍読《じどく》（家庭教師の一種）だったが、それが出世にはつながらず、諸国の守、つまり五位の受領《ずりょう》に止まった。『古事談《こじだん》』という玉石混交の宮廷エピソード集には、淡路守《あわじのかみ》に任官したが、淡路はランクが低く、低収入の国だったので、時の一条《いちじょう》天皇に「苦学して夜は寒く、血の涙が襟を濡《ぬ》らす。異動発表の翌朝は、青空を望みたい」というような美文の上奏を行い、感動した天皇が藤原道長に命じて越前《えちぜんの》（福井県）守《かみ》に転じさせた。可哀想《かわいそう》なのは越前守への任官が決まっていたのに取り消された源国盛《くにもり》（光孝《こうこう》天皇の四世の子孫）で、ショックのあまり病の床に伏して亡くなってしまったという。まあ、それほどの美文とも思えないのだが、十世紀後半になると、文章生の能力もこの程度しか発揮する機会がない社会になっていたのである。そして彼の子孫もその後繁栄はしなかった、一人の例外を除いて。すなわち、娘の一人で一条天皇の中宮《ちゅうぐう》、上東門院《じょうとうもんいん》藤原彰子《ふじわらのあきこ》（しょうし）に仕えた、本名藤原香子《かおるこ》ではないかといわれる女性、紫式部《むらさきしきぶ》を除いては。

もう一つは、ここで取り上げた文人系の貴族たちが、後世、異常な能力を持つ人たちだと伝えられたことである。菅原道真はいうまでもなく、春澄善縄は本章で述べた通り、さらに小野篁はアルバイトで地獄の裁判の手伝いをしていたという伝説で知られ、都良香は羅城門《らじょうもん》の鬼を漢詩で感動させ、三善清行はその子で超能力者伝説がある僧の浄蔵《じょうぞう》によって地獄から蘇《よみがえ》ったという。

彼らにまつわる怪奇な噂《うわさ》もまた、文人・博士というもののありがたみが薄れた時代に、なぜそこまで出世できたのか、という説明のために作り出されたようにも思われるのである。本来博士とはかくあるべし、を体現した人々は、平安後期の二〇〇年には異常な怪人たちと思われるようになっていた。それくらい社会は変わり、流動性を失っていたのである。

第三章　宮廷女性は政治の中心にいた

奈良時代の宮廷女官

この章ではまず、近年、飛躍的に進んでいる奈良《なら》時代の女官の研究を踏まえ、私見を交えて奈良時代の女官の役割を概説しておこう。

律令制《りつりょうせい》以前から女性は男性とともに大王《おおきみ》の宮に仕えていた。そして男性官人が行政を行うと規定された律令体制下でも、氏女《うじめ》や采女《うねめ》として出仕する女官や五位以上の官人の妻は宮廷で働き、天皇のプライベートに関わる部分、つまり後宮を支えていた。

後宮というとハレムが連想されるが、八世紀の場合、そう簡単ではない。何しろ女帝の時代にも後宮職員が置かれていたのだ。それが女官である。後宮には一二の司《つかさ》があった。中でも重要なのが「内侍司《ないしのつかさ》」を束ねる尚侍《しょうじ》（ないしのかみ）と「蔵司《くらのつかさ》」のトップの尚蔵《しょうぞう》（くらのかみ）だ。

尚侍の仕事は「常時奏請《そうせい》し、宣伝に供奉《ぐぶ》す」とある。これは天皇のそばにいつもいて、いろいろな申請を上げて、それについての天皇の言葉（宣《せん》）を文書起草係である内記《ないき》に伝え、その文書は内記が所属する中務省《なかつかさしょう》を経て太政官《だいじょうかん》会議にかけられ、公卿《くぎょう》の議論を経て詔勅《しょうちょく》（天皇の命令）となる、ということである。つまり太政官会議を経て官符《かんぷ》（正式な命令書）として格《かく》（追加法）になるには尚侍は不可欠だったのである。尚侍に限らず、天皇からの諸々のトップダウン、つまり「お言葉」を伝える伝宣《でんせん》という役回りは女官の仕事で、奈良時代の文書行政のタイムカプセルといえる正倉院文書《しょうそういんもんじょ》には後述する飯高諸高《いいたかのもろたか》（当時の名は笠目《かさめ》）という女官が東大寺《とうだいじ》写経所に対して行った天平宝字《てんぴょうほうじ》五年（七六一）の「宣」が残されている。奈良時代の政府はいわば文書行政が始まったばかりの段階なので、その不具合を補う役としての天皇のメッセンジャーは非常な重責だった。

美努王《みぬおう》との間に橘諸兄《たちばなのもろえ》、藤原不比等《ふじわらのふひと》との間には藤原安宿媛《あすかべひめ》（光明子《こうみょうし》＝光明皇后《こうみょうこうごう》）と歴史的なVIPを儲《もう》けた女官の橘《たちばなの》（県犬養《あがたいぬかいの》）三千代《みちよ》（天智《てんじ》朝？〜七三三）は奈良時代女性史を飾る花形の中の花形だ。この人は天武《てんむ》・持統《じとう》・文武《もんむ》・元明《げんめい》・元正《げんしょう》・聖武《しょうむ》六代に仕え、遅くとも霊《れい》亀《き》元年（七一五）には尚侍となっている。

一方尚蔵の仕事は、「神璽《しんじ》・関契《かんけい》・供御衣服《くごいふく》」などさまざまな天皇の宝を預かることである。つまり、万一彼女がこれらを持ち逃げしたら、神璽（天皇の印）がない天皇は身分証明ができず、関契（関所の通行証）がない天皇は軍隊も勅使《ちょくし》も動かせず、供御の衣服がない天皇は神を祀り儀式に出ることもできなくなる、というとんでもない事態に陥るわけである。いわば天皇側近の女官が天皇という立場を握っていたことになる。もっと単純化すれば、尚侍は天皇の生きたスマホ、尚蔵は生きたＩＤカードのような存在だった。現代社会で国家を動かす人間がこれを携帯していないことはありえないように、彼女らがいなければ、天皇は天皇たりえなかったのである。奈良時代中期に権勢をほしいままにした藤原仲麻呂《なかまろ》（恵美押勝《えみのおしかつ》）には袁比良《おひら》（宇《う》比良古《ひらこ》とも。藤原房前《ふささき》の娘。？～七六二）という妻がいたが、彼女はなんと尚蔵と尚侍を兼ねた女官であった。

奈良時代には女帝が多いのに、その場合でも内裏《だいり》で働いているのは女性ばかりなのはなぜか、という質問を受けたことがしばしばある。これには、女官は天皇の「思い者」だろうという思い込みがあるのだろうが、実際にはたとえば元明天皇には橘三千代が、称徳《しょうとく》天皇には典蔵《てんぞう》（蔵司の次官）の吉備由利《きびのゆり》（吉備真備《きびのまきび》の娘）や、伊勢《いせ》国飯高《いいだか》郡の豪族の出身で、采女から従三位にまで昇進した典侍《てんじ》（内侍司の次官、ないしのすけ）の飯高諸高がいた。彼女らは次官、つまり実務のトップとして立身を遂げたのであり、女帝もまた女官を必要としていたことがわかる。彼女らは「貴人に近侍するのは女性である」という社会的分業に基づいて機能していたのである。

そして私が注目したいのは、吉備由利や飯高諸高が称徳女帝の側近としてその病臥《びょうが》中から最期まで補佐役を務め、しかも次の光仁《こうにん》天皇の時代まで勤務を続けていたことである。後宮女官は女帝であれ男帝であれ、彼女らがいないと政治が動かない、内廷《ないてい》の生き字引的存在だったのである。

天皇の代行者を女性が務めて天皇をフォローする、というと思い出されるのは伊勢《いせ》神宮に仕える斎王《さいおう》だろう。よく斎王は神の妻だといわれるため、伊勢神宮の神は女神の天照大神《あまてらすおおみかみ》なのになぜ神の妻が必要なのか、とも質問されることがある。斎王もまた宮廷女性のこのような性格に基づいて成立した制度だと理解するとわかりやすい。つまり古代社会においては、崇高なる者と一般人の仲介者として女性が必要なのであり、宮廷女官や斎王はその社会的認識に基づいて存在していた制度なのである。女官は生物学的性差（セックス）によるものではなく、社会的・文化的性差（ジェンダー）によって成立した職掌なのであった。

宮廷女官と結婚

そして彼女らの多くは、橘三千代のように職場結婚をしていたのである。奈良時代後半、天皇が臣下の邸宅に行幸するという記事が見られるようになる。それはホスト側の名誉であり、権威の表れで、その宅の主人夫妻の位が上げられるのがお約束なのだが、その妻も多くの場合女官だった。たとえば右大臣にまで上った大中臣清麻呂《おおなかとみのきよまろ》の妻の多治比古奈禰《たじひのこなね》は尚侍、同じく右大臣藤原継縄《つぐただ》の妻の百済王《くだらのこにきし》明信《みょうしん》も尚侍で、凡庸とされる継縄が大臣に上れたのはひたすら明信への桓武《かんむ》の信頼の賜物《たまもの》といわれる。

また、飯高諸高は、四代（聖武・孝謙《こうけん》・淳仁《じゅんにん》・〔称徳〕・光仁か）に仕えて過ちなしとうたわれ、男性でいえば畿外出身者から右大臣にまで上った吉備真備並みの出世を遂げた。そして『続《しょく》日本紀《にほんぎ》』天平《てんぴょう》十四年（七四二）四月甲申《こうしん》条には、伊勢国飯高郡采女正八位下飯高君笠目の親族の県造《あがたのみやつこ》等に「飯高君《いいたかのきみ》」の姓を賜るとあり、この笠目が諸高のことだと考えられている。そして彼女は称徳朝に宿禰《すくね》の姓を賜った。大化前代におそらく、初期の伊勢神宮に関係して伊勢国北中部に置かれていた「飯高県造《いいだかのあがたのみやつこ》」という古い氏族から采女として出て、君から宿禰、つまり中央貴族と肩を並べる身分まで一族を昇進させた「デキる」女性なのである。ところが彼女には、結婚した形跡がない。彼女の同僚、吉備由利にもまた結婚していた形跡がない。一方、彼女と同世代の尚侍の大野仲仟《おおののなかち》は左大臣藤原永手《ながて》の室だったことが知られている。このように、女官はその結婚の有無とは関係なく競い合える職場だったと見られている。なお、諸高には結婚した形跡はないが、備前国《びぜん》（岡山県）藤野郡《ふじの》から畿外豪族出身の女孺《にょうじゅ》（めのわらわ、女童）として出仕したと見られる和気清麻呂《わけのきよまろ》の姉の和気広虫《ひろむし》には葛木戸主《かつらぎのへぬし》という夫がいたことがわかっている。出身身分によって結婚できるできないの差別はなかったと考えられる。

そしてもう一つ重要なのは、どうやら奈良時代には天皇と皇后は原則として別居していたらしいということである。たとえば光明皇后は平城宮《へいじょうきゅう》の後宮には住まず、現在の法華寺《ほっけじ》の地にあった藤原不比等の邸宅に聖武天皇が通い、婿取り婚の形で結婚し、そこが皇后宮になっていたらしい。そして皇后には皇后宮職《こうごうぐうしき》という家政機関が置かれ、夫である天皇とは別に経済を営む、つまりお財布も部下も召使も別々、という暮らしを送っていたらしい。こうした状況は貴族でも変わらなかったようで、四位以上の女性貴族は独自の家政機関を置くことを許されていた。たとえば平安時代初期の皇族である五百井《いおい》女王（桓武天皇の同母姉の能登《のと》内親王の娘。父は天智系皇族の市原《いちはら》王）は嵯峨《さが》天皇の時代に尚侍で従二位まで昇進した女官で、弘仁《こうにん》六年（八一五）にその財産を東大寺に寄進した文書によると、家令《かれい》以下の家政機関の職員がいたことがわかっている。それくらい九世紀前半までは女官の身分は高く、自立性が高かったのである。

親王家の女官

親王家の女官という意味で注目できるのは、粟田広上《あわたのひろがみ》と安都堅石女《あとのかたしめ》という二人の女性である。この二人は、例の井上《いのえ》内親王の呪詛《じゅそ》事件（三九ページ参照）に関係して『続日本紀』に現れる。井上内親王の廃后の後に、

> 辞別《ことわき》て宣《のたまは》く、謀反事に預《あずかり》て隠《かくり》て申さぬ奴《やっこ》等、粟田広上、安都堅石女は法に随りて斬の罪に行ひ賜べし。然思ほす大御心に坐すに依て免じ賜ひなだめ賜ひて遠流の罪に治め賜はくに宣る天皇の御命を衆《もろもろ》聞し食《めす》べしと宣る。従七位上裳咋臣足嶋《もくひのおみたるしま》に外従五位下《げじゅごいのげ》を授く。

とある。これによれば、この二人は例の井上内親王に連座し、斬刑にされるところを死一等減刑されて流罪になったとある。官位が記されていないが、「婢」ではなく「奴」と書いている

のは身分ではなく蔑称と考えられるので、彼女らは中宮《ちゅうぐう》付の女官で主人に近い立場にあった者だろう。また、続いて外従五位下を授位された裳咋臣足嶋が密告者だとすれば、彼女も井上内親王の中宮職《ちゅうぐうしき》女官の可能性が高い。そして注意すべきは、井上内親王は光仁即位までは夫とは別居結婚していて独自の家政機関を持っていたはずだ、ということである。あるいは広上や堅石女は皇后になる以前からの内親王宮付女官、もしかしたら斎王時代からの女官であったかもしれない。斎宮《さいくう》にも「宮人《きゅうじん》」が置かれていたことは、慶雲《けいうん》二年（七〇五）に天下に結髪令が出されたときに、老嫗《ろうおう》と斎宮の宮人は例外とされたことで明らかである。

斎宮には内侍《ないし》という女官長がおり、天皇の尚侍と同様に、斎王の側《そば》にあってその言葉を伝える職務だった。斎王には十代以下の少女も多かったこともあり、都との連絡などでは代行を務めることもあったと推定できる重職である。そして、延喜《えんぎ》二十三年（八〇四）に編纂された『皇太神宮儀式帳《こうたいじんぐうぎしきちょう》』『止由気宮儀式帳《とゆけぐうぎしきちょう》』（いわゆる『神宮儀式帳』）や、弘仁十一年（八二〇）に撰進された『弘仁式《こうにんしき》』の「斎宮式」をもとにする『延喜斎宮式《えんぎさいくうしき》』によると、斎宮内侍（五位身分なので命婦《みょうぶ》＝貴族女性の身分呼称、とも呼ばれる）は神宮祭祀において斎王を補助し、神宮の宮司や巫女《みこ》である大物忌《おおものいみ》との間に介在する職務である。斎王は宮司から木綿《ゆう》蔓《かずら》や太玉串《ふとたまぐし》（榊《さかき》の枝にコウゾの繊維を付けたもの、神の依《よ》り代《しろ》ともいわれる）を受け取り、その太玉串を大物忌に渡して内玉垣門《うちたまがきもん》の門前に立てさせる（大物忌は幼女で、実際には物忌父《ものいみのちち》と呼ばれる成人男性が補助する）のだが、その際には内侍が介在する。つまり斎王と直接に接する立場で祭祀に関わる

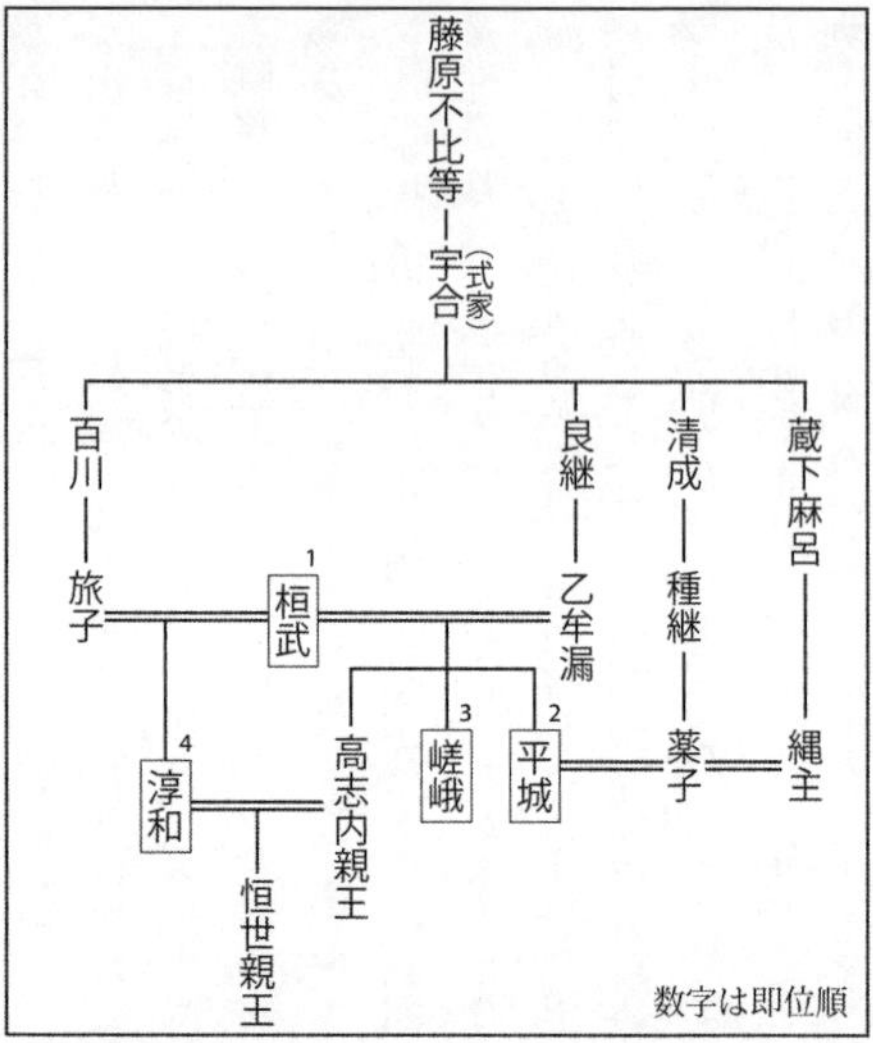

桓武天皇、藤原式家と４人の子供たち

こともある、宮廷女官とは一風異なる役職だったと考えられる。

あるいは広上と堅石女はもと斎宮の内侍で、斎王退任後も井上の側近であったために連座したのかもしれない。とすれば、光仁朝の宮廷では、光仁天皇側近の女官や飯高諸高のような経歴豊かな宮廷女官と井上内親王付きの女官が混在し、それまでにない役割分担の混乱が生じ、相互に疑心暗鬼となって井上廃后事件につながっていったと見ることができる。つまり井上廃后は、女官制の転換期ゆえに生じた事件ではなかったかと考えられるのである。

藤原薬子と女官の転換

そうした後宮の変化がさらに政治に及んでいく事件が続いて起こる。平城《へいぜい》天皇の乱（藤原薬《くす》子《こ》の変）だ。

藤原薬子（?〜八一〇）は桓武天皇の信頼厚き種継《たねつぐ》の娘で、藤原縄主《ただぬし》の妻だった。おそらく若いころから女官として宮中にあったものと考えられるが、その死亡記事では、長女が平城天皇の皇太子時代に選ばれて宮に入った、とある。皇太子安殿《あて》親王（のちの平城天皇）のキサキの一人として入ったと理解できる文言で、その後に薬子が東宮宣旨《とうぐうせんじ》になり、臥内《ふしどのうち》（寝所）に出入りすると記されている。そこから安殿が母子ともに愛人にした、と理解される向きが少なくなく、さらに桓武がその「婬《みだら》の傷を慮《おもんぱか》って薬子を追放した」とする。この記述通りだと、安殿は「国津罪《くにつつみ》（天津罪《あまつつみ》と対になり、社会的に許されない罪とされること）」の一つ「母と子と犯せる罪」を犯したことになる。そこまでの事実があったかどうかは知るよしもなく、もちろん記事が敗者である薬子に必要以上に厳しいことは留意しなければならない。

しかしそれ以上に注意したいのは彼女が「東宮宣旨」だったと明記されていることだろう。つまり天皇に対する尚侍にあたる立ち位置の女官になったことで、桓武は皇太子とのすれ違いの原因を、スポークスパーソンである彼女と考えたのではないか。少なくとも、宣旨とはそれくらい政治に影響を与えうる存在だったことがわかる。さて、桓武が亡くなり、平城が即位すると、薬子は尚侍として復活し、天皇の恩寵《おんちょう》をほしいままにして、その権威が及ばないところはなかったという。この部分もどこまで信用できるかはなはだ問題なのだが、尚侍という役職がそういう可能性を秘めたものであると周囲、特に男性官人たちから思われていたことだけは間違いないと考える。

どうやら八世紀後半から九世紀初頭期には、天皇をめぐる外廷《がいてい》と内廷の二つの秩序、つまり漢文（の公文書）で結ばれた太政官による政治と、言葉（宣旨）で結ばれた女官を軸とした後宮の命令のバランスが崩れはじめたらしい。その意味で薬子の変は「伊勢神宮との関係を背景に女帝即位の可能性があり、結果的に冤罪で排除された」井上内親王の廃后事件と同様の事件だったとも理解できる。そして九世紀半ば頃、女官の性格にも大きな変化が生まれてくるようなのである。たとえば藤原氏の女性たちは宮廷出仕をしなくなり、「家夫人《いえぶにん》」と呼ばれるようになっていくのである。

もともと律令体制下では、五位以上の宮廷女官に与えられる「命婦」という身分に対して、外命婦《げみょうぶ》（区別するときは一般の命婦は内命婦《ないみょうぶ》という）という、五位以上の官人の妻に与えられる称号があった（『職員令《しきいんりょう》』の公的解説「義解《ぎげ》」の中務省のところに記述がある）。彼女らは公的な仕事を持たないが、夫や子の関係で高位を授与され、社会的な地位を持っていた。たとえば万葉歌人として知られる大伴坂上郎女《おおとものさかのうえのいらつめ》（大伴家持《やかもち》の育ての親）や、その娘で大伴家持の正妻だった大伴坂上大嬢《さかのうえのおおいらつめ》らは女官として活動していた形跡がない。このような外命婦も少なからずいたが、大伴坂上郎女が収穫期の大伴家の荘園《しょうえん》に赴き、歌を詠んでいるように、彼女らもまた氏という法人的な組織の取締役、いわば「おかん」的な屋台骨になっていたのである。

しかし九世紀の家夫人は少し意味が違う。皇太后《こうたいごう》藤原明子《あきらけいこ》（文徳《もんとく》天皇の妻で清和《せいわ》天皇の母）や、その母である正三位源潔姫《みなもとのきよひめ》（嵯峨天皇皇女で源氏《げんじ》に臣籍降下《しんせきこうか》する）がその典型例である。

彼女たちには女官として勤務していた形跡がなく、まさに深窓の佳人として育てられたものと考えられる。つまり貴族の中にも「お姫様」が生まれてくるのである。

一方この頃には、男官の中に蔵人《くらんど》という職務が現れ、典型的な令外官《りょうげのかん》（『職員令』に出てこない新設の官職）とされるが、内実は、尚侍や尚蔵が持っていた天皇側近としての権力を奪ったものだった。他方、内侍司は天皇に近侍するものの、国家意思とは関係のない軽微な天皇の意思を伝える程度の仕事となっていく。そして和気広虫や飯高諸高のような中小氏族出身で歴史に名を残す女官は次第に見られなくなるのである。つまりデキる女が選抜されて、その勝者が天皇側近の地位を摑《つか》み取るというイメージの女官は次第に姿を消し、役職が形骸化していくのである。

大同《だいどう》元年（八〇六）、氏女（有力氏族を代表して出仕する女性）の資格が三十歳以上四十歳以下の独身者に改められた。第二、第三の薬子の出現を恐れたためと思われる。その結果女官は十〜二十代では出仕できなくなる。少女のころからたたき上げられた女官の育成も難しくなるのである。

『儀式』に見る九世紀の天皇と女官

しかしながら、女官の役割はそう簡単に消滅したわけではない。九世紀には、内裏の礼儀作法に通じており、嵯峨・淳和《じゅんな》・仁明《にんみょう》・文徳四代に仕え、八十歳まで現役で従三位尚侍に上った当麻浦虫《たいまのうらむし》のような例や、五十歳を過ぎて五位に叙せられ、優雅な挙措《きょそ》や催馬楽《さいばら》に通じていたことから従三位尚侍に上った広井女王《ひろいのにょおう》（天武系皇族）や菅野真道《すがののまみち》の娘で父の死後に昇進を始め、それでも尚蔵従三位に上った菅野人数《すがののひとかず》もいる。彼女らは飯高諸高のようにたたき上げで貴族身分を勝ちとった女官で、しかも諸高がなしえなかった長官（尚侍・尚蔵）まで昇進している。その点においては九世紀の女官たちも男官に伍《ご》して活躍していたのだが、浦虫は独身を貫いたことを賞され、広井や人数にも夫がいた形跡がない。どうも少し傾向が異なるのである。

彼女らの記事を見て八世紀女官に比べ微妙に違和感を感じるのは、男官に交じって仕事をしている感じがしないことである。天皇に近侍してその日常に奉仕し、その言葉を受けて伝え、宝物を守るようなイメージは残しつつも、優雅な動きや芸能技量の卓越で記憶されている姿は何か違う。そういう意味で興味深いのは、九世紀に編纂された儀式書に見られる女官の姿である。天皇が主体となって行う儀式、たとえば正月朝賀《しょうがつちょうが》や天皇即位儀、大嘗祭《だいじょうさい》において女官は重要な役割を果たしている。しかしそれは、天皇と男性官人の間で行われる支配確認儀礼、つまり天皇への服従を表す拝礼などの儀式での男官の役割とは少し異なるのである。彼女らは天皇とともに動き、あるいは神璽宝剣《しんじほうけん》などのレガリア（いわゆる三種の神器）を管理し、天皇の座である高御座《たかみくら》の帳《とばり》を掲げる。また、大臣の座の前に位記《いき》（位階を授ける文書）を置いたり、宣命《せんみょう》を大臣から受け取り、天皇に奏覧《そうらん》するなど、進行役としての仕事をこなす。それとともに、天皇が臣下と行う饗宴《きょうえん》（これもまた宴と饗という形で天皇との親近感と身分差を使い分けて天皇の支配を確認する儀礼であった）では、天皇と同じ立ち位置（たとえば大嘗祭では天皇の座席が置かれた豊楽殿《ぶらくでん》）の脇で食事を摂《と》ることができる。つまり、王権に仕える側でありつつも「支配する側のサポーター」として機能しているのである。

九世紀になると、それまで宮中の物品管理係の下級役人にすぎなかった蔵人（椋人）の権力が強化され、天皇直属の臣下として藤原氏の重要な政権のキーとなっていく。藤原摂関家《せっかんけ》の基礎を築いた藤原冬嗣《ふゆつぐ》は新設された蔵人所《くらんどどころ》の長官、蔵人頭《くらんどのとう》になったことをその権力の基盤としている。蔵人所は藤原薬子に対抗して嵯峨天皇が置いたという見解もある。しかし彼ら男官はこうした女官の儀礼の場での任務には割り込めなかった。そして当麻浦虫や広井女王の挙措が賛美されるのは、内裏の日常だけではなく、儀礼の場で特に讃えられたように考えられよう。そうした場での彼女らの動きは個人のアピールではなく、天皇の品格と直結するのである。とすれば彼女らの語り伝えられた典雅さは、実は大出世の陰で、男官に伍して王権を支えるという女官本来の役割が次第に、天皇の装飾の一部のように形式化していたことの表れと見ることもできるのである。

それでも女官の役割は決してなくなることはなかった。たとえば、即位の儀で行われていた神鏡と剣璽を新天皇に奏上《そうじょう》する儀礼は、桓武天皇段階で践祚《せんそ》、つまり天皇の交替時に神器が皇太子の元にまず移されるようになる。そして奏上の儀礼は即位の儀から大嘗祭に移され、さらに仁明天皇の大嘗祭を最後に行われなくなる。以後、神鏡は皇位継承儀礼と関係なく、内侍《ないし》所《どころ》に置かれるようになる。天徳《てんとく》四年（九六〇）の内裏焼失以降度重なる火災により、もはや鏡の姿は留めていなかったようだが、その容器自体が神鏡であり、その別称を内侍所と呼ぶようになった。源平《げんぺい》合戦の際に平氏《へいし》と安徳《あんとく》天皇によって持ち出された「三種の神器」のうち、神鏡は内侍所と呼ばれ、壇《だん》ノ浦《うら》の合戦のときには安徳天皇の御座舟の中にあったという。レガリアの管理は女官の重要な任務として残されていたのである。

華やかになる後宮と宮人の少数化

日本の宮廷における本格的な（ハレムとしての）後宮は、桓武天皇・嵯峨天皇父子の時代に形成されたと考えられている。実際、記録されている平安宮《へいあんきゅう》の内裏と比べると、平城宮の内裏は建物の数がずっと少ない。それほどのキサキを囲えないのである。つまり天皇は、キサキの自邸に通うことも多かったのである。

桓武天皇の後宮にいた女性の実数はわかっていないが、少なくとも二〇人以上の女性が皇子、皇女を産んでいる。その身分は皇后・夫人《ぶにん》・妃《ひ》・女御《にょうご》（ここまでがキサキ身分）・宮人《きゅうじん》（一般の女官）など多岐にわたっている。本来律令では天皇の妻は皇后の他に妃（皇族）・夫人・嬪《ひん》（貴族）とされていたが、桓武朝から女御というキサキの地位が生まれ、貴族や女王が任じられるようになる。夫人は三位以上、嬪は五位以上と規定されているが、女御は四位に叙せられることが多く、その中間的な立場となるが、五位の女御には、嵯峨天皇のころから更衣《こうい》という新たな位が設けられるようになる。その結果、夫人・嬪は見られなくなり、皇后も淳和天皇の皇后正子《まさこ》内親王を最後に置かれなくなり、子供が天皇となった女御に皇太后の位が贈られるという変則的な体制が定着する。その最初の例は仁明天皇の女御で文徳天皇の母、藤原順子《のぶこ》、臣下で最初の摂政《せっしょう》となった藤原良房《よしふさ》の妹である。

さて、嵯峨天皇の後宮には三〇人ほどの女性が確認されるが、うち子供を産んだ宮人が少なくとも一八人はいた。彼女らは妃ではなく、新設された女御・更衣でもない。いわば「お手つき女官」であり、産んだ皇子女に対しても母として接することはできなかったとされる。

ところが仁明天皇になると、後宮は少なくとも一四人いたのに宮人は五人に留まる。文徳天皇は一八人のうち九人が宮人となっている。ところが清和天皇になると二六人の中で二人だけ。宇多《うだ》になると、一二人の中で宮人かもしれないのは「伊勢《いせ》」と呼ばれた女性だけなのである。

そして醍醐《だいご》天皇になると、キサキ一七人のうち宮人は一人もいなくなる。つまり、『源氏物語《げんじものがたり》』の冒頭にある「女御・更衣あまたさぶらひたまひける」時代がやってくるのである。それは「お手つき女官」がいなくなることであり、女官の採用年齢の高齢化とも関係しているのではないかと考えられる。そして天皇の性生活はキサキを出す氏族によって規定され、天皇の周囲の女性たちが子供を産むことだけを期待された人と子供を産むことを期待されない人に分かれるということになるだろう。

ところがそれでも、宮廷からキサキではない若い女性が姿を消すことはなかったようだ。そこに出てくるのが「キサキの女房《にょうぼう》」で、女御や更衣が後宮に連れてくる召使のことを指す。先に見た井上内親王に仕えた女性たちのような、女官ではない女御付きの女性たちが、九世紀以降には後宮を闊歩《かっぽ》するようになるらしい。女御が増えればそのお付きも必然的に増えて、後宮に女性が増加する仕組みである。もちろんそこには天皇を惹《ひ》きつけるための甘い蜜として用意された、という側面もあるだろう。おそらくこれがのちの清少納言《せいしょうなごん》や紫式部《むらさきしきぶ》、和泉式部《いずみしきぶ》らの先例となる人たちである。そうした女性の先駆的存在として、「伊勢」という女性、三十六歌仙《さんじゅうろっかせん》の一人で、後世には『伊勢物語《いせものがたり》』の作者の一人にも擬せられたという宮廷歌人を例にとって考えてみたい。

伊勢という「女房」

まず注意したいのは、伊勢の立場である。伊勢は宮人と説明されることもあるが、確実な地位記録は残されていない。むしろ彼女は「キサキの女房」だったと考えられる。八世紀末期以降にキサキの内裏居住が定着するとともに、彼女らに仕えていた女性たち、「キサキの女房」が正式な女官に転身する傾向が見られた。藤原明子の「家人《けにん》」から典侍正三位の地位をつかんだ上毛野滋子《かみつけぬのしげこ》などはその典型だが、他の女御たちにももちろんそういう存在は不可欠だったはずだ。滋子の明確な活動期間は貞観《じょうがん》三年（八六一）から寛平《かんぴょう》九年（八九七）までで、明子（八二九〜九〇〇）の年齢とそう変わらないとすれば、たとえば明子の御所である常寧殿《じょうねいでん》に仕えていて、貞観三年（八六一）に三十歳になったのを転機に女官扱いになり、官位をもらうようになったのかもしれない。だとすれば、年齢から見て文徳天皇の愛人とは考えにくい。

伊勢の場合は、生年が貞観十四年（八七二）のようで、『大和物語《やまとものがたり》』に宇多天皇が退位して宮中を去るときに弘徽殿《こきでん》の壁に歌を書き残した話があるので、寛平九年（八九七）には宇多の寵愛《ちょうあい》を受けていた。そして、早世したとはいえ男子を出産していたことから見れば、二十代で宇多の寵愛を受けていたことは間違いない。彼女はもともとは女御藤原温子《よしこ》（父は関白基経《かんぱくもとつね》）付きの女房だったとされている。つまり伊勢は宮人ではなく、天皇が女御付きの女房に手を出した形で関係が始まり、御息所《みやすどころ》（皇子、皇女を産んだ女性）としての立場を得たものと考えられる。

ここで思い出すのは『源氏物語』に出てくる故葵《あおい》の上《うえ》付き女房、中納言《ちゅうなごん》の君である。

人よりはこよなう忍び思《おぼ》す中納言の君、言へばえに悲しう思へるさまを、人知れずあはれと思す。人皆静まりぬるに、とりわきて語らひたまふ。これにより泊まりたまへるなるべし。（須磨《すま》）

（源氏が他の女房たちよりこよなく忍んで心を通わす中納言の君が、人には言えない悲しく思っている様子を、源氏はこっそりと哀れに思えてならない。皆が寝たあとに源氏は特にお話しになる。このためにお泊まりになったのである）

中納言の君は葵の上付きの女房だが、「こよなく忍んで心を通わす」光源氏《ひかるげんじ》の隠れた恋人でもあった。といっても、おそらく葵の上は「このドロボウ猫!!」と激怒はしなかったのである。源氏との関係がうまくいっていない葵の上としても、また左大臣家としても、そういう女房は必要だった。つまり、「女房と主人との関係」には、通ってくる夫君をつなぎとめる、そういう仕事が発生する場合もあったものと見られるのである。

これは宇多と温子・伊勢の関係にも適用できるのではないか。淳和の皇后正子内親王を最後に日本では皇后は姿を消し、天皇の母となった女御が皇太夫人《こうたいぶにん》、さらに皇太后となるというルールができあがる。そして女御は四位の官位相当の女官扱いなのである。つまり天皇には正妻がいなくなり、女御は天皇の寵《ちょう》を引き止めようと激しく争いはじめる。これが『源氏物語』の冒頭「桐壺《きりつぼ》」の世界である。その一方で天皇の周りには三十歳以上、当時としてはキャリア組で皇子女出産の可能性も高くない女性ばかりが仕えるようになっている。とすれば、天皇は宮人たちを公然と愛人にできなくなり、一方、女御や更衣を送り込みたい貴族たちは「キサキがね(生まれながらのキサキ候補)」の娘たちを育成し、その周囲を伊勢のような優秀な女性で固める。こうして奈良時代のような、貴族の娘たちが女官として出仕する(たとえば藤原氏の事実上のトップ房前の娘の袁比良さえ尚侍・尚蔵になっていたような)ことはなくなっていくのである。

十世紀にも残る女官の影響力

このように見ていくと、大化前代の宮女制に起源を持つ、天皇の側近としての女性集団の伝統は天皇・皇后同居により、高齢キャリア集団に転換し、後宮に入る可能性を後退させていくことになる。『源氏物語』や『更級日記《さらしなにっき》』などに出てくる後宮や内侍所の女官に意外に高齢者が多いのもこういう歴史があるからではないか。ただしこの女官三十歳以上の規定がどこまで守られていたかは必ずしも明らかではない。物語の中だが『源氏物語』の朧月夜《おぼろづきよ》や玉鬘《たまかずら》は若い娘ながら典侍として出仕しており、女御に準ずる地位として描かれている。

しかし実際に、宮廷女官としての実績が認められる例もある。たとえば藤原道隆《みちたか》の正妻である高階貴子《たかしなのたかこ》は内侍だったが、一条《いちじょう》天皇の御匣殿《みくしげどの》別当（天皇の衣装縫製局長官、という名の実態は愛人）となった末娘が、長保《ちょうほう》四年（一〇〇二）、最初の妊娠中に没しているので、この娘を三十歳頃に出産したとすると九五〇年代前半の生まれと考えられ、二十代前半で最初の子である伊周《これちか》を出産したことになる。つまり彼女は若くして出仕し、道隆と恋に落ち、それでも仕事を続け、内侍に昇進した可能性が高い。ただし、道隆の妹、藤原詮子《あきこ》（一条天皇母）の宮女房でなければ、という仮定の上の話である（詮子は道隆より道長《みちなが》を推していたらしい）。

キサキの女房たちの宮廷進出は、天皇にとっても、宮女に代わる者としてのいわば「妻公認の愛人」が増える可能性を示唆していたのではないかとも思われる。村上《むらかみ》天皇の後宮は、中宮の藤原安子《やすこ》以下、女御四人、更衣五人だが、重明《しげあきら》親王の未亡人だった藤原登子《なりこ》（安子の妹）も尚侍として出仕している。おそらくまだ二十代である。彼女の出仕は同母姉の安子の差し金であった可能性が高い。そして同様の愛人、つまり以前なら宮女にあたるような立場の女性たちは、各女御も用意していたのではないかと思われる。

ここまで後宮が変化して、はじめて論じることができる女性たちがいる。清少納言や紫式部である。この章をお読みいただいて、平安前期における女官の地位の低下という歴史に疑問をお持ちになった方がいらっしゃるかもしれない。十世紀後半になると、清少納言を筆頭に、いわゆる女流文学者が次々に輩出されてくるではないかと。紫式部などは世界的には織田信長《おだのぶなが》より歴史的評価を受けている。『百人一首』を見ても、同時代には和泉式部・赤染衛門《あかぞめえもん》・右大将《うだいしょう》道綱母《みちつなのはは》、儀同三司母《ぎどうさんしのはは》、大弐三位《だいにのさんみ》、伊勢大輔《いせのおおすけ》など女流歌人が目白押しで、まさに宮廷文化を女性が支えていた時代ではないか。とても女性の地位が低下しているとは思えない、と。

しかし私は女性の地位が低下していると考える。たしかに和歌や物語の世界での彼女らの活躍は素晴らしいが、注意したいのは、その実名がごく一部（高級女官であった儀同三司母＝高階貴子と大弐三位＝藤原賢子《かたいこ》）を除いて明らかになっていないことである。彼女らの名は夫や父の官職に由来するもので（たとえば赤染衛門は衛門督《えもんのかみ》の娘の赤染さん、の意味である）、その多くは「キサキの女房」である。この時代には公的な歴史書がなく、彼女らの本名が記録される機会はごく少ない。紫式部や清少納言という「名前」は、ハンドルネームやペンネーム、あるいはニックネームのようなものにすぎない。同時代には『御堂関白記《みどうかんぱくき》』『小右記《しょうゆうき》』など詳細な貴族日記が残っているのだが、そこにも女房はおろか女官の実名さえほぼ出てこない。もしも八世紀に貴族日記があれば、おそらく女官の名は実名入りで続々と出ていたことだろう。女官の名は先に見た飯高笠目（諸高）の女官宣《にょかんせん》（女官が天皇の命令を仲介して出す文書）のように、公文書に明記されるものであり、彼女らはいわば実名で仕事をする人々だった。しかし紫式部や清少納言はそういう仕事をしていたわけではない。たとえば紫式部が八世紀にいたら、正当に氏女として出仕して、四位以上の位を得て、天皇や皇后付きの女官になっていたかもしれない。しかし彼女らの生きていた時代には、女性のそうした可能性は閉塞状況になっていた。女官と女房は区別され、女性の公的な仕事は著しく制限される。彼女らの才能は、摂関家によって開かれた女御のサロンという職場でしか生かしようがなく、女房文学の多くは、そこに天皇を呼び込むための「壁の花」的な環境下で花開いたということも忘れてはならないと思う。

第四章　男性天皇の継承の始まりと「護送船団」の誕生

天皇と太上天皇

律令《りつりょう》には「天皇」の規定はない。規定がないからアンタッチャブル、手の出しようもない存在ともいえるが、実は律令体制下で天皇が名実ともに最高権力者であった時期は意外に長くない。たとえば奈良《なら》時代においては、天皇は太上天皇《だじょうてんのう》（元天皇）と基本的に同等の権力者とみなされていた。もちろん政治を行う太政官《だいじょうかん》は天皇との間で文書のやりとりを行い、天皇の命令を文書化するのではあるが、そこに太上天皇が介入することもできたのである。たとえば持統《じとう》天皇は孫の文武《もんむ》天皇に譲位した後は太上天皇になったが、大宝《たいほう》二年（七〇二）に行った伊《い》勢《せ》・参河《みかわ》（三河《みかわ》。愛知県）行幸においては、関係諸国の田租《でんそ》（稲《いね》の税《ぜい》）が免除されているほか、現地の関係者に位や封《ふう》や禄《ろく》を与え、調を免除している。これは持統太上天皇の意思で決めたと推測できる。また、天平《てんぴょう》十六年（七四四）には、聖武《しょうむ》天皇の伯母の元正《げんしょう》上皇が当時京のあった難波《なにわ》から和泉監《いずみげん》（国）の智努離宮《ちぬりきゅう》（大阪府和泉《いずみ》市？）や河内《かわち》国の竹原井《たかはらい》離宮（大阪府柏原《かしわら》市）

に行幸し、関係した郡司《ぐんじ》一四人や経由した和泉の大鳥《おおとり》郡、和泉郡、日根《ひね》郡の三郡の八十歳以上の老人に穀を下賜しているが、このとき聖武天皇は紫香楽宮《しがらきのみや》にいたので、上皇独自の判断と考えられる。このように天皇大権に関わる位階や税のことについて上皇は独自の動きができたのである。

そして、天皇と上皇が同時に存在した期間は意外に長い。文武には祖母の持統上皇が、元正には母の元明《げんめい》上皇が、聖武には元正上皇が付いていて、たとえば聖武が単独で天皇だったのは、元正が亡くなった天平二十年（七四八）から天平勝宝《てんぴょうしょうほう》元年（七四九）までのわずか一年にすぎない。そして続く孝謙《こうけん》も天平勝宝八年（七五六）までは父の聖武上皇が生きており、さらにその後も母の光明皇后《こうみょうこうごう》と藤原仲麻呂《ふじわらのなかまろ》が健在だったから実質的な単独政権ではなく、次の淳仁《じゅんにん》は孝謙上皇と争ったのだからいうまでもなく、結局天皇が一代の間単独の権力者となったのは、孝謙が再度天皇となった称徳《しょうとく》天皇時代の実質六年間だけということになる。

それだけではない。たとえば文武の場合、中宮《ちゅうぐう》は置かず、皇太后《こうたいごう》は母の阿閇《あへ》皇女（のちの元明天皇）、皇太子は首《おびと》親王（のちの聖武天皇）、その後見（中宮代理）として姉の氷高《ひだか》内親王（のちの元正天皇）・補佐役としての叔父（舎人《とねり》親王、新田部《にいたべ》親王など）、妹婿に長屋《ながや》王（伯父の高市《たけち》皇子の子）と、まさに天皇は親族によって守られていた。

このような複合した勢力が天皇を押し包むように連関する体制が崩れたとき、天武《てんむ》系天皇は断絶するのである。

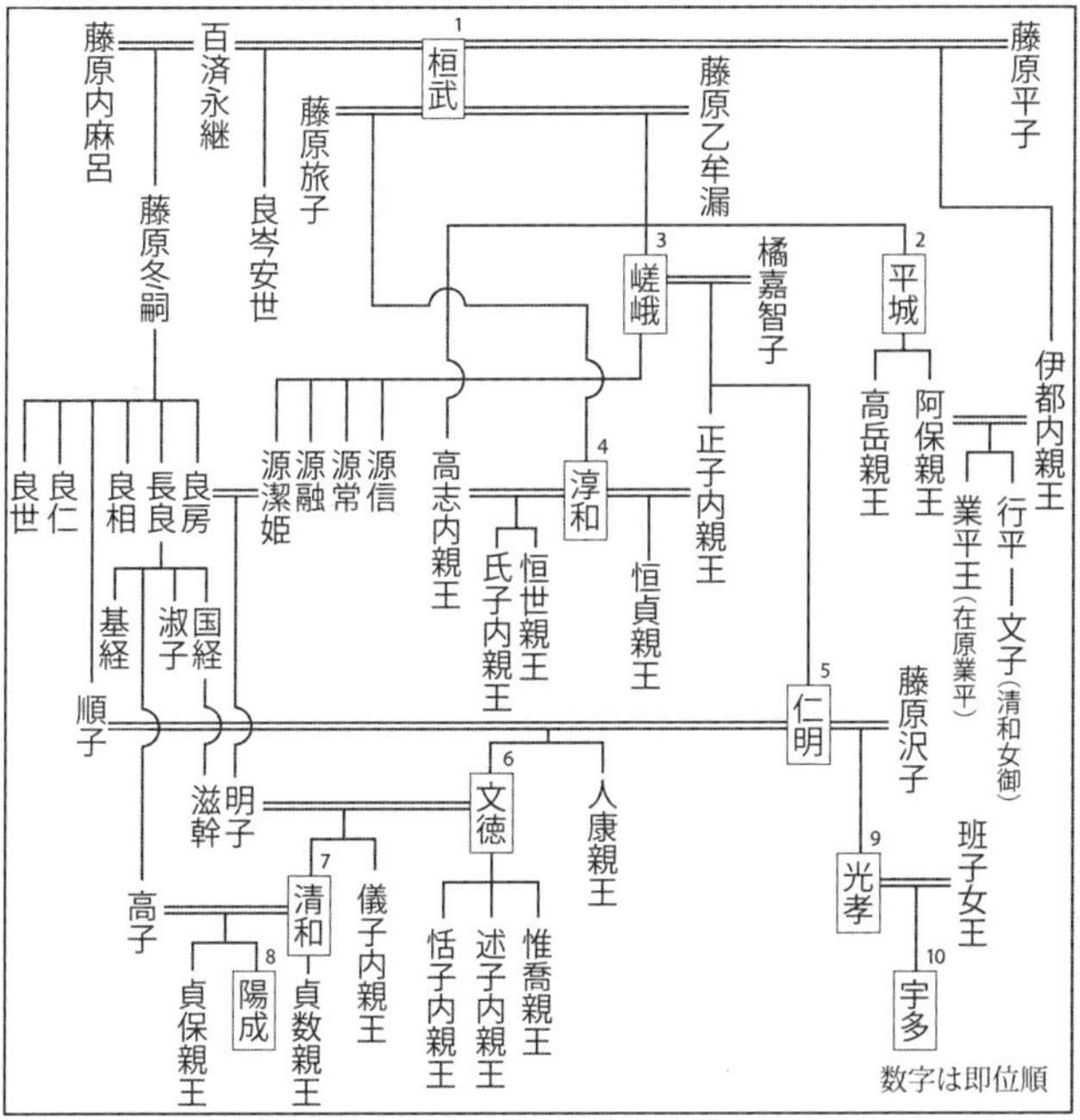

天皇家、源氏、藤原氏関係系図（9世紀編）桓武独裁から護送船団方式へ

そして貴族層の合議による光仁《こうにん》即位、他戸《おさべ》廃太子を経て、先述した桓武《かんむ》の独裁政権が誕生した。桓武政権がいかに特異だったかおわかりいただけると思う。

嵯峨による「護送船団」体制

天皇が再び独立した存在ではなくなるのは嵯峨《さが》院政以降である。序章で触れた大同《だいどう》五年（八一〇）の平城《へいぜい》上皇の乱を押さえ込んで権力を確立した嵯峨は、弘仁《こうにん》十四年（八二三）に異母弟である皇太弟の淳和《じゅんな》に譲位する前に、彼を自らの娘正子《まさこ》内親王と結婚させていた。淳和は先に桓武の娘高志《こし》内親王と結婚し、恒世《つねよ》親王と伊勢斎王《いせさいおう》の氏子《うじこ》内親王を儲けていたが、高志は大同四年（八〇九）に亡くなっていたので、その継室《けいしつ》（正妻の後継者）として入ったのである。そして嵯峨天皇は譲位にあたり、上皇のすべての権限を返上すると宣言し、すでに出家していた平城上皇もそれにならうことになる。こうして上皇は天皇と並ぶ権力者ではなくなった。ところが嵯峨は淳和の岳父《がくふ》という立場で淳和に対する優位を示す。天皇が父である上皇に敬意を示し孝養を尽くすことを示す正月の拝礼的な挨拶である朝覲行幸《ちょうきんぎょうこう》がこの頃から定着する。つまり息子が天皇である場合のみ、上皇は桓武以来の中国の儒教的思想により「天皇の父」という絶対的に優位な立場を強調できるようになったのである。

さらに嵯峨は、息子たちを皇族から源氏《げんじ》に降下させた。源氏の賜姓《しせい》は増えすぎた皇子の一部を国家の給与体系で養わせる公私混同のリストラ政策と理解されることが多いが、嵯峨源氏の場合、左大臣に源常《みなもとのときわ》、源信《まこと》、源融《とおる》、大納言《だいなごん》に源定《さだむ》、源弘《ひろむ》、参議《さんぎ》に源明《あきら》、源生《いける》、源勤《つとむ》などが出ており、天長《てんちょう》八年（八三一）に信が参議となってから、寛平《かんぴょう》七年（八九五）に融が左大臣在任のままで亡くなるまで、六〇年以上嵯峨の息子は太政官のメンバーであり続けた。それは本来、場合によっては天皇と対立し、その暴走を制限する太政官の中に予《あらかじ》め天皇の与党を置いておくことであり、太政官が天皇を補佐する組織としての性格を強めることとなる。さらに嵯峨は、藤原氏の実力者の北家《ほっけ》藤原良房《よしふさ》を、娘の源潔姫《きよひめ》の婿とした。源氏を賜姓していたとはいえ、天皇の娘が臣下と結婚するのは前代未聞のことである。こうして、嵯峨上皇をリーダーとする、弟で娘婿（淳和天皇）・息子（皇太子正良《まさら》親王＝仁明《にんみょう》天皇）・その他の息子や娘婿、義弟（源信、藤原良房、皇后橘《たちばなの》嘉智子《かちこ》の弟橘氏公《うじきみ》ら太政官メンバー）で構成された、天皇―太政官の一体化による家長指導体制が確立された。この天皇を守る「護送船団」のような体制が嵯峨天皇による「院政」なのである。

さらにこの体制は、嵯峨天皇系以外の皇族の排除にも動く。承和《じょうわ》の変（八四二）は、仁明天皇を廃して皇太子だった恒貞《つねさだ》親王（淳和天皇と正子内親王の子）を立てる計画の発覚により、恒貞の皇太子辞退に至る事件だが、そのきっかけは、首謀者とされる橘逸勢《たちばなのはやなり》（橘嘉智子の従兄）が、阿保《あぼ》親王（平城天皇の長男）を勧誘したことだという。とすればこの事件には平城天皇系の皇族も関わっていたことになる。一方東宮傅《とうぐうのふ》（皇太子の指導職）だった源常は罰せられることなく、引き続き新東宮道康《みちやす》親王（文徳《もんとく》天皇）の東宮傅となっている。つまりこの事件が冤罪だとすれば、本来の目的は嵯峨―仁明―文徳ラインの確立にあったと理解できるのである。

そして阿保親王はその翌年に没するが、彼の子の中には桓武天皇の娘、伊都《いず》内親王を母とする極めて優れた血筋の皇族もいた。それが業平王《なりひらのおおきみ》、のちの在原《ありわら》業平である。

藤原氏皇太后と女帝の消滅（護送船団のトップの交替）

さて、嵯峨が亡くなると、この護送船団は仁明をトップに据えることになるが、仁明は体が弱く、院政を敷く前に在位のままで死去してしまう。その間に実質的なトップとなっていたのは、妹藤原順子《のぶこ》を仁明に入内《じゅだい》させ、道康親王を産ませていた藤原良房だといえる。そして道康が文徳天皇として即位すると、その女御《にょうご》に源潔姫を母とする藤原明子《あきらけいこ》を入内させ、それまで女御だった藤原順子は、天皇の母ということで「皇太夫人《こうたいぶにん》」、さらには「皇太后」となる（『伊《い》勢物語《せものがたり》』に出てくる五条《ごじょう》の后とはこの人のことである）。ここで留意しておかなければならないのは、「皇太夫人」という称号である。本来「夫人」とはキサキの称号の一つで、上級貴族出身の女性に与えられる「階級」である。つまり、皇族出身の「妃《ひ》」よりランクは低い。そして、皇太夫人は貴族出身の天皇の母に贈られる称号として成立した。だから順子の前例になる皇太夫人は高野新笠《たかののにいがさ》（桓武天皇の母、死後に皇太后、太皇太后を贈られる）と藤原宮子《みやこ》（聖武天皇の母、のちに太皇太后）で、いずれも皇族ではない。

ところが、聖武天皇の皇后、藤原光明子（光明皇后。孝謙天皇の母）は皇族ではないのに夫人から皇后へと極めて異例の「出世」を遂げたので、皇太夫人を経ずに皇太后になった。以後、貴族出身の皇后・皇太后の例が次々に現れ、桓武天皇の皇后の藤原乙牟漏《おとむろ》は、皇太子安殿《あて》親王（平城天皇）の母ということで、皇族出身の妃、酒人《さかひと》内親王を飛び越えて皇后になったが、桓武より先に身罷《みまか》ったので平城により皇太后を追贈されている。嵯峨天皇の皇后橘嘉智子も史料の散逸により事情はわからないが、おそらく正良親王（仁明天皇）の立太子《りったいし》を契機に夫人から皇后になり、さらに皇太后になっている。一方天皇が即位する以前に母が死んでいた場合には、淳和天皇の母の藤原旅子《たびこ》のように皇太后を追贈された例もある。

ここまで見てきておわかりのように、天皇の母であっても、追号は別にして、また、皇太夫人から一足飛びに太皇太后になった藤原宮子のような特異例（光明子がすでに皇后になっており、孫の孝謙が即位したため）を除くと、皇后を経ずに皇太后となった前例はないのである。ところが順子は皇太夫人から皇太后になった。本来種類の違う二つの「オオキサキ」なのに、ここで皇太夫人→皇太后と出世する前例ができ、両者は質的な違いではなく、ランク差になり、生きている人にも皇太后がゴールになったのである。こうして皇后を経ない皇太后が成立し、その後見人である良房の権力が一段と強まる。

そして藤原良房はさらに用意周到に「護送船団」のリーダーの地位を固めた。文徳と明子の子、清和《せいわ》の即位である。良房は清和の外戚《がいせき》となるため、その異母兄で文徳も期待していた惟喬《これたか》親王を排除し、幼い清和を傀儡《かいらい》として皇位に就けた、とよくいわれるが、意外に見落とされているのは、清和が父系でも母系でも嵯峨の曽孫だということである。いうまでもなく父系では嵯峨―仁明―文徳―清和だが、母系でも嵯峨―源潔姫―藤原明子―清和なのである。このように清和は他の皇族より優れた出自で、その母の明子は準皇族的な立場なので、清和即位後にすぐ皇太后となる。そして父の良房が、単なる外戚ではなく、天皇を中心に据えた父系・母系集団の最年長者として、この集団指導体制を牽引《けんいん》する。つまり嵯峨上皇と同じ立場になる。良房は嵯峨の遺産を最大限活用して、文句の出ない形で自らの地位を固めたのである。そして内裏《だいり》

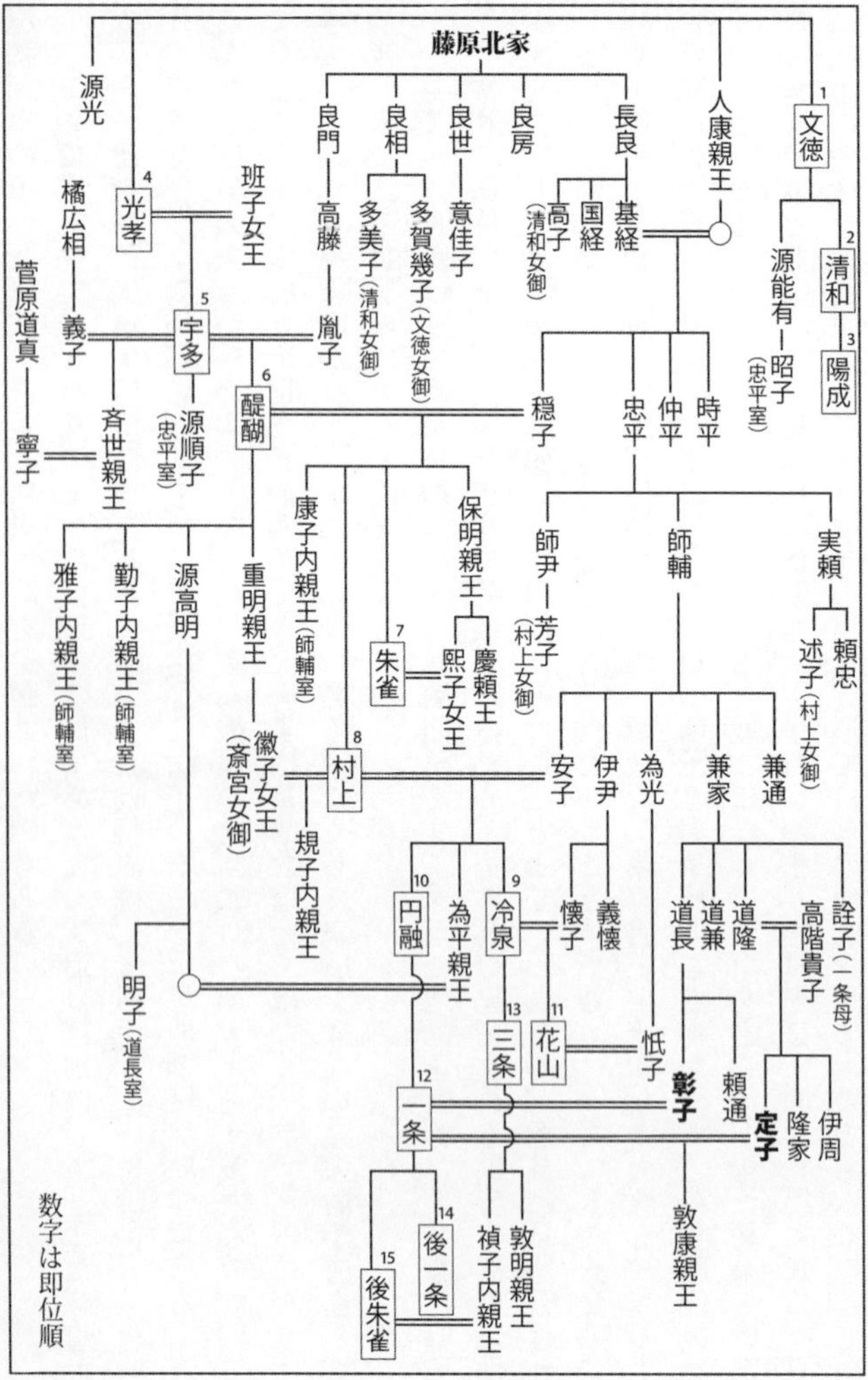

天皇家、源氏、藤原氏関係系図（10世紀編）

に付属した中宮職《ちゅうぐうしき》（皇后はいないので、皇太后明子のために置かれた）の事務所である職御曹司《しきのみぞうじ》に彼の席ができて、この体制は常態化する。嵯峨上皇が用意周到にめぐらせたシステムは上皇と天皇ではなく、皇太后と天皇という関係を基軸にすることにより、外戚、つまり天皇の母の父に簡単に乗っ取られた。しかも内裏を離れ、郊外の嵯峨院にいた嵯峨とは違い、良房は内裏に常駐しているので、まさに政治の中枢に座ることになった。政治を執る臣下の「摂政《せっしょう》」が誕生したのである。

そして、良房以降の摂関家《せっかんけ》外戚は多くの場合天皇の血縁者でもあった。良房は嵯峨の娘婿、最初の関白《かんぱく》でその甥の藤原基経《もとつね》は仁明天皇の孫婿で、その子の政権担当者、藤原時平《ときひら》、仲平《なかひら》、忠平《ただひら》三兄弟は仁明天皇の曽孫になり、時平、忠平の正妻も仁明天皇の孫である。つまり摂関家の長、氏長者《うじのちょうじゃ》は準皇族ともいえる立場だったのである。

そして一方、天皇家にも大きな変化が生じた。それは正子内親王を最後に、皇族皇后がいなくなったことである。先述のように、皇后は本来、皇族出身のキサキの身分とされた妃から出るものだったが、天平元年（七二九）の藤原光明子の立后以降、その慣例は曖昧《あいまい》になっていた。彼女の立后は、その宣命《せんみょう》（口述形式の天皇の命令書）でも先例として仁徳《にんとく》天皇の皇后である葛《かつら》城磐之媛《ぎのいわのひめ》を出してこなければならないほど異例であり、その前年の長屋王一族の滅亡があってはじめて成立したといえるものだった。だが九世紀になると橘嘉智子のように、天皇家でも藤原氏でもない曖昧な立場（嘉智子たち橘氏は敏達《びだつ》天皇の子孫にはなるが）の皇后が出るようにもなる。そして正子以降しばらくは皇后自体がいなくなり、最高位の女性権力者は天皇の母である摂関家出身者となるのである。皇族女性が天皇をめぐるグループに入れなくなり、必然的にその最高権力者となる天皇の母役も果たせず、グループのリーダー、つまり女性天皇にもなれなくなるのである。

このように、天皇の母が藤原氏になり、その父が外戚として「護送船団」をリードする体制が安定することにより、仮に皇族の女御がいてもそれを飛び越えて摂関家出身の女御が皇太后になり、その女性が護送船団のリーダーとなっても皇族ではないから天皇にはなれない。つまり女性天皇が誕生する可能性は極めて低くなったのである。

「護送船団」崩壊の危機と在原業平

ところがこのような護送船団関係には早くも軋轢《あつれき》が生じはじめる。それは藤原基経と妹の皇太后高子《たかいこ》の間に生じた。

そもそも良房には子供が明子一人しかいなかった。天皇の娘を正妻に迎えた結果として、側室を置くことができなかったといわれている。そのため良房家は絶えることになる。もしも潔姫が男子を産んでいたなら嵯峨天皇の孫が良房の後継者となり、政治構造が大きく変わり、歴史が大きく変わったかもしれない。それはさておき、良房は弟の良相《よしみ》と連携していたようだが、兄弟というのはなかなかうまくいかない。どうやら貞観《じょうがん》八年（八六六）の応天門《おうてんもん》の変あたりで良房は兄長良《ながら》の子の基経とその妹の高子を重視するようになったようである。そして高子は清和に入内して陽成《ようぜい》天皇を産む。ここまでは良房の計算通りだった。しかし貞観十四年（八七二）に良房が没すると、風向きは大きく変わってきた。四年後、二十七歳になった清和は陽成に譲位して出家し、修行生活に入るが、高子は当然京に残って皇太后になっている。陽成は即位時八歳だったから、高子の影響力は強かったはずだ。

そもそも血縁で結ばれた護送船団方式には想定しうる大きな問題点がある。絶対的なリーダーがおらず、天皇や天皇の母が自分の意思で動きはじめたらどうなるかわからない、ということである。幸いなことにここまではそうした事態はなかった。仁明も文徳も体が強くなく、藤原明子は長く精神を病んでいたので、嵯峨や良房が政治の中心でいられたのである。ところが陽成は健康に育ちつつあった。それもあってか、特に清和が亡くなった後は、基経のサボタージュによる政務の混乱がしばしば見られ、ついに元慶《がんぎょう》八年（八八四）に陽成は退位に追い込まれる。陽成には奇矯な振る舞いが多かったとはよくいわれることだが、その内容は内裏で馬を飼ったり、天皇の前で皇族と元皇族の貴族に相撲を取らせたりした、というもので、せいぜいいツッパリに憧《あこが》れて「不良っぽく」振る舞う少年のレベル、特に暴君というほどではない。しかし陽成の後の天皇は、その兄弟、たとえば同母弟貞保《さだやす》親王などではなく、仁明天皇の皇子時《とき》康《やす》親王、つまり光孝《こうこう》天皇となった。陽成だけではなく文徳・清和の血統は丸ごと排除され、天皇の血統が移動してしまうのである。

実は陽成天皇退位の理由は、前年十一月十日に起きた、嵯峨源氏源益《みなもとのまさる》が突然殿上、つまり天皇の間近で殴り殺されたという事件が契機となっている、とよくいわれる。その犯人が陽成だというのである。まあ定説といっていい。

なるほど天皇が宮中で貴族を殺すのは大事件である。しかし天皇は律令も超えた立場なのだから、殺人罪で解任するのはいささか変だ。そこで、天皇が直接手を下したので、本来穢《けが》れてはいけない天皇が穢れてしまったから、という理解もされる。とはいえ表向き陽成は廃位されたのではなく、健康上の理由で自主的に退位したことになっているので、穢れて祭祀ができない云々《うんぬん》は積極的な理由にもならないようにも思う。言い方は悪いが、ほとぼりがさめるまで一年ほど物忌《ものいみ》でもしてもらっていたらいいはずなのだ。

そこで問題になるのは、陽成とその母、高子の政治的な意思と基経のそれの相違、つまり路線対立である。陽成は退位時十七歳、そろそろ自分の足で歩きたくなる年頃だ。この時代の天皇は神に祈るばかりが本業ではない。

そしてここに一人の貴族を介してくると、面白い構図が見えてくる。陽成天皇の蔵人頭《くらんどのとう》の一人でもあった在原業平である。

業平は元慶三年（八七九）に蔵人頭になる以前は右馬頭《うまのかみ》だった。内裏で馬を飼うという醜聞と結びつく。そして陽成の前で相撲を取り、天皇の椅子を一部破損したという『大鏡《おおかがみ》』に見られる逸話の当事者の一人は業平で、相手は侍従《じじゅう》だった時康親王の子の定省《さだみ》王、つまり後の宇多《うだ》天皇だった。陽成の「不良っぽさ」の陰には業平が見え隠れしている。

さて、蔵人頭の重要性は前章に述べた通りで、天皇に近侍するから、皇太后にも近い立場になる。良房も基経も蔵人頭経験者で、大出世の序曲となる役職でもある。そこに父系母系双方とも祖父が天皇（平城と桓武）で、承和の変のところで触れたように、平城の最も血筋の優れた子孫で、当代きっての貴公子だった業平が着任したのは、基経にとってもいささか脅威に感じられたことだろう。業平と交替した前任者は、橘広相《たちばなのひろみ》といい、元は清和の東宮学士《とうぐうがくし》だったが基経ともつながりの深い人物である。一方業平には妻を介して紀《き》氏とも深いつながりがあり、陽成の乳母には紀全子《まさこ》がいた。ここでも業平・紀氏と陽成のつながりがうかがえる。そして業平の相席になる蔵人頭は藤原国経《くにつね》だった。国経は基経と高子の兄だが、別のことで思い当たる人もいるかもしれない。谷崎潤一郎《たにざきじゅんいちろう》の小説「少将滋幹《しょうしょうしげもと》の母」に出てくる藤原滋幹の父である。『今昔物語集《こんじゃくものがたりしゅう》』にその原話が見られるこのエピソードで、甥の藤原時平に若く美しい妻を奪われる。その妻は、業平の孫なのである。ここにも基経を介さない関係があった。

このように業平は、血統に優れ、嵯峨に始まる「護送船団方式」の外側で陽成と深い関わりを持つ貴族なのである。業平と入内前の高子の間に何かがあった、というのは『伊勢物語』があからさまに記している上、第七十九段では、兄行平《ゆきひら》の娘在原文子《あやこ》を母とし、イケメンとして知られた清和皇子貞数《さだかず》親王にも業平の子という噂があったことも記されている。

業平が生きていたころから高子との仲が噂されていたかどうかは実際のところわからないの

だが、嵯峨・良房が排除してきた平城天皇系の貴族である業平の重用が、基経と高子・陽成母子との対立の原因の一つだったと考えられる。しかし業平は蔵人頭在任一年余で没し、その重用に報いることはできなかった。そして陽成は二年後に譲位する。現役の天皇が桓武のように政治をリードし、親政を行う可能性は、ここで消えたのである。原因の一つとされる宮中殺人事件の被害者、源益の母はあの紀全子（陽成の乳母）であった。

以後幼帝の成長と外戚との軋轢は、十一世紀までお家芸のように勃発することになるが、ここでは次の光孝天皇即位に注目したい。護送船団のメンバーの一人、左大臣源融が「天皇に近い親戚ならこの融もいるぞ」と主張した（『大鏡』による。事実かどうかはわからないが、名乗りを上げられる立場であったことは間違いない）のを押しのけて基経が持ち出した天皇である。

光孝・宇多天皇と「護送船団」

光孝天皇は陽成から見ると大叔父にあたる。三世代前であるが、決して忘れられた存在ではなかった。たとえば彼の「家族」を見ると驚かされる。皇子皇女だけでそれぞれ二〇人近くいるのである。これほどの子女を持つ皇族など他に例がない。光孝は五十五歳で即位してまる二年半で亡くなっており、在位期間中に増えた子供はほとんどいなかったと思われる。即位してすぐに子女に源氏の姓を与えて貴族に下ろしてしまったのだから、増やす意図もなかっただろう。つまり親王でありながら、後宮並みに家族を持っていたことになる。相当な経済力がなければできることではない。光孝天皇といえば、正妻の班子女王《なかこにょおう》が自分で市に買い物に行っていたというエピソードをはじめ、貧乏暮らしのエピソードがいくつかあるが、とても額面通りには信用できない。

光孝が伝説とは異なる経済力を持ち、天皇にまでなれたのは、彼の母の藤原沢子《さわこ》の姉妹の子が基経であったことは大きいと思うが、正妻の班子女王が桓武天皇の孫で、夫婦ともに桓武天皇と縁続きだったこと、さらに班子が基経の異母妹である藤原淑子《としこ》と仲が良く、淑子が定省王時代（つまり光孝即位以前）の宇多天皇を猶子《ゆうし》（相続権の発生しない養子）にしていたなどの理由も挙げられている。しかしそれにしても、考えておかなければならないのは、この一家が一種のシャドウ・キャビネット、つまり万一本家が絶えたときに備えて大量の皇族を儲けるための家だった可能性である。そして基経は陽成の後も「護送船団」のリーダーであろうとした。一方、光孝は子供たちを源氏に降ろして新しい皇統を継承していく意図がないことを示した。基経の権威はさらに高まるはずだった。

ところが、予定外のことに光孝が、仁和《にんな》の大地震のショックによって、在位二年余で亡くなってしまった。基経はまだ譲位の記憶が生々しい陽成の一統には戻しにくいと考えたのか、光孝の皇子で定省王から源氏になっていた源定省を皇族に戻して定省親王として立太子させ、さらに即位させた（宇多天皇）。なおこのときに、源定省の子として生まれた源維城《これざね》も皇族に戻ったことを付け加えておく。のちの醍醐《だいご》天皇である。

さて、臣下から天皇になった宇多はこのとき二十一歳、侍従として陽成の側にも仕えていたから、行政の流れも天皇がどういうものかも知っている。おそらくかなり聡明《そうめい》な質だったので、基経としては、陽成と同じようなトラブルを危惧したのだろう。仁和三年（八八七）に「阿衡《あこう》の紛議《ふんぎ》」を起こす。この事件については菅原道真《すがわらのみちざね》のところでも少し書いた（第二章）が、要するに基経が新政権での立ち位置を確定するために起こしたサボタージュであり、結局宇多天皇を謝らせて、関白という立場をはっきりと手に入れた事件だと理解していただければいい。

なお注意しておきたいのは、摂政と同様に、関白が官職ではないことである。関白とは貴族の側ではなく、天皇の側にいて、太政官から出される上申文書に対する天皇の決裁について意見を言う立場のことであり、そのために内覧《ないらん》、つまり「天皇より先に上申文書を読む」権利が付属することが多い。天皇の指導役になるので、最高権力者になりうるのである。天皇が幼児であるなど政務が執れないため代行する摂政とは全く機能が違う。特に貴族の側ではなく天皇の側の立場であることに注意しておきたい。

そして、基経は阿衡の紛議の翌年の仁和四年（八八八）に娘の温子《あつこ》を入内させて女御とする。温子は嵯峨天皇の子、忠良《ただら》親王の孫であり、やはり天皇家の血の入った姫だった。ここに子供ができれば、宇多退位も考えただろうが、不運なことに基経は寛平三年（八九一）に死去してしまった。ここで気づいてほしいのは、基経家というものがまだなかった、ということだ。基経は長良の子からいわば養子のような形で良房に引き抜かれた。良房が弟の良相を追い落として基経を抜擢したことは先に述べた。そして良房は基経とその妹の高子に後事を託したのだが、高子とは陽成廃位に至る仲違《なかたが》いをしてしまった。基経は孤独な最高権力者だった。そして死去したときに五十六歳だったが、長男の時平はまだ二十二歳の参議・右衛門督《うえもんのかみ》にすぎなかった。つまり藤原氏には絶対的な家長が不在になり、宇多天皇が自ら護送船団のリーダーになってしまったのである。そして宇多は寛平五年（八九三）に源維城から敦仁《あつひと》親王になっていた後の醍醐天皇を皇太子に立てた。敦仁の母は良房の兄弟だが早世した良門《よしかど》の子、高藤《たかふじ》の娘の胤子《たねこ》で、ここに良房・基経ラインを母系に持たない皇太子ができたのである。

桓武の再来、宇多

さて、この体制、何かを思い出さないだろうか。実は桓武天皇即位のときと極めてよく似ているのである。天皇が王権の長となり、人事権を握る。そして天皇膝下《しっか》の有能な官人を太政官に送り込む。その代表が菅原道真である。道真は基経が死去した同年に蔵人頭となり、禁色《きんじき》（最高級の官以外着ることを禁じられた色の服のこと）を許され、実質政務に関わる特任貴族となり、その翌年には参議、そして寛平七年（八九五）には権中納言《ごんちゅうなごん》で春宮権大夫《とうぐうのごんのだいぶ》を兼ねている。

ここで寛平七年の太政官の構成を『公卿補任《くぎょうぶにん》』から確認し、通説的な評価も見てみよう（一一六ページの表参照）。有力な藤原氏がおらず、一方、天皇を守護するかのように源氏の公《く》

寛平７年（895）宇多天皇時代の太政官構成

			年齢	通説的な評価
左大臣	源融《とおる》	嵯峨天皇皇子	74	普通
右大臣	藤原良世《よしよ》	良房弟	74	普通
大納言	源能有《よしあり》	文徳天皇皇子、宇多の従兄弟	51	有能
中納言	藤原時平《ときひら》		25	有能
	源光《ひかる》	仁明天皇皇子、宇多の叔父	51	普通
	藤原諸葛《もろくず》	藤原南家	70	有能
	菅原道真		51	有能
権中納言	藤原国経	基経兄	68	普通
参議（三位）	藤原高藤	北家傍流、醍醐天皇外祖父。勧修《かじゅうじ》寺流藤原氏の祖	58	普通
	藤原有実《ありざね》	北家傍流、基経の従兄弟	49	有能だが停滞中
参議（正四位）	源直《すなお》	嵯峨天皇の孫	66	普通

卿《ぎょう》が多いことがわかる。つまり、基経を欠いた王権は、専制君主の桓武と大家族の家長の嵯峨のいいとこ取りをしたようなリーダーである宇多のもとに再編され、その象徴が菅原道真だったのである。

また、表には載せていないが、従四位の参議には藤原氏が二人、源氏が四人という状況で、藤原氏は良吏《りょうり》として知られた南家の保則《やすのり》と北家傍流の有穂《ありほ》、源氏には融の長男湛《たたう》と次男の昇《のぼる》、嵯峨の孫の希《まれ》、そして宇多の異母兄の源貞恒《さだつね》である。注意しておきたいのは、ここに宇多の兄弟も見られることである。光孝即位に伴って臣籍に降ろされた源氏や、宇多・醍醐の系統の源氏は、光孝天皇系の天皇の誕生により、嵯峨源氏を圧倒して公家《くげ》源氏の主流となるが、そのはじまりは、この頃に見られる。また、藤原高藤や有穂といった北家傍流も光孝との関係で抜擢された「宇多派」と目される人物だった。

この体制は桓武や嵯峨が目指した体制の再現といえるものだろう。そして宇多は菅原道真を右大臣に抜擢し、左大臣となった藤原時平と併せて、二人に政務を託すように醍醐に伝えて（寛平遺誡《かんぴょうゆいかい》）譲位し、上皇になった。

昌泰の変（道真の流罪）と文人官僚の時代の終わり

宇多には、菅原道真を介して非藤原氏の学者系官僚を抜擢・編成し、天皇を守護する源氏を使って藤原氏の押さえとしつつ、天皇家優位の摂関家とのバランス、つまり上皇として「護送船団」をリードする体制を作る意図があったのだろう。ところが、宇多朝の末期に、源能有と、さらに宇多の右腕ともいうべき中納言《ちゅうなごん》平季長《たいらのすえなが》が相次いで没し、さらに醍醐即位に伴って妃として、つまり女御より一段高い形で入内した宇多の同母妹の為子《ためこ》内親王が男子を産めずに早世したことで計画が変わってしまう。藤原時平は醍醐の後宮に妹の穏子《やすこ》を入内させ、穏子は期待に応えて男子（保明《やすあきら》親王）を産み、時平が醍醐の次代の摂政となる地固めをする。ところが宇多はここで奇策に出る。文人貴族として知られていた橘広相の娘、女御義子《よしこ》の産んだ斉世《ときよ》親王（つまり醍醐天皇の異母弟）と菅原道真の娘の寧子《やすこ》とを結婚させたのである。この結婚は上皇を介した学者の家同士の連携強化といえるもので、宇多としては、道真にさらに権力を与えることで、文人系官僚の太政官への出世の道筋を継続させることを意図していたのではないかと私は考える。しかし、先述のように（第二章）「菅家廊下《かんけろうか》」派は学閥としては極めて大きく、注意を引きやすい存在だった。道真に劣らぬ学者・文人として知られ、道真に含むところがあった文章博士《もんじょうはかせ》三善清行《みよしのきよゆき》は昌泰《しょうたい》三年（九〇〇）に道真に対して右大臣の辞職勧告を行ったが、道真は翌年に「廃位を行ひ、父子の慈を離間し、兄弟の愛を激波せんとす」として、つまり「醍醐天皇を廃して斉世親王の擁立を図り、宇多と醍醐の、そして醍醐と斉世の仲を裂こうとした」として大宰権帥《だざいのごんのそち》に左遷されてしまうのである（昌泰の変）。

道真に醍醐天皇廃位の意図があったとは考えにくい。廃位して斉世親王を即位させたとして、その後に菅家廊下系の文人たちが主導する太政官が構成できるという構想や目算があったとは考えにくいからである。しかし重要なのはこれ以降、文章生《もんじょうしょう》から文章博士を経て学者としての知識を生かして参議まで上るという春澄善縄《はるすみのよしただ》（六四ページ参照）のような官人がほぼいなくなり、「博士」は菅原、大江《おおえ》など特定の家の家職となっていく。つまり門閥がなくとも学問能力のある人物が公卿にまで上れる仕組みがなくなってしまったことである。ごく単純にいえば「菅家廊下」閥は昌泰の変で解体され、道真の子の高視《たかみ》以降、その系統だけが学者の「家」として大学頭《だいがくのかみ》など文人貴族の席を独占していくのである。

しかし高視の子で学者として知られた文時《ふみとき》が三位にまで上がれても参議にはなれなかったように、文人官僚が太政官に入るのは極めて難しい体制ができあがってしまった。その契機こそ

「昌泰の変」なのである。教科書的には、藤原氏は、承和の変で橘氏を、応天門の変で伴氏を、安和《あんな》の変（一二三ページ参照）で源氏を追い落として摂関政治を築いたとされてきたが、それぞれの変では藤原氏式家《しきけ》（承和の変）、藤原良相（応天門の変）、藤原師輔《もろすけ》の女婿である源高明《たかあきら》（安和の変）が失脚し、藤原氏の内紛としての性格も指摘されている。それに対して昌泰の変は、貴族政治と天皇直属の文人政治の可能性のぶつかり合いで、九世紀に一定の力を持っていた文人官僚による政権奪取の可能性を断ったという、より大きな転機となったと考えられる。

つまり昌泰の変とは、菅原道真という突出してしまった存在を恐れた藤原氏摂関家・源氏が、三善清行ら反道真系文人官僚を抱き込み、桓武以来天皇や上皇が行ってきた天皇直属の文人官僚が太政官に関与するという体制を排除した政変だったと考えられるのである。そしてこれ以後一〇〇年余にわたって、「護送船団」方式は藤原摂関家の長者が牽引するものとなり、上皇がリードする体制が見られなくなる。これが摂関政治の始まりなのである。

醍醐から朱雀へ

さて、藤原時平は若くして没し、のちに菅原道真の祟りといわれるようになるのは有名である。しかし現実の史書で最初に道真の祟りとして恐れられたのは、延長《えんちょう》元年（九二三）に穏子が産んだ皇太子保明親王が二十一歳で亡くなり、その長男で皇孫ながら皇太孫となった慶頼《よしより》王も同三年に夭折《ようせつ》してしまったという事態であった。つまりせっかく菅原道真を排除したのに、基経直系の天皇ができなくなってしまうのである。さすがにこれは宮廷も震撼《しんかん》しただろう。もとより醍醐天皇にもすでに一〇人以上の親王がいたが、その母は源氏（光孝源氏、嵯峨源氏）、勧修寺系藤原氏などで、摂関家から入っているのは穏子だけだったため、他の親王が即位すれば摂関家の威信低下は免れなかったのである。

ところが穏子は保明が亡くなった直後に寛明《ゆたあきら》親王（朱雀《すざく》天皇）、さらに成明《なりあきら》親王（村上《むらかみ》天皇）を産んだ。これでひとまず危機は回避された。寛明は三歳で皇太子になり、承平《じょうへい》七年（九三七）に保明の娘熙子《ひろこ》女王と結婚する。寛明は醍醐の直系として二重に位置付けられたことになる。

しかし朱雀は体が弱かったようで、結局昌子《まさこ》内親王を儲けたのみで村上に譲位する。こうして後世に「天暦《てんりゃく》の治」と呼ばれた村上天皇の時代が来るが、この間の政治を支え続けたのは、時平の弟、藤原忠平（八八〇～九四九）である。忠平は約四〇年にわたり藤原氏のリーダーとして政権にあり続け、藤原氏ではじめて摂政・関白・太政大臣《だいじょうだいじん》を歴任した人物で、十世紀前半、延喜《えんぎ》の政治改革を主導した人物として知られている。本書との関係でこの改革を論じるならば、九世紀以来強化されていた国司《こくし》の権限をさらに強化し、経営主体のよくわからない荘《しょう》園《えん》を整理させた「荘園整理令」が挙げられる。これは権門勢家の名を借りた違法な開発を摘発するとともに、荘園とは権門、つまり大貴族や大寺社に許された土地私有の特権であることを明確にしてその監督責任を現場担当である国司にかぶせたという点に特徴がある。これによって国司は国の支配を請け負うもの、つまり受領《ずりょう》としての立場を強化するが、そこから栄達して政争の道を行くよりも、国司を歴任して蓄財し、摂関家と婚姻してその経済的基盤となる安定路線を選ぶ者が増加する。つまり太政官会議に参加できる公卿になる貴族と、国司レベルから四位、よく行って太政官会議に参加できない従三位までしか上れない貴族が明確に分かれてくるのである。

さて、朱雀天皇の時代に起こった天慶《てんぎょう》の乱（平将門《たいらのまさかど》・藤原純友《すみとも》の乱。七ページ参照）は、権限を強化された国司と、地域に土着して王権との関係を生かし、新規開発や牧場の経営、輸送の掌握などによって有力者になっていた平氏《へいし》や藤原氏との対立がそもそもの始まりである。要するに延喜の荘園整理で整理しようとしていた、国司と土着貴族との対立と癒着から生まれたひずみが大爆発したものだったと思う。しかしそれは同時に、受領国司と在地有力者となった平氏や藤原氏の分族の新たなつながりの始まりでもあった。簡単にいえば、平将門を討ったのは官軍ではなく、同様な立場の平貞盛《さだもり》や藤原秀郷《ひでさと》であり、彼らは武装して土着した有力者として、後の時代の武士に近い地域支配を作りはじめていたのである。

一方、京では朱雀天皇から村上天皇に皇位が移り、忠平の長男で宇多天皇の皇女源順子《のぶこ》を母とする藤原実頼《さねより》と、文徳源氏の源能有の娘昭子《あきこ》を母とする藤原師輔の兄弟が左大臣・右大臣として政務を執り、比較的安定した社会を形成していた。つまり、天皇と左右の大臣が天皇から見て母系では従兄弟、父系でも従兄弟と三従兄弟《みいとこ》（曽祖父同士が兄弟。ちなみに文徳と光孝）になるという深い親戚関係を持っていたのである。

しかしその下では、武装した下級貴族、つまり軍事警察などを家職とする下級貴族が生まれつつあった。彼らもまた受領となることを目標とするレベルの貴族だが、際立った特徴は武力を売り物に上流貴族に奉仕するようになったことである。よく彼らを「貴族の番犬」と揶揄《やゆ》するがそれは正しくない。というか、それをいうなら、一般的な受領層は「貴族のガマロ」、文人や歌人は「貴族の遊び道具」といわれなければならないだろう。もともと暴力沙汰は貴族の避けるべきところであり、そのために警護は必要だったが、近衛府《このえふ》・衛門府《えもんふ》・兵衛府《ひょうえふ》などは本来、天皇や宮廷の護衛隊で、京の警察権力としては決して満足のいくものではなかった。そこで武力を売りにする下級貴族は、衛門府の第四等官である尉《じょう》になると、検非違使《けびいし》の少尉《しょうじょう》を兼ねるようになる。そしていろいろな権益を手にして自分の子分たちを食わせていくのである。十世紀には「検非違使の尉」は武人の花形官職になり、武装した傍流の源氏や平氏の切望するような地位となっていく。後年、源義経《よしつね》は検非違使の尉に任じられたことから兄、頼朝《よりとも》の不興を買った。この官職は決して高いものではないが、その権限を生かして天皇や摂関以下の京の有力者に接近できる、いわば非常に美味《おい》しいものだったのである。

こうした武力を「家の芸」とした貴族の展開は、「京」が周囲の社会から自立して完結していく流れの一環である。十世紀には律令国家の行政官僚が集住する、法に守られた行政の中心「平安京《へいあんきょう》」から、天皇や大貴族がそれぞれの権益を保ち、政治バランスを探りつつ権力の核を維持していく「みやこ」への転換が起こる。その下でさまざまに分化した「職《しき》」といわれる文武のいろいろな特技が特定の家と結びついていく。「暴力」もその一つに組み込まれ、清和源氏、桓武平氏、そして藤原氏の一部など特定の下級貴族がその務めを果たして権益を保持していくのである。それは政治経済都市「みやこ」の新しい顔の一つだったといえよう。彼ら軍事貴族は主人たちのパワーバランスをその姿で表す「必要悪」として定着したのである。

安和の変（源氏排斥）と花山天皇

そしてこうした警護貴族から意外な展開が生まれてくる。安和二年（九六九）に起こった安和の変は、清和源氏の源満仲《みつなか》の「冷泉《れいぜい》天皇に代わり皇弟為平《ためひら》親王を擁立しようとする謀反計画がある」という密告が、為平の妻の父である左大臣源高明に飛び火して、ついに高明の大宰府《だざいふ》左遷に至る大事件に発展したものである。しかし、ここで注意しておきたいのは、満仲の弟の満季《みつすえ》が検非違使として藤原秀郷の子の千晴《ちはる》を捕縛していることで、この政変の陰には、公卿を護衛する武人貴族同士の主導権争いもあったものと見られる。

そもそも安和の変は村上天皇の後継者をめぐる争いとして発生した。村上と藤原師輔の娘安《やす》子《こ》の間には、憲平《のりひら》親王（冷泉天皇）、為平親王、守平《もりひら》親王（円融《えんゆう》天皇）の三人の男子が生まれたが、村上は在位中に急逝し、代わって立った冷泉天皇には精神的疾患があったようで長期在位は望めず、皇太子が立てられたが、それは三弟の守平親王で、次弟の為平親王ではなかった。

為平は源高明の女婿だったので外されたらしいのである。この源高明は醍醐天皇の皇子で、藤原師輔の妻となった勤子《いそこ》内親王、雅子《まさこ》内親王（摂関家に降嫁した唯一の元斎王《さいおう》）の同母弟であり、かつ師輔と雅子内親王の娘、愛宮《あいみや》を正妻にするという、天皇家、摂関家双方と深い関係を持つ貴族だった。また有職故実《ゆうそくこじつ》（宮廷儀式）書である『西宮記《さいきゅうき》』を遺《のこ》しているが、その故実（作法）は師輔の故実「九条流《くじょうりゅう》」を受け継ぐものだったとも見られている（師輔の子の伊尹《これただ》、兼通《かねみち》、兼家《かねいえ》らは故実書を遺していない）。このように准摂関家ともいえる立場だったが、師輔が右大臣在位中に五十二歳で亡くなり、その後援を失った後は、為平親王の外戚となることをかえって警戒されたのである。

つまり安和の変は、忠平・師輔というリーダーを失った「護送船団」内部の争いであり、その下で胎動した武家の争いをも巻き込んだ政変だったのである。このような政変の変化は、次の花山《かざん》天皇の退位事件のときにさらに明白になる。円融天皇の譲位により即位した冷泉天皇第一皇子の花山天皇は、即位した段階ですでに、外祖父である藤原師輔の長男伊尹を失っており、伊尹の子の権中納言義懐《よしちか》と文章得業生《もんじょうとくごうしょう》出身の左中弁藤原惟成《これしげ》ら有能な若手官僚を抜擢して改革政治を行ったが、関白頼忠《よりただ》（実頼の子）や兼家らと対立を深め、藤原為光《ためみつ》（師輔の子で母は雅子内親王）の娘で愛情深かった忯子《よしこ》の急死による心の隙《すき》を突かれて、突然出家に追い込まれる。寛和《かんな》二年（九八六）のことである。ここで注意をしたいのは、『大鏡』が、兼家の次男藤原道《みち》兼《かね》が内裏を抜け出す手引きをし、その警護には源満仲とその部下が付いていた、と書いていることである。こういうと聞こえがいいが、花山は逃げないように見張られていたわけだ。軍事貴族が摂関家の命を受けて天皇の交替にも関わるようになり、摂関家は単に血統として天皇家と一体になっているだけではなく、暴力でも天皇家に圧迫を加えられるようになっていることがわかるのである。

これ以後、村上直系の冷泉系の天皇は天皇としての力が弱くなり、円融系の一条《いちじょう》、後一条《ごいちじょう》、後朱雀《ごすざく》が摂関家と一体になり天皇家の主軸となる。冷泉系は、花山の弟の三条《さんじょう》天皇の早期退位とその子の皇太子敦明《あつあきら》親王（小一条院《こいちじょういん》）の皇太子辞退を経て、三条の娘の禎子《さだこ》内親王が後朱雀天皇と結婚することで円融系に吸収されるまで圧迫を受け続け、天皇家は分裂したまま政治的なリーダーが出てくる可能性が極めて微小になってしまう。上皇・皇后・皇太子・天皇の親戚である摂関・天皇を守護する源氏、律令とともに生きる文人官僚、そして祭祀の代行者である斎王らが天皇を守る護送船団方式はここに実質を失い、藤原摂関家、すなわち兼家の子孫、道隆《みちたか》、道長《みちなが》、頼通《よりみち》など、比較的耳になじみのある権力者がその娘である皇后を媒介に天皇と数少ない皇子女を包み込むような新たな摂関政治が始まるのである。

そう、私たちのよく知っている紫式部《むらさきしきぶ》や清少納言《せいしょうなごん》が活躍する摂関全盛期はここから始まるのである。

第五章　内親王が結婚できなくなった

貴族と皇族の違いとは

日本古代にはたくさんの「王」がいた。『日本書紀《にほんしょき》』の記述では、天皇の子は「皇子《みこ》」、その子以下の世代は「王」とされる。こうした人々が皇族であり、氏の名は持たない。

しかし実際にはそうではなかったようだ。「天皇」という号は早くて推古《すいこ》朝、遅ければ天武《てんむ》朝に成立したものと見られ、それ以前は「大王《おおきみ》」と呼ばれていたから、その子は「王」または「王子」とされていた可能性が高い。それより下の世代の正しい呼称は、不明である。

そして大伴《おおとも》氏、物部《もののべ》氏、紀《き》氏などの「氏名（ウジナ）」を豪族集団が持つようになったのは、どうやら六世紀のことらしい。五世紀半ばと推定されている埼玉県行田《ぎょうだ》市の稲荷山古墳《いなりやまこふん》から出土した「辛亥年《しんがい》」鉄剣の銘文《めいぶん》に見られる所持者の名は「オワケ（乎獲居）」で、その祖先たちにもウジナは記されていない。つまり大王の子孫にだけ氏の名がないというのは六世紀以降のことになる。

八色の姓

1	真人（まひと）
2	朝臣（あそん）
3	宿禰（すくね）
4	忌寸（いみき）
5	道師（みちのし）
6	臣（おみ）
7	連（むらじ）
8	稲置（いなぎ）

一方、ある天皇（大王）から数代を経た皇族が氏の名をもらって臣下となるというルールもあった。たとえば多治比《たじひ》氏という貴族は継体《けいたい》天皇の長男である宣化《せんか》天皇の曽孫の多治比古《たじひこ》王という人物が、天武天皇の時代に多治比公《たじひのきみ》氏の名を受けて成立したといい、その子の多治比真人嶋《たじひのまひとしま》は持統《じとう》・文武《もんむ》朝に左大臣にまで上っている。真人《まひと》は、天武天皇十三年（六八四）に定められた氏族のランクを示す「八色《やくさ》の姓《かばね》」（表参照）の最高位のカバネで、継体天皇以降の比較的近い時代に皇族から分かれた氏に贈られた。天皇にごく近い立場の貴族という証明である。

このように、天皇から見て四世、五世あたりまでが「天皇の一族」という認識はどうやら六〜七世紀頃にはあったらしいのだが、『大宝律令《たいほうりつりょう》』の後継ぎの法（継嗣令《けいしりょう》）では天皇から見て四世までが王族で、五世王は王を称しても皇親（王族）とはみなされないとなっている。そしてこれくらいの代で氏の名をもらって貴族になるのである。天智《てんじ》天皇の子孫の淡海《おうみ》真人、天武天皇の子孫の高階《たかしな》真人、文屋《ふんや》（室）真人、清原《きよはら》真人などが少しは知られたところである。

しかし八世紀には早くも変則のルールが発生した。和銅《わどう》元年（七〇八）に元明《げんめい》天皇側近で藤《ふじ》原不比等《わらのふひと》の妻だった県犬養三千代《あがたいぬかいのみちよ》が橘宿禰《たちばなのすくね》（宿禰は八色の姓の三番目で、大伴氏が有名。主に、天孫降臨《てんそんこうりん》の神話で天皇の祖先に随行した神の子孫とされる氏族が与えられた）を名乗ると、彼女が離別した先夫の美努《みの》王（敏達《びだつ》天皇の子孫）との間の葛城《かつらぎ》王、佐為《さい》王という子供も橘宿禰諸《もろ》

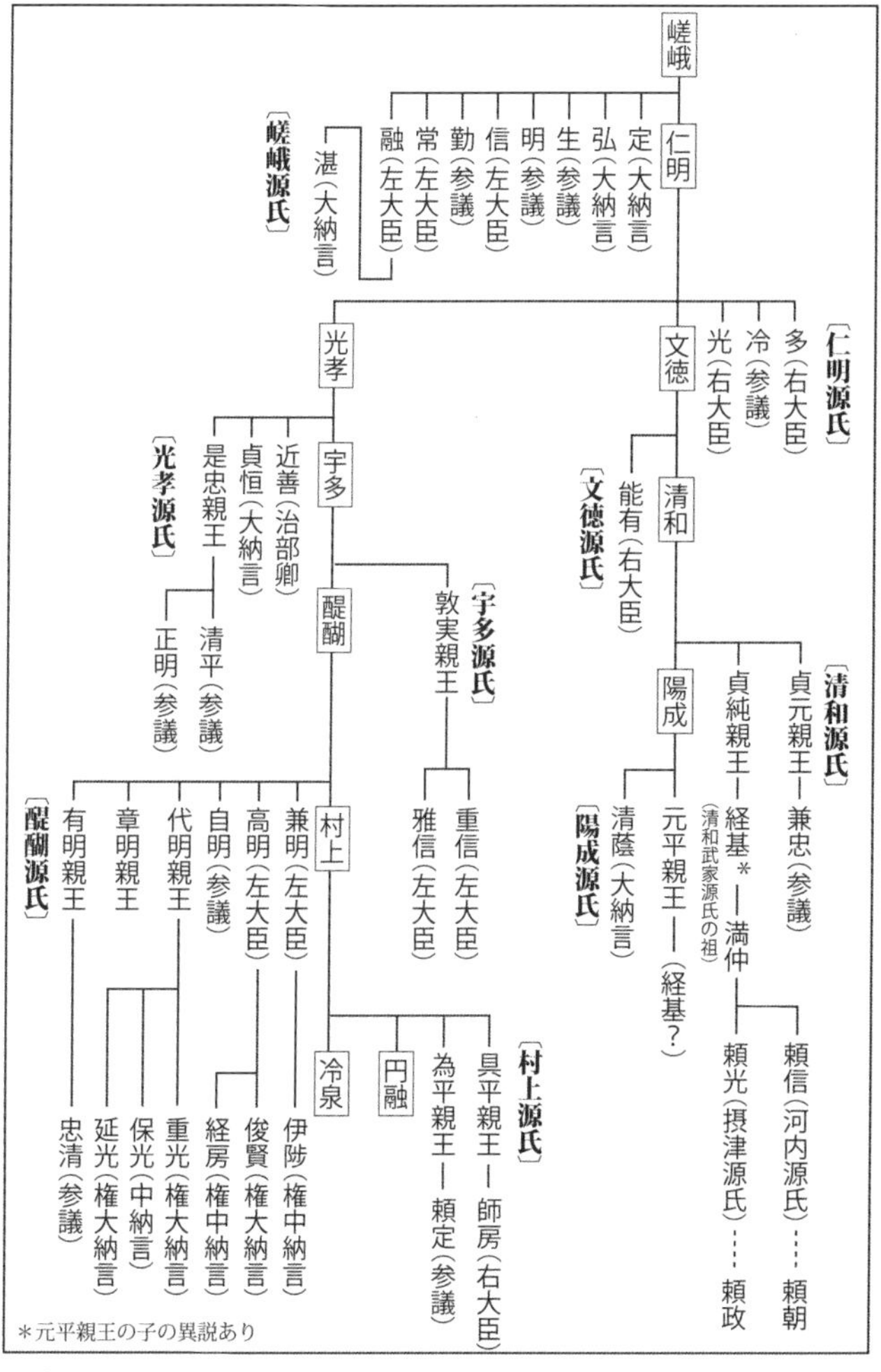

主要源氏系図　議政官の参議、中納言以上の主要人物を掲載。ただし清和源氏は参考に入れた

兄《え》、佐為と名乗るようになる。つまり母系の改姓に合わせて臣下に降りたのである。しかも宿禰として、である。のちに朝臣《あそん》にはなっているが、彼らは真人にはならなかった。つまり真人という姓の魅力は八世紀前半には、次第に薄れ、臣下ならまあ朝臣で統一していいんじゃないかという感じになっていたのである。なおこの兄弟は四世、または五世王とされている。

源氏の誕生――古代貴族が消える

ところが九世紀になると、天皇の子供が氏と朝臣のカバネをもらって臣下になる、という例が一般化してくる。その最初の例が桓武《かんむ》天皇の子、長岡岡成《ながおかのおかなり》と良岑安世《よしみねのやすよ》で、良岑安世は先に述べたようにその異母兄弟である平城《へいぜい》・嵯峨《さが》・淳和《じゅんな》天皇に仕え、大納言《だいなごん》まで昇進した。こうした皇子の臣籍降下《しんせきこうか》は嵯峨天皇の子にも盛んに行われるようになる。彼ら彼女らに用意されたウジナが「源《みなもと》」、つまり先述の源信《まこと》、融《とおる》、常《ときわ》、などである。すると今度は、桓武天皇や平城天皇の孫世代も臣籍降下を始める。桓武天皇の系列は「平《たいら》朝臣」を、平城天皇の系列は「在原《ありわら》朝臣」を名乗る。この段階で真人というカバネは実質的な意味を失ったといえるだろう。この後、源氏《げんじ》は仁明《にんみょう》・文徳《もんとく》・清和《せいわ》・陽成《ようぜい》・光孝《こうこう》・宇多《うだ》・醍醐《だいご》天皇から枝分かれをしていく。つまり淳和を除いて嵯峨以降の九世紀の天皇からはすべて源氏が枝分かれしていたことになる。そして各源氏が、嵯峨源氏における源信や源融のような大臣級の貴族を出していく。仁明源氏からは源多《まさる》や源光《ひかる》が右大臣に、文徳源氏からは源能有《よしあり》が右大臣になっている。清和天皇の皇子で源氏となった者には目立った者はいない（源頼朝《よりとも》や足利尊氏《あしかがたかうじ》ら清和源氏の祖といわれる源経基《つねもと》は皇孫）が、陽成源氏からは大納言源清蔭《きよかげ》が、光孝源氏からは大臣級はいないものの、大納言に源貞恒《さだつね》、また孫の源宗于《むねゆき》・源公忠《きんただ》、公忠の子の信明《さねあきら》が歌人の代表三十六歌仙《さんじゅうろっかせん》として知られるなど文化的貢献が大きい。また宇多源氏では、皇孫に左大臣源雅信《まさざね》（藤原道長《みちなが》の正妻源倫子《ともこ》の父）がおり、その子孫からは多くの公家《くげ》と、武家では近江《おうみ》の佐々木《ささき》氏が出ている。雅信の父は醍醐天皇の同母弟で最も重要な皇子とされ、『古今著聞集《ここんちょもんじゅう》』では坂家《はんけ》の宝剣（坂上田村麻呂《さかのうえのたむらまろ》が献上した天皇を護持する剣）を所持していたとする敦実《あつざね》親王で、まさに王家を護る源氏だった。若き日の道長が倫子に求婚したとき、その父の雅信が「娘は后にするつもりだったのに、摂政《せっしょう》（藤原兼家《かねいえ》。雅信のライバル）の正妻の子とはいえ、三男坊ではなぁ」という感じで渋ったという『栄花物語《えいがものがたり》』にあるエピソードに、矜持《きょうじ》の高さがうかがえよう。

さて、醍醐源氏では左大臣源高明《たかあきら》とその子に権大納言俊賢《としかた》、さらにその子の宇治《うじ》大納言といわれた隆国《たかくに》などが知られているが、源氏のあり方はこのころから変わってくる。高明は藤原師輔《もろすけ》の娘婿で、その娘の明子《あきこ》は藤原道長の第二夫人になり、右大臣頼宗《よりむね》（平安後期を代表する日記の『中右記《ちゅうゆうき》』を遺した右大臣藤原宗忠《むねただ》の曽祖父《そうそふ》）、権大納言能信《ごんだいなごんよしのぶ》（養女茂子《しげこ》が白河《しらかわ》天皇を産む）、同じく権大納言長家《ながいえ》（歌人で知られる藤原俊成《としなり》・定家《さだいえ》父子の祖）の母となっている。つまり摂関《せっかん》家《け》と関係が深い。そして公家源氏を代表する氏族といわれる村上《むらかみ》源氏も、その始祖の源師房《もろふさ》が藤原頼通《よりみち》の猶子になり、摂関家の一門格に扱われたことが繁栄の理由である。つまり九世紀末期から十世紀にかけての醍醐・村上朝、藤原忠平《ただひら》やその子孫が摂関家の内実を固めていく時代に、源氏は独立した勢力から、摂関家の一部のように位置付けられて残っていくように変化していくらしい。源氏の氏族としての独立性はこのころに失われているともいえる。

一方平氏《へいし》は、桓武天皇以降、仁明、文徳、光孝などから分かれるが、仁明平氏からは菅原《すがわらの》道真《みちざね》の祟りとされた延長《えんちょう》八年（九三〇）の清涼殿《せいりょうでん》の落雷で死んだ右中弁《うちゅうべん》平希世《まれよ》、文徳平氏ではこれといった人を得ず、光孝平氏からは三十六歌仙の一人平兼盛《かねもり》が出たくらいである。むしろ平氏で注目できるのは桓武天皇の孫王（葛原《かずらわら》親王の子）の大納言平高棟《たかむね》の系統で、中流貴族として安定して子孫を残し、その系統に平清盛《きよもり》の妻時子《ときこ》（二位尼《にいのあま》）と時忠《ときただ》の姉弟がいることはよく知られている。一方清盛の祖先は高棟の甥の高望《たかもち》とされ、早くに地方に下っている。平氏で文人貴族として残れたのは高棟の一系統だけだが、彼らもまた宮廷社会の中に確実な足場を持っていた。

こうして、天皇家と、藤原氏・大伴氏・紀氏・中臣《なかとみ》氏などの昔からの貴族の間に、元皇族の新興貴族層が割り込んでくる。もともと奈良《なら》時代に貴族といわれていたのは、大伴氏、中臣氏、三輪《みわ》氏、阿部《あべ》氏、小野《おの》氏など、おそらく六世紀頃にある程度大まかな血縁を対象に氏名（ウジナ）を与えられたグループと、中臣氏の一部が特化した藤原氏や大中臣《おおなかとみ》氏、そして、蘇我《そが》氏や物部氏などの大まかなグループの中から特定の系統が生き残ってきた石川《いしかわ》氏や石上《いそのかみ》氏など、つまりは古墳時代以来の倭王権と関わってきた氏族と、前述の多治比氏や橘氏といった天皇から分かれた氏族、さらに元は百済《くだら》の王族でいわば亡命政権の長のような立場から、桓武天皇との関係により貴族として定着した百済王《くだらのこにきし》氏などだった。そこに源氏や平氏が割り込んでくるのである。その結果、九世紀後半には、ほとんどの古代貴族が太政官から姿を消し、藤原氏と源氏ばかりが残る「古代貴族の終焉《しゅうえん》」と呼ばれる事態が生じてくる。

女官とキサキと貴族女性たち

さて、それではこうした氏族の女性たちはどのような生き方をしていたのだろうか。実は多くの女性は、氏女《うじめ》という肩書きを持ち、橘《たちばなの》三千代《みちよ》のように宮中で宮人《きゅうじん》（女官）として働き、職場結婚をして、その後も仕事を続けていたのである。もちろん婚姻の相手が天皇という場合もある。天皇との婚姻が増えるのは桓武以降で、それは先述した、「後宮」というものができてくる時代でもある。

しかし、この時代の後宮では、天皇の子を産んだ宮人がキサキとして遇された形跡はほとんどない。おそらくこうした関係も、宮廷内の女官の婚姻の一環と認識されていたのだろう。貴族と庶民を問わず、八世紀は好きになれば婚姻し、飽きれば自然に切れるというものだったようで、実に規制のゆるい時代だった。

一方、桓武のキサキには藤原四家（北家《ほっけ》・式家《しきけ》・南家《なんけ》・京家《きょうけ》）それぞれの出身者がいるが、最も勢力の弱かった京家出身の藤原河子《かわこ》を除いては宮人ではなく、皇后《こうごう》（式家の藤原乙牟漏《おとむろ》）、夫人（式家の藤原旅子《たびこ》、南家の吉子《よしこ》、北家の小屎《おくそ》）で、これは女官ではなく、キサキとして育てられた姫と見られる。つまり桓武の後宮にはキサキとして育てられた高級貴族の妻と、宮人の妻がいたのである。

ところが先述（九一ページ）のように、仁明天皇のころまでには、皇后（原則皇族）・妃（皇族）・夫人（貴族）に代わり、女御《にょうご》（王族や有力貴族）・更衣《こうい》（貴族）という上下関係が完成する。そして藤原氏・源氏の有力者や、親王の娘などは、入内《じゅだい》するとまず女御になる。

一方、更衣は五位級の貴族から入内する身分である。更衣とは天皇の「お召し替え係」の意味で、宮人に手が付くことの代わりの措置と考えてよい。九世紀には宮人の出仕年齢は三十歳からとされる。つまり宮廷女性は天皇が「手を付ける」対象ではなくなる、その代わりのように出てくるのが更衣なのである。

また、本来は天皇の身近に仕える宮人をさす「女房《にょうぼう》」の奉仕体制も九世紀と十世紀では大きく異なっていた。十世紀には、律令《りつりょう》に規定された「後宮十二司《こうきゅうじゅうにし》」（天皇の家政機関であり、女官の組織）は姿を消し、天皇に仕える女官は「上《かみ》の女房」と呼ばれ、内侍司《ないしのつかさ》のトップである尚侍《しょうじ》（ないしのかみ）が実質的にキサキの一人となって、乳母・典侍《てんじ》（ないしのすけ）―掌侍《しょうじ》（ないしのじょう）―命婦《みょうぶ》―女蔵人《にょくろうど》という構成になる。

こうした変化の中で、更衣も次第に衰退していく。その理由は、女御らキサキに仕える女房の増加とともに、村上天皇以降、後宮自体が縮小する傾向にあったことが考えられる。冷泉《れいぜい》天皇は短期間で譲位したこともあり、中宮昌子《ちゅうぐうまさこ》内親王（朱雀《すざく》皇女）と女御三人に留まり、女御はすべて摂関家出身である。その後継になった弟の円融《えんゆう》天皇も同様で、これ以降後宮は摂関家を軸に数人の女御で構成されるのが普通になっていく。つまり冷泉・円融・花山《かざん》・一条《いちじょう》・三《さん》条《じょう》・後一条《ごいちじょう》・後朱雀《ごすざく》の時代には、摂関家の血を引かない皇子はほぼいなくなってしまうのである。結局十世紀の後半には、キサキとは藤原摂関家から出る女御のことであり、「キサキがね」以外はなくなってしまう。『源氏物語《げんじものがたり》』に出てくる光源氏《ひかるげんじ》の母、「桐壺《きりつぼ》の更衣」はまさにその書き出し「いづれのおん時にか」、つまり前時代的な存在だったのである。

結婚できない内親王

天皇が多くの貴族から女御や更衣を後宮に迎え入れ、「女御、更衣あまたさぶらひたまひける」と『源氏物語』の冒頭で書かれたような体制ができあがったのは九世紀前半といえるのだが、この体制から弾き出されてしまった女性がいた。内親王である。

そもそも律令の継嗣令《けいしりょう》において、内親王の結婚は極めて限定されたものとなっていた。

内親王は、天皇から見て四世以内の皇族男性としか結婚できなかったのである。奈良時代に明確に結婚していたとわかる内親王は、長屋《ながや》王と結婚していた草壁《くさかべ》皇子と元明天皇の娘の吉備《きび》内親王、白壁《しらかべ》王（光仁《こうにん》天皇）と結婚していた聖武《しょうむ》天皇の娘の井上《いのえ》内親王、塩焼《しおやき》王（のちに氷上《ひかみの》塩焼《しおやき》）と結婚していた不破《ふわ》内親王、市原《いちはら》王と結婚していた能登《のと》内親王（光仁天皇の娘。父の即位により内親王になる)、神王《みわのおう》と結婚していた弥努摩《みぬま》内親王(光仁天皇の娘)くらいで、いずれも王族と結婚している。そもそも奈良時代には内親王は少なかったのである。

ところが九世紀になると後宮が形成されたことにより、天皇の娘は一〇人以上いるのが当たり前になってしまった。ところがこの内親王たちには結婚した形跡がほとんどない。たとえば桓武天皇の二〇人ほどの娘たちで結婚したのが確実なのは、平城天皇妃の朝原《あさはら》内親王・大宅《おおやけ》内親王、嵯峨天皇妃の高津《たかつ》内親王、淳和天皇妃の高志《こし》内親王、阿保《あぼ》親王と結婚した伊都《いず》内親王の五人くらいである。嵯峨天皇には二五人ほどの娘がいたが、皇后 橘 嘉智子《たちばなのかちこ》が産んだ内親王でも、淳和天皇の皇后になった正子《まさこ》内親王以外には結婚の形跡がなく、他には、葛井《ふじい》親王と結婚した斉子《なりこ》内親王くらいである。源氏賜姓《しせい》をされた皇女になると情報はさらに少なくなるが、藤原良房《よしふさ》と結婚した源潔姫《きよひめ》以外には確実な結婚例は見られない。つまり、後宮ができたことにより皇女が増加するのは予測できたのに、結婚条件の緩和などは全く行われず、ほとんどの内親王が未婚のままで生涯を終えることになったのである。

その結果、九世紀には無品《むほん》、つまり公的な地位を持っていない内親王が急速に増加する。この種の研究の数少ない例である竹島寛《たけしまひろし》の戦前の論文「王朝時代における皇室の御封禄《ごほうろく》制度と御経済状況」(『王朝時代皇室史の研究』所収、右文書院、一九三六年)によると九世紀前半を生きた桓武・平城・嵯峨・淳和・仁明の子女で、無品内親王は四〇名に達するという(親王は五名)。いうならば、内親王は年金をもらってただ生きているだけの存在にすぎなかった。

そもそも内親王の結婚制限は、六世紀後半頃の、王族女性と結婚するのは王族の特権であり、両親とも王族の子の中から次の大王が選ばれるという「常識」のもとに作られた慣習である。つまり天皇の娘は皇族と近親結婚をするものという前提があった。しかし皇族のキサキである妃の制度がなくなり、女御が主体になると、さすがに内親王を女御として容れるわけには簡単には行かなくなる（例外はある）。そして親王家でも正妻が摂関家系の女性が増加して、そこに内親王が二番目以下の妻として入ることは難しくなる（もちろんこちらにも例外はある）。その結果、独身の内親王は著しく増加する。なお、源氏となった皇女のその後については極めて情報が少ないが、潔姫の妹の源全姫《またひめ》は清和天皇の尚侍となっている。尚侍は実質的には天皇の妻の一人であることが珍しくなかったが、彼女は清和より三十八歳年上なので、通常の女官として出仕していたものと考えられ、記録には残らないものの、女官となった例は他にもあったと見られる。

十世紀後半になると、『源氏物語』の「若菜《わかな》」の巻の上巻には、「皇女《みこ》たちの世づきたるありさまは、うたてあはあはしきやうにもあり」という一節が、皇女の結婚についての朱雀院《すざくいん》（光源氏の異母兄の上皇）の言葉として語られる。皇女が世間並みに生きるのは大変淡々《あわあわ》しい、つまり軽々しいことだというのである。十世紀末期の認識だが、内親王が結婚することはこのように否定的に捉えられていたのである（そしてこの皇女、女三《おんなさん》の宮《みや》の結婚が失敗に終わるのはよく知られている）。どうやら内親王は結婚しないもの、という意識が普通にあるらしい。ただし紫式部《むらさきしきぶ》が宮仕えをしていた一条天皇の時代には、内親王は二人だけ、そしてその先代の円融天皇、その前の花山天皇には内親王はいなかった。つまり内親王自体が極めて少なくなっているので、内親王は独身という「常識」はこの時代よりずっと前に作られたものと考えるほうが自然だろう。

それと対応して、というべきかどうかは問題だが、内親王にしかできない仕事、というものも現れた。伊勢《いせ》と賀茂《かも》の斎王《さいおう》である。

伊勢斎王（斎宮《さいくう》）は七世紀後半から八世紀前半に整備された制度で、一代の天皇に一人が伊勢神宮に仕えるが、奈良時代には不在期間もしばしばあり、原則として空位期間は作らない、という体制が明確になるのは光仁天皇以降と考えられる。そして光仁から陽成までは、天皇即位時には内親王（その天皇の娘か姉妹）が斎王になっている。伊勢にならって賀茂神社（上賀《かみが》茂《も》・下鴨《しもがも》神社）にも斎王（斎院《さいいん》）が置かれたのは嵯峨天皇の時代で、ここで斎王の定員が増加する。文徳天皇を例に挙げてみよう。文徳には内親王が九人おり、宮人の子で源氏（文徳源氏）となった皇女も数人いたが、内親王のうち三人は伊勢斎宮、三人は賀茂斎院《かもさいいん》を務めている。文徳皇女は斎宮としては文徳・清和・陽成朝まで、斎院としては文徳・清和朝まで及んでおり、特に数が多いのだが、内親王に留め置かれていた皇女たちは斎王の候補者でもあったわけである。彼女らの多くは無品内親王で、おそらく天皇の庇護《ひご》下で経済的に自立しないまま生涯を終えたらしいが、斎王の期間はその生活を国家財政で維持されることになる。その意味では斎王への就任は身分の安定であり、退下《たいげ》した後もたとえ無品とはいえ、元斎王という身分は残るので、決して悪いことではなかった。

出会いのない姫君たち

そして一つ注意しておきたいのは、この時代には社交界というものがなかったことである。つまり、宮廷で仕事をしていない限り、貴族の男女が公的に会う機会などなかった。一見すると華やかなようだが、仕事を持たない貴族女性が男性と出会うことは極めてまれなことになってしまうのである。ではどのように貴族女性は結婚するのか。たとえば『源氏物語』に出てくる左大臣の娘、葵《あおい》の上《うえ》は「キサキがね」、つまり女御の候補として育てられたにもかかわらず、臣籍降下した光源氏の正妻となってしまい、二人の関係はしっくり行かなかった。その光源氏も、後の正妻となる女三の宮については、異父兄の朱雀院からいろいろ相談は受けていたものの、会ったのは結婚してからである。

では「キサキがね」ではない女性の場合はどうか。『落窪《おちくぼ》物語』で考えてみよう。この物語では、中級貴族の姫で継母《ままはは》にいじめられている主人公を、「あこき」と呼ばれる女童《めのわらわ》（侍女）が助けるのが見どころになっている。あこきはまだ裳着《もぎ》を済ませていない、つまり未成年扱いの少女だが、その恋人の帯刀《たてわき》、つまり奈良時代の授刀舎人《たちはきのとねり》の流れを引く天皇警備隊員の身分の男を通じて、その主人格の少将《しょうしょう》に姫のことを吹き込ませて、通わせるように仕向けている。

あこきの「おば」は以前宮仕えをしていて和泉守《いずみのかみ》の妻となっており、宮廷女性とのチャンネルを持つかなり裕福なバックがあると設定されている（宮廷で顔が広くて和泉守の妻になるというのは、偶然にも、実在した和泉式部《いずみしきぶ》と同じ設定で、リアリティがある）。だからあこきは「情報を集め、流せる立場」なのである。もとより貴族の生活には女童とはいえそれなりの身分の女性が必要だったことは間違いない。

しかし侍女が個人情報を漏洩《ろうえい》するのは、見方によっては主人への裏切り行為にもなりかねない。たとえば『源氏物語』では女三の宮と柏木右衛門督《かしわぎのえもんのかみ》の密通は女三の宮の乳母子《めのとご》で近侍している小侍従《こじじゅう》の手引きにより起こる。また史実としては、十一世紀のことだが、三条天皇の皇女で元斎王の当子《まさこ》内親王に藤原伊周《これちか》の子の道雅《みちまさ》が通ったのも、乳母の手引きによるとされ、その乳母は激怒した天皇によって追放されたという例がある。ところがこの乳母は藤原道雅のもとに逃げ込み、こっそり庇護されたという。こうした女房たちは中級以下の貴族、受領《ずりょう》層の出身が多く、上流貴族の間に複数のツテを持って立ち回り、そうしたツテをもとに自分の主人の情報を流していた。つまり同様の立場同士でネットワークを作りセーフティーネットとしていたと考えられる。おそらく紫式部も清少納言《せいしょうなごん》もこうしたネットを生かして中宮のもとに就職したのである。

貴族男女の出会いは女房の腕次第

そして十世紀の貴族男性も、こういうネットにアクセスすることで女性の噂を集めることができ、気になった女性に歌を詠みかけて、通うのが恋愛遊戯のあり方だったようだ。『源氏物語』の「帚木《ははきぎ》」巻の「雨夜《あまよ》の品定め」で、皇子の出自である源氏、左大臣の子の頭中将《とうのちゅうじょう》と左馬頭《さまのかみ》や式部丞《しきぶのじょう》といった下級貴族が同等の恋愛の噂話《うわさばなし》（いわゆる恋バナである）で盛り上がり、文章生《もんじょうしょう》の出身で名家ではない式部丞の妹が話題になるという具合で、上級貴族の子弟もそうした情報に興味津々だったことがよくわかる。したがって、ファルス（喜劇）的に描かれた『源氏物語』の「末摘花《すえつむはな》」の話、源氏が没落した宮家の姫の情報を得て、会ってみたら噂と実態が大きく違ったというのも、実話めいているのである。末摘花は常陸宮《ひたちのみや》の娘、つまり常陸守待遇としてその給与をもらえる立場の親王の忘れがたみの女王《にょおう》であるから、もともとは大富豪の娘だったはずなのに、その邸《やしき》は荒れ放題という没落皇族だった。「末摘花」の巻では、彼女は人交わりはしないが、源氏は、常陸宮の息子の兵部大輔《ひょうぶだゆう》の娘から噂を聞いたとしている。彼女は命婦、つまり五位相当の身分の貴族女性が務める高級女官で、源氏の乳母の娘である（明確に描写されていないが、源氏の身辺の世話などしているので、隠し愛人の一人だろう）。源氏は、女性のネットワークを通じて、まだ見ぬ末摘花を知ったのである。また、彼女は「蓬生《よもぎう》」の巻で再登場したときには、その貧窮描写は真に迫っており、きっとモデルがあったに違いないと思わせるものだが、さらに親戚とも接触を持たなくなっていたという。そしてこの邸には、乳母の子で前斎院家《ぜんさいいんけ》と二家に仕えていた「侍従《じじゅう》（つまり五位程度の貴族身分の人）」という気の利いた女性がいて、これが源氏の一の従者の惟光《これみつ》と知り合いだとされているから、彼女が「あこき」の役割を果たしていたらしい。しかし侍従は末摘花の叔母（母の妹）で受領の妻になっている人のところとも女房を掛け持ちしていて、その叔母が彼女を自分の娘付きの女房にしようとしていたのに加担している。そして叔母の夫が大宰大弐《だざいのだいに》に赴任するのに合わせて九州に下っていき、末摘花はますます困窮することになる。『源氏物語』では、末摘花は結局源氏に救われ、「侍従」は選択を誤ったと悔しがるのだが、実際に複数の邸宅を掛け持ちして生計を立てている女房は多く、そのネットワークが彼女たちの主人を支えていたと思われる。一方常陸宮邸の古参女房には貧窮の中で死んでいった者もいるという描写もあるので、主家の没落とともに生計を失う貴族女性もまた少なくなく、同様な運命をたどる皇族女性も架空の存在ではなかったと考えられる。

極論すれば、十世紀の貴族女性の社会は、気の利いた生活力のある女房たちが作ったセーフティーネットがあり、その主人である皇族女性たちはいわば、高貴な血筋を生かして看板として利用されることで生活ができるようになっていたような感じなのである。

一方、こうした気の利いた女房は、たとえば和泉式部のように、宮中に勤め、親王と関係を持ち、その邸に迎え入れられそうなまでの恋愛をする「恋多き女」であっても、正式な夫は和泉守橘道貞《たちばなのみちさだ》、後に丹後《たんごの》（京都府）守《かみ》藤原保昌《やすまさ》、つまりどちらも五位相当の官人なのであり、女性の側から上級貴族の男性を選び、正室に収まるのはほぼ無理なことだったと考えられる。

もっとも和泉や丹後は京に近い裕福な国なので、彼女は経済的には安定していたと考えられる。生活力はあるが社会的身分のない女房と、生活力はないが社会的地位がある女王や姫との依存関係は王朝物語の定番だが、意外に正確な実態描写だったと思われるのである。

顔が出なくなる宮廷女性たち

その中で例外的なのは十世紀前半の政界の実力者、摂政関白《かんぱく》藤原忠平の子の右大臣藤原師輔である。その正妻の藤原盛子《もりこ》（摂政伊尹《これただ》・関白兼通《かねみち》・摂政関白兼家の母）の父は、藤原経邦《つねくに》という南家出身の地方官を歴任した下級貴族だった。本来正妻に収まるのは考えにくい身分だが、師輔が兄の実頼《さねより》（摂政・関白）に対抗するために富裕な受領層の娘を最初の妻に迎えた可能性が高い。一方、その孫にあたる藤原道隆《みちたか》も下級貴族出身の正妻を持ったが少し事情が違う。彼の正妻の高階貴子《たかしなのたかこ》は、高内侍《こうのないし》と呼ばれた宮廷女官だった。『枕草子《まくらのそうし》』では一条天皇の中宮となって宮中にあった娘、藤原定子《さだこ》（ていし）のもとに堂々と訪ねてくる、つまり多くの人に顔を見せる女性として描かれている。おそらく貴子は奈良時代的な働きをしていた女官で、その能力を道隆に見そめられたのである。

奈良時代には宮廷に勤める男女は奔放に恋をしていた。すでに述べた美努王と藤原不比等に愛された県犬養三千代《あがたいぬかいのみちよ》（橘《たちばな》三千代）、天武天皇の夫人から藤原不比等（異母兄）の妻になり、新田部《にいたべ》親王と藤原麻呂《まろ》の母になった藤原五百重娘《いおえのいらつめ》、藤原仲麻呂《なかまろ》（恵美押勝《えみのおしかつ》）の長男真従《まより》の妻で後に淳仁《じゅんにん》天皇の嬪《ひん》となった粟田諸姉《あわたのもろあね》なども、特に咎《とが》め立てられる存在ではなく、いうならば宮中が高級貴族の社交界だったのである。ところが九世紀以降、女官が自立して生きていく体制は次第に窮屈なものになっていく。その背景には律令給与制の崩壊もあろう。また、女官に対する意識の変化もあるだろう。たとえば『六国史』の中で、『続日本紀《しょくにほんぎ》』から『日本文徳《にほんもんとく》天皇実録《てんのうじつろく》』までの四冊では頻繁に記録されていた女官への叙位が、『日本三代実録』ではほぼ記録されなくなる。女官の名前は明記すべきものではないという認識が強くなっていくのである。それは九世紀宮廷社会の大きな変化で、その結果、十世紀になると女性の「名前」すら極めてわかりにくくなる、という現象が起こる。高階貴子が例外的な女官だったというのはこういうわけである。

十世紀後半、紫式部や清少納言が活躍した時代は宮廷女性の華やかなりし時代と認識されることが多い。しかし一方、彼女らは実名すらわかっていない。ところが奈良時代だと、たとえば和気広虫《わけのひろむし》とか飯高諸高《いいたかのもろたか》とか吉備由利《きびのゆり》とか、一般への知名度は紫式部とは比べるべくもないが、学界的には極めて有名な女性たちがたくさんいる。それは彼女らが女官として考課《こうか》、つまり政務の実績による人事評価を男性官人と同様に記録されていたからである。ところが九世紀後半からはそうした記録がされなくなる。奈良時代でも、たとえば万葉歌人で知られる大伴《おおともの》坂上郎女《さかのうえのいらつめ》は、「大伴坂上家のお嬢さん」という程度の意味で、広虫とか諸高とかいった「諱《いみな》」は持たなかった可能性が高い。「諱」は公人が必要としたものだったからである。ところが九世紀になると、本来公人として皇族籍に載っていたはずの女王でも、親王の娘になると、名前はおろかいたかどうかすら全くわからないことが多い。そして宮廷女性もどんどん日陰の存在になり、菅原孝標女《たかすえのむすめ》などのように、本名で呼ばれることもなくなっていく。なお、高階貴子でも歌人としての通り名は「儀同三司母《ぎどうさんしのはは》」、つまり藤原伊周《これちか》の母である。

　彼女らの事績は確かに大きいが、『源氏物語』にせよ『枕草子』にせよ、そのスタートは女御のサロンで回覧されていた、いわば「同人誌」が流出したもので、文学的価値が定着したのは鎌倉《かまくら》初期、藤原定家が『源氏物語』を再評価した頃のことである。だからその事績は公的には評価されず、研究者は懸命に同時代の公家日記からそれとわかる女房を探している。

　彼女らの一世代上の女流歌人として知られる斎宮女御《さいくうのにょうご》徽子《よしこ》女王《にょおう》は、醍醐天皇の孫で村上天皇の皇族女御の一人だが、その歌集『斎宮女御集《さいくうのにょうごしゅう》』を見る限り、友人女性がいたといっても歌や手紙を交わす程度で、日常的に親しく会っていた形跡はうかがえない。また宮中にあっても天皇を待つ身で、他の女御と顔を合わせ、歌を交わしていたとも思えない。よく中国ドラマで見られる、皇后や貴妃《きひ》や貴人《きじん》といった皇帝のキサキたちが集まるパーティーのようなことはどうも日本ではなかったようなのだ。十世紀の宮廷社会はそれほどに閉鎖されていたのである。

　まして、本来母方の実家や乳母の家で育てられたと考えられる内親王が宮中に出入りすることはほとんどなく、内親王を「見染める」男性貴族もほとんどおらず、内親王に仕える女房たちでもそうした手引きをすることは一般の姫君とは違い、好ましいこととは思われていなかったと考えられる。光源氏でも興味を示すのは女王（紫《むらさき》の上《うえ》、秋好中宮《あきこのむのちゅうぐう》、朝顔斎院《あさがおのさいいん》、末摘花など）までで、内親王として描かれるのは藤壺《ふじつぼ》中宮と女三の宮、つまり不義の恋に悩む女性に止まるのである。

藤原師輔という例外

　さて、それでも内親王が天皇の勅許により結婚するという例はしばしばあった。その中で面白いのは藤原師輔（九〇八～九六〇）の例である。師輔は醍醐天皇の皇女、勤子《いそこ》内親王、雅子《まさこ》内親王、康子《やすこ》内親王の三人を妻にしているが、先述のように、正妻は受領層出身の藤原盛子で、その子の伊尹《これただ》、兼通《かねみち》、兼家と安子《やすこ》（冷泉・円融天皇母）が摂関家を継承し、「護送船団」の指揮を執っている。最も年長の伊尹が延長二年（九二四）の生まれで、数え年十六歳のときの子だから、盛子はまさに「糟糠《そうこう》の妻」だった。若い公達《きんだち》には資産家と思しき藤原経邦《つねくに》（盛子の父）の後援が重要だったことがわかる。

　ところが『栄花物語』によると、彼は盛子がいながら勤子内親王と関係を持ったらしい。勤子内親王は大変美しく、醍醐天皇が手ずから箏《そう》を教えたという鍾愛《しょうあい》の内親王だったが、その母方は嵯峨源氏の源周子《ちかこ》で決して有力ではなく、おそらく内裏《だいり》には住んでいなかった。つまり、その気になれば通える内親王だったのである。そして師輔の行為はこれに止まらなかった。彼は、承平《じょうへい》三年（九三四）に伊勢斎宮に赴く斎王雅子内親王（勤子内親王の同母妹）にも歌を贈っていたのである。雅子内親王は藤原敦忠《あつただ》、つまり藤原時平《ときひら》の子で師輔の従兄弟との間に噂があったが、母の源周子の死去による帰京の後、勤子内親王に先立たれた師輔の第二の内親王妻となった。元伊勢斎王で臣下と結婚した唯一の例である。そして雅子にも先立たれた後、師輔は再びその異母妹で藤原穏子《やすこ》の娘（つまり、朱雀・村上天皇の姉）の康子内親王に通い、強引に妻にしたという。関白にはなれなかったが実質的な最高権力者である師輔だからこそできた「暴挙」である。

まあこの時代にはこの他に醍醐天皇皇女の靖子《やすこ》内親王が大納言藤原師氏《もろうじ》に、普子《ひろこ》内親王が参議源清平《きよひら》に、また村上天皇皇女保子《やすこ》内親王が摂政藤原兼家に、盛子《もりこ》内親王が左大臣藤原顕光《あきみつ》に降嫁しており、また醍醐天皇の皇女慶子《よしこ》内親王は叔父の敦固《あつかた》親王と結婚しているなど、比較的内親王の結婚が見られた時代だった。臣下との結婚規制が割合にゆるかったのであろう。『源氏物語』では桐壺院《きりつぼいん》の姉妹の大宮《おおみや》（内親王）が左大臣（藤原氏）と結婚して頭中将（後の内大臣、柏木《かしわぎ》、雲居雁《くもいのかり》らの父）と葵の上を儲けている。女三の宮も光源氏の他に夕霧《ゆうぎり》（光源氏の子、源氏）や柏木が結婚相手の候補に挙げられているから、この時代が元イメージになっているのかとも思わせる。

ここまでなら単なる後宮ゴシップだが、本書ではこの後に注目したい。それは、師輔の子孫だけが天皇の男系子孫に始まる「家」を残したことである。勤子内親王は子をなさなかったが、雅子内親王は藤原高光《たかみつ》、為光《ためみつ》、天台座主尋禅《じんぜん》、右大臣源高明の正室愛宮《あいみや》の四人の子の母となり、康子内親王は東大寺《とうだいじ》別当の深覚《しんかく》と藤原公季《きんすえ》の母となった。

この尋禅と深覚、さらに尋禅を頼って出家し、多武峰少将《とうのみねのしょうしょう》と呼ばれた高光はそれぞれ天《てん》台宗《だいしゅう》、真言宗《しんごんしゅう》の改革と深く関わり興味深いのだが、本書では仏教史には手をつけず、為光と公季に話を絞りたい。

為光は天慶《てんぎょう》五年（九四二）の生まれ、公季は天徳《てんとく》元年（九五七）の生まれなので、兼家の長男道隆（九五三〜九九五）とほとんど世代が変わらない。そして道隆が非参議従三位の公卿《くぎょう》になった永観《えいかん》二年（九八四）には為光は正二位大納言、公季は参議従三位だったのが、一条天皇の時代になると、永延《えいえん》三年（九八九）には道隆は内大臣となり、公季を引き離して右大臣為光と肩を並べるのである。

このように同じ摂関家でも嫡流となった兼家の子と弟の為光、公季ではかなりの差ができていたようなのだが、最終的には、為光が従一位太政大臣《だいじょうだいじん》、公季も従一位太政大臣になっていることに注意したい。もともと太政大臣は律令制では必要がなければ置かなくてもいい官とされた特別の職務である。そして面白いことに、道隆は関白で内大臣を兼ね、その後を襲った道長は摂政の後太政大臣になっている。つまり為光も公季も、位だけなら関白より高いのである。政治的実権はともかく、醍醐天皇の孫という血がそうさせたのだろう、いわば摂関家の中でも別格の人生を送ったことになる。そして為光の子孫は繁栄しなかったが、公季の子孫は閑院家《かんいんけ》

（閑院は藤原冬嗣《ふゆつぐ》の邸宅の名に由来し、内裏が焼失したりすると里内裏としてもしばしば使われた大邸宅）と呼ばれる血統を作り、十一世紀後半の院政期《いんせいき》になると代々天皇の生母を出す家となる。そして当時、政治の実権は白河院以降、院政に移っていたから、院のもとで摂関家に並ぶ勢いを顕《あらわ》すようになる。つまりはこの血統が摂関政治を終わらせるといっても過言ではないと思う。この子孫からは西園寺《さいおんじ》、三条《さんじょう》、徳大寺《とくだいじ》、今出川《いまでがわ》などの家ができている。幕末から近代に活躍した三条実美《さねとみ》と西園寺公望《きんもち》の家といえば、この子孫の繁栄ぶりがわかるだろう。

つまり師輔が内親王に手を出したことが長く見れば摂関家に大きな禍根を残したのである。思えば摂関家は、藤原良房と源潔姫に藤原明子しか子供ができなかったところから始まっている。もしも二人の間に男子がいて成長していれば、基経《もとつね》の繁栄はなく、藤原氏は天皇家により従属的な貴族になっていたかもしれない。

内親王との結婚は、政治的にはそれほど危ないことだったのである。

第六章　斎宮・斎院・斎女は政治と切り離せない

発掘された大来皇女の斎宮から奈良時代の斎宮へ

現代の歴史研究において、古い記録や文学などの分析だけではなく、考古学、つまり遺跡の発掘調査とのコラボレーションによって解明されてきた事実も多くなっている。平安京《へいあんきょう》の歴史もそうだが、私が長く関わってきた斎宮《さいくう》の研究はその典型だと思う。まず、本書の始まりの時代までの斎宮の歴史を歴史学・国文学・考古学からたどってみよう。

歴史上最も有名な斎王《さいおう》は、天武《てんむ》天皇の娘、大来《おおく》（大伯）皇女だと言えるだろう。六七四年に伊勢《いせ》に派遣された、実質的な最初の斎王と言われる女性である。

悲劇の弟、大津《おおつ》皇子を想《おも》う歌は『万葉集《まんようしゅう》』ファンの中でも人気が高い。

我が背子《せこ》を大和《やまと》へ遣《や》るとさ夜更けて暁露《あかときつゆ》に我が立ち濡《ぬ》れし（二巻一〇五）

（愛《いと》しい弟を大和に帰した夜が更けていく　そして暁の露に私はただ立ち尽くして濡れている）

神風《かむかぜ》の伊勢の国にもあらましを何しか来けむ君もあらなくに（二巻一六三）
（神風で知られる伊勢の国にいればよかったのに　なぜ帰ってきたのだろう。愛しい貴方《あなた》はもういないのに）

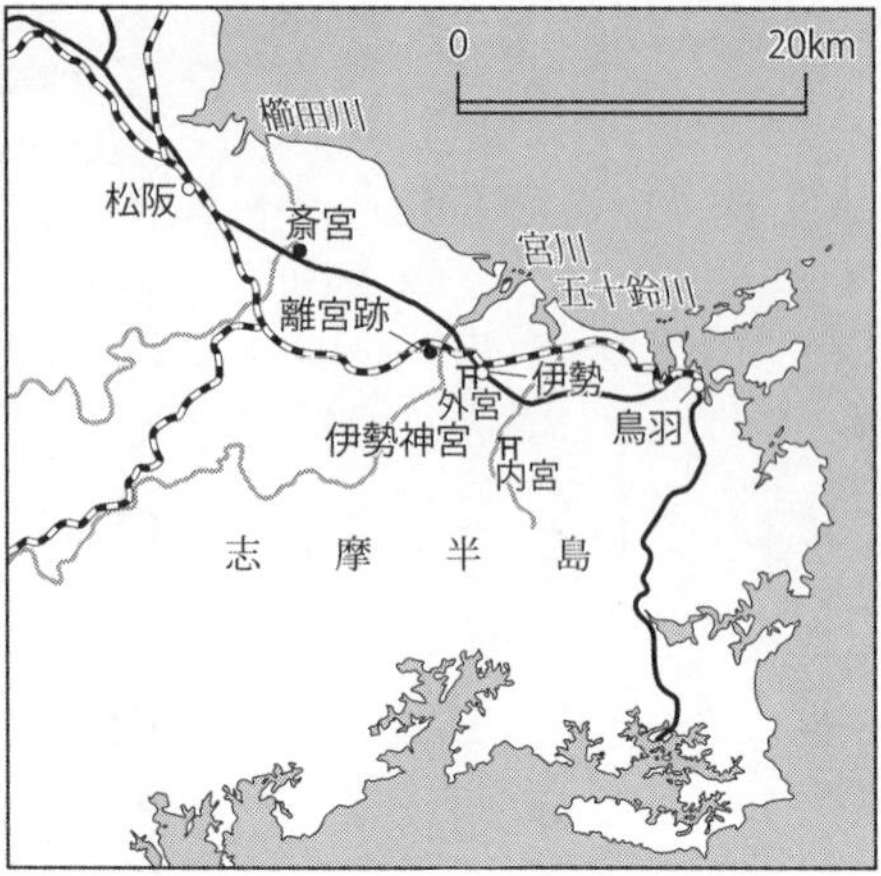

伊勢神宮と斎宮の距離は約12km

二〇一八年、国《くに》史《し》跡《せき》斎宮《さいくう》跡《あと》の西側で、大来皇女の宮殿の可能性がある、飛鳥《あすか》時代、七世紀後半の、塀で囲まれた建物群が発掘された。東北方向に三〇度ほど傾き、東西幅が四〇メートルほど、南は鉄道線路で破壊されていた。決して大きな区画ではないが、中央北部に大型の正殿《せいでん》（宮殿の中心となる建物）、東西に三棟《さんむね》の脇殿《わきでん》（正殿の両脇の建物）が並び、計七棟の建物が整然と中庭を囲む設計になっていた。

　この施設は七世紀後半から八世紀初頭まで使われていたと見られている。大来皇女の時代から斎王を置かなかった持統《じとう》天皇の時代を越えて、本格的に斎王制度が始まった文武《もんむ》天皇の時代まで建っていた可能性が高い。残念ながら、その性格を断

飛鳥時代の斎宮と平安時代の方格街区

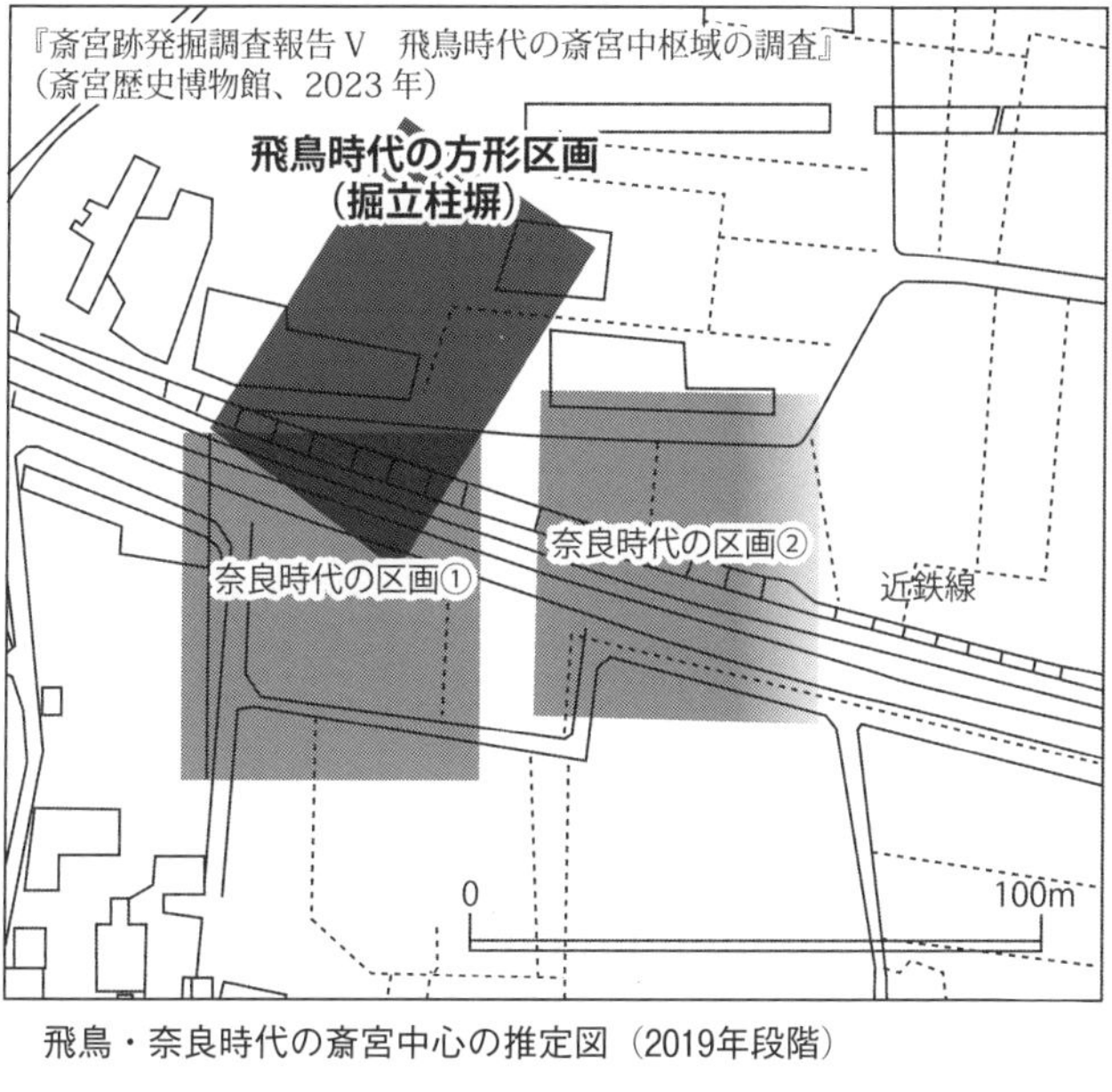

飛鳥・奈良時代の斎宮中心の推定図（2019年段階）

定する遺物はほとんど見つからなかった。しかし、七世紀後半の段階で、斎宮には「四方に塀をめぐらせ、整然とした建物配置をとる塀で囲まれた施設」があったことは明らかになった。こうした塀で囲まれ、完結して周囲から切り離された区画を「院《いん》」といい、平安時代の文献では、斎王が暮らし、儀式を行う所は「内院《ないいん》」と呼ばれていた。この区画は斎宮最古の「院」であり、もし大来のための院でなかったとしても、彼女の院がこれより簡素だとは考えられない。

発掘調査報告書では、この区画の建物配置は、今の大阪市に七世紀半ばにはじめて造られた前期《ぜんき》難波宮《なにわのみや》と呼ばれる計画的な宮殿の建物配置と似ているとも指摘されている。斎宮の整備は、六七二年に天武天皇が壬申《じんしん》の乱に勝利したことが、天照大神《あまてらすおおみかみ》の加護によると強調するために行われたと考えられているが、そのために伊勢に派遣された大来皇女には、都の宮殿を意識したレイアウトの、立派な「院」が用意されたのである。

さて、斎宮跡では、この区画に後続する、八世紀の斎王で、のちに光仁《こうにん》天皇の皇后となった、あの井上《いのえ》内親王の斎王就任を意識して造営されたらしい斎宮の発掘も進んでいる。この宮殿は南北に中心軸を置いたもので、斎宮跡では最大の正殿が確認されており、より計画的な姿を現しつつある。

しかし、このような整然とした建物配置を持つ斎宮は、八世紀後半の称徳《しょうとく》天皇の時代に一旦廃絶してしまう。次に斎宮が現れるのは斎宮跡の東側で、そこに最大規模の斎宮が造成されることになる。それは桓武《かんむ》朝、つまり本書の始まりの時代のことである。

斎宮という一つの遺跡の発掘を取り上げても、本書の時代までには、いろいろな紆余曲折《うよきょくせつ》があったことがわかってきている。

このように、歴史と国文学の資料で知られていた斎宮は、発掘調査によってその具体的な姿が飛躍的に明らかになりつつある。

発展する伊勢斎宮とその停滞——奈良から平安時代へ

再び斎王が置かれるようになるのは、八世紀後期の光仁天皇の時代である。そのときに斎宮は史跡東部に移転して、続く桓武天皇の時代に方格街区《ほうかくがいく》が設計される。光仁朝と見られる斎宮の中心区画の当初設計は、東西約一三〇メートル、南北約一二〇メートル。七世紀の区画の東西幅に比べて三倍、八世紀の区画でも二倍ほどの大きさがある。そして桓武の段階では、この周囲に幅一〇メートル級の道路で区切られた街区が造営され、さらにその中心区画（おそらく文献に「内院《ないいん》」として出てくる斎王の居住・儀礼区画）は東西二区画に拡大され、区画塀で囲われて周囲から隔絶し、その北側道路は道路側溝の中心間の幅が約一五メートルに及び、どうやら都と伊勢神宮を結ぶ官道を兼ねていたことも明らかになってきた。斎宮の区画内部は交通の要所ともなったのである。

このような区画が造られたのは、前述した桓武新王権のランドマークの役割を期待されたためと考えられる。光仁天皇の皇后《こうごう》は聖武《しょうむ》天皇の娘の井上内親王で、光仁の即位も、その子の他戸《おさべ》の立太子《りったいし》も井上の存在抜きではありえないことだった。そして宝亀《ほうき》元年（七七〇）十一月十八日には斎宮を造営するため、気太王《けたおう》という皇族が伊勢《いせ》に派遣される。まさに元斎王の下で斎宮の再整備が始まったのである。

ところが井上内親王は翌年三月二日に天皇を呪詛《じゅそ》したとして廃位され、さらに他戸皇太子も、その子であるという理由で五月二十七日に廃される。そして代わって皇太子になったのが光仁の長男である山部《やまべ》親王、すなわち桓武天皇であり、その桓武天皇の時代の延暦《えんりゃく》四年（七八五）、まさに長岡京遷都《ながおかきょうせんと》の翌年に、桓武の近臣《きんしん》であった紀作良《きのつくら》によって斎宮の方格街区が造営されるのである。つまり広大な斎宮は、それ以前の、聖武天皇から井上皇后の親子の時代の王権と伊勢神宮の関係とは違うぞ、という桓武の意思を形にするために造られたと考えられる。桓武の指揮下で斎宮は斎王の宮殿と斎王を支える役所から、天皇の権威をも現す整然とした計画都市に発展したのである。

そして、この区画は桓武とその子の平城《へいぜい》・嵯峨《さが》の三代の間使われ、さらに整備が進むが、淳和《じゅんな》天皇の時代、弘仁《こうにん》六年（八一五）から天長《てんちょう》六年（八二九）まで、伊勢神宮がある度会《わたらい》郡内に置かれていた離宮《りきゅう》に移転する。ここで斎宮は、伊勢神宮の事務局である大神宮司《だいじんぐうし》と同居しており、方格街区が造られた形跡はない。つまり桓武朝と淳和朝では、斎宮設計の発想が基本的に違っているのである。では淳和は斎宮を簡易化したのかというと、桓武皇女の娘で平城・嵯峨の同母妹の高志《こし》内親王との異母兄妹婚によって儲けた恒世《つねよ》親王を（結局辞退したが）

皇太子に立て、その同母姉妹の氏子《うじこ》内親王を斎王にしているのだから、やる気は極めて高かったことがわかる。

しかしながら氏子内親王は、わずかの期間伊勢にいただけで病と称して帰京してしまい、桓武の皇子仲野《なかの》親王の娘で、淳和の娘ですらない宜子《よしこ》女王が斎王（斎女王）となる。斎宮の格が下がったことは否定できない。そして、宮川《みやがわ》を挟んで外宮《げくう》の対岸という、伊勢神宮に睨みを利かせるには絶好の場所に置かれた離宮の斎宮も一五年で焼失して、斎宮は宮廷で行われた占いにより、多気《たき》郡に帰ることになる。この後の仁明《にんみょう》、文徳《もんとく》天皇の時代の斎王は、天皇の娘でありながら、ほとんど国史にも出てこない。斎宮は一転して地味な存在になってしまうのである。

注目される賀茂神社——新しい斎王

淳和の斎宮政策を考える上で注意したいのは、この段階ですでに賀茂斎王《かもさいおう》、通称斎院《さいいん》が成立していたことだ。賀茂斎王は平安京の北側にある賀茂神社（上賀茂《かみがも》神社・下鴨《しもがも》神社）に置かれた斎王である。もともと賀茂神社は、文武天皇二年（六八四）三月に賀茂祭が禁止されるという形で歴史上に登場する。その祭はかなり過激なものだったらしい。具体的には多くの人が集まり騎射《きしゃ》、つまり馬に乗って矢を放つことが禁制されているので、群衆が武器を手にして暴徒化するような祭だったということなのだろう。祀るのは賀茂県主《かものあがたぬし》氏という氏族で、よく似た名前の鴨君《かものきみ》（のちの賀茂朝臣《かものあそん》、つまり安倍晴明《あべのせいめい》の師匠である賀茂保憲《かものやすのり》らを出した賀茂氏）とは別系統のようだ（後には同系伝承が造られる）。県主というのは、律令制《りつりょうせい》前、まだ郡《ぐん》・郷《ごう》（里《り》）という地域支配が定着する以前、倭王権《わおうけん》の直轄地として置かれた県《あがた》の管理を行う氏族である。県は大和《やまと》・河内《かわち》・伊勢・筑紫《つくし》などに多く、各地域での大王《おおきみ》の支配拠点となったと考えられ、県主はその支配を任せられた地方豪族と見られる。賀茂県主の場合、山城《やましろ》盆地（京都盆地）北部に県があり、その支配者として大王家と関係が深かったことをうかがわせる。そして律令制下においては、主水司《もひとりのつかさ》では水を扱う専門職（負名氏《ふみょうし》、という）として宮廷に奉仕し、特権を持つ一族だった。彼らは神祭をする中臣《なかとみ》氏、占いをする卜部《うらべ》氏などと同様のいわば技術職で、主殿《とのも》司《づかさ》でも薪炭《しんたん》を貢納する専門職を務めていたようだ。つまり官僚として栄達した氏族ではないが、山城盆地の各種の既得権を王権への奉仕の代償として認められていたと考えられる。賀茂祭はもともとその氏神、賀茂別雷命《かものわけいかずちのみこと》を対象とした祭祀で、伝統的な大和の豪族の祭祀とは違う文化によっている祭だったらしい。

山背《やましろ》（山城の旧称）国の神々は、奈良《なら》時代にも、たとえば天平《てんぴょう》十七年（七四五）九月に、聖武天皇が行幸先の難波宮で重病になった際に、京師・畿内の諸寺及び諸名山・浄処で薬師悔過《やくしけか》之法《のほう》（薬師如来《やくしにょらい》に罪を懺悔《ざんげ》して病気回復を願う儀式）を行うとともに、賀茂・松尾《まつのお》等神社に奉幣して祈禱《きとう》したとあるように、それなりに重視されてはいたようだ。しかし賀茂が本格的に注目されたのは長岡京遷都のとき、賀茂・松尾・乙訓《おとくに》社に対して遷都の奉幣が行われて以来だろう。賀茂は「賀茂別雷社《かものわけいかずちしゃ》」（上賀茂社）が本来の形で、奈良時代後期から「賀茂御祖社《かものみおやしゃ》」（下鴨社）が史料上に現れるようになり、この頃に王権の意図で分離されたのではないかと考えられている。本来の神が雷神であったことには注目しておいてほしい。

鎌倉《かまくら》時代の『日本書紀《にほんしょき》』の注釈書、『釈日本紀《しゃくにほんぎ》』に引用されている『山城国風土記《やましろのくにふどき》』逸文《いつぶん》には、このような話がある。

賀茂氏の祖とされる賀茂建角身命《かもたけつのみのみこと》の娘の玉依比売《たまよりひめ》が「石川の瀬見《せみ》の小川」で拾った丹塗矢《にぬりのや》を寝床の側《そば》に挿しておくと妊娠し、子供が生まれる。その子が成長すると建角身命は多くの神を集めて七日七夜「楽遊《うたげ》」して、その席で問題の子供に盃《さかずき》を渡し「お前の父だと思う人に酒を飲ませよ」と言ったところ、盃を天に向かって上げて、屋根瓦を突き破って天上したという。この神は可茂別雷命《かものわけいかずちのみこと》といい、丹塗矢は乙訓の社の火雷命《ほのいかずちのみこと》である。

この伝承には、葛城鴨《かつらぎのかも》と山城賀茂《やましろのかも》を同系統とするなど、奈良時代の風土記《ふどき》なのかどうかなかなか難しい問題があるのだが、注意しておかなければならないのは、賀茂・乙訓の二社がともに雷神だとしていることである。『延喜式《えんぎしき》』の神祇式《じんぎしき》にある、朝廷が二月の農耕開始にあたり実施する祈年祭《きねんさい》で幣帛《へいはく》、つまり神々へのプレゼントを分配する神社のリスト、通称「神名帳《じんみょうちょう》」には乙訓社は乙訓坐大雷社《おとくににいますおおいかずちのやしろ》とあり、雷神として崇められていたことが裏付けられる。

そしてよく似た伝承は朱雀《すざく》朝頃に編纂された有職《ゆうそく》書である『本朝月令《ほんちょうがつりょう》』に引用された『秦氏本系帳《はたしほんけいちょう》』でも見ることができる。しかしそこでは、矢は松尾大明神、神の子を産んだのは秦氏の娘、神は別雷神《わけいかずちのかみ》として出てくる。このあたりの史料批判もなかなか難しいが、ここでは賀茂・松尾・乙訓という三社が、お互いに関係した、雷神を祀る神社だとしていることに注目したい。乙訓は山城盆地の西端、松尾はその東で、長岡京《ながおかきょう》を挟む位置にある。そして賀茂は盆地東端で、平安京遷都の際には、賀茂と松尾に奉幣が行われた。乙訓が外されたのである。

つまり、賀茂・松尾・乙訓の三社は相互関係を主張しているのに、王権の側は平安京の立地からそのうちの二社を特に重視するようになる（乙訓社も名神大社《みょうじんたいしゃ》で月次祭《つきなみさい》・新嘗祭《にいなめさい》の班幣《はんぺい》に与《あずか》る重要神社ではある。しかし次第に衰退し、現在ではその後身が長岡京《ながおかきょう》市角宮《すみのみや》神社か向日《むこう》市向日《むこう》神社かと議論が分かれるくらいになっている）。つまり山城盆地に広範に存在していた雷神信仰を王権の側から再編したということである。

賀茂斎王（斎院）の成立と初代有智子内親王

このように、賀茂県主が祀る神は山城（遷都に伴い、山背から改称）国への遷都以降、特に重視されるようになった。そして嵯峨天皇段階で、伊勢神宮と同様に天皇の娘が「斎《いつき》」として仕えるようになり、賀茂祭は宮廷が関わる重要祭祀の中祀《ちゅうし》になる。この「斎」こそが賀茂斎院《かもさいいん》と呼ばれた斎王で、それを戦後に再現したのが、今も葵祭《あおいまつり》で見られる、あの斎王代《さいおうだい》である。

賀茂斎王が置かれた契機は平城上皇と嵯峨天皇の対立であったらしい。平城天皇は大同《だいどう》四年（八〇九）に健康を損じて退位し、平城京《へいじょうきょう》に移るが、故郷で健康を回復する。一方天皇となった嵯峨天皇も健康を害し、平城上皇の政治への介入が再び強まることになる。そして二人の対立が頂点に達し、弘仁《こうにん》元年（八一〇）九月に平城上皇の乱（薬子《くすこ》の変）が起こり、鎮圧されたあと、十二月に「静乱《せいらん》の禱《いのり》（戦乱を沈める祈り）」に応じた功績に報いるため、筑前《ちくぜん》（福岡県）の香椎《かしい》廟《びょう》と豊後《ぶんご》（大分県）の宇佐《うさ》八幡宮《はちまんぐう》に奉幣を行っているのである。どうも八月から九月の間頃に、嵯峨と平城の関係は最悪となり、嵯峨は独自の祈願を行っていたらしい。賀茂に祈願をしたとすれば、この頃なのかもしれない。

そして嵯峨の皇女、有智子《うちこ》内親王が斎王となる。しかしその時期はどうも明白ではない。この時期の歴史書『日本後紀《にほんこうき》』が散逸しているため、とよくいわれるが、斎院関係の史料を集成している『類聚国史《るいじゅこくし》』の賀茂斎院の項目にも賀茂斎院が始まった記事が見られないので、もともと『日本後紀』にも書かれていなかった可能性が高い。あるいは最初は、彼女は嵯峨が私的に置いた斎王だったのかもしれない。

賀茂祭は不思議な祭で、神まつりのための役所である神祇官《じんぎかん》が全く関わらない。祭に送られる勅使《ちょくし》も、内蔵寮《くらりょう》、近衛府《このえふ》といった天皇の生活や身辺に関わる役所から選ばれている。つまりその華やかさの反面、どこまで公的な祭といっていいか、難しい祭なのである。しかし、初代の賀茂斎王となった有智子は特別な内親王だった。有智子の母は身分こそ宮人《きゅうじん》だが、交野《かたのの》女王《にょおう》という皇族で、天武天皇の子孫にあたる。つまりわずかではあるが、天智《てんじ》・天武双方の血縁となっている。そして注目すべきは、女性でありながら優れた漢詩の詠み手で、この時期に編纂された『経国集《けいこくしゅう》』などの漢詩集に一〇首もの作品を遺していることである。漢詩が詠めるということは、漢語の発音を習得していたことであり、つまりバイリンガルだったということになる。有智子が斎王になったのは幼少期だったから、斎王を務めながら、外国語を習得したことになる。しかし斎王の周りは女官で固められており、女官がバイリンガルであったことは普通考えにくい。しかも当時の漢文は、桓武天皇の時代に、呉音《ごおん》（中国六朝《りくちょう》時代の南部発音をもとにした読み方）から漢音《かんおん》（隋《ずい》・唐《とう》の長安《ちょうあん》での、標準発音をもとにした読み方）主体に切り替えられたばかりで、理想的な漢語を使える人間はまだごく限られていたはずである。しかし弘仁十四年（八二三）二月に、嵯峨天皇は十七歳になった有智子のもとを訪れて花の宴を開き、有智子は見事に詩作をしたという。つまり完璧に漢語をマスターしていたことになる。斎院という閉鎖的な空間で、どうやってその教養を身につけたのだろうか。

『続日本後紀《しょくにほんこうき》』に見られる彼女の薨伝《こうでん》（死亡記事）によると、この詩宴は「斎院」で行われたという。しかし『日本後紀』同日条の逸文である『類聚国史』の「天皇行幸《てんのうぎょうこう》・下」に採られた記事は少し違う。「有智子内親王の山荘」となっているのである。そしてこちらが原史料である。つまり斎王は、この頃でさえも、少なくとも常時斎院に住んでいたわけではなかったのである。おそらく嵯峨は彼女を手元に置いて、最高級スタッフを集めて最先端の語学教育を施したのだろう。当然その教育は語学には留まらない。あるいは有智子は、伊勢斎王とは異なり、当時の最先端の教養を身につけ、全く唐風のスタイルで賀茂祭に参加したのかもしれない。それは奈良時代以来の野性味にあふれた祭にスーパーハイセンスな天使が舞い降りたようなイメージで受け止められたのではないだろうか。

なお注意しておきたいのは、賀茂祭や賀茂神社が王権にとって特別な存在になったにもかかわらず、賀茂県主氏の待遇が格段に変化した、というわけではないことである。賀茂神社の重視が宮廷の事情によるもので、現場での祭祀のあり方そのものに変化をもたらしたというわけではないことがうかがえる。つまり、壬申の乱の後、天武天皇の娘、天智天皇の孫という極めて優れた生まれの大来皇女が天武の分身として伊勢に赴き、伊勢神宮の国家神としての神格を確定したように、平城上皇の乱の後、嵯峨の娘の中で最も愛された有智子内親王が、やはり天皇の分身として賀茂神社に仕えることで、山背国の有力神だった賀茂社は、山城国にできた平安京を守る神になった。神の形を変えるほどに重要な皇女が神に仕える、それが本来の斎王の存在意義だったのである。

淳和天皇と賀茂斎王

そして嵯峨に代わって即位した淳和天皇は、即位直後の弘仁十四年（八二三）六月三日に伊勢神宮に対して、斎王を定めることを止めるという勅《ちょく》を出した。斎王制の廃止も含む方針変更があったのかもしれない。その後に斎宮については、伊勢神宮にほど近い離宮へ移転させ、神宮に睨みを利かせる大改革を行ったが、斎院には有智子を引き続き留め置いた。これは上皇として実権を握り続ける嵯峨に対する配慮と考えられる。やがて有智子は天長《てんちょう》八年（八三一）に「病と老齢」を理由に交替することになる。なんと二十五歳のときである。代わって斎王となったのは、皇太子正良《まさら》親王（仁明天皇）の娘、時子《ときこ》女王だった。つまり斎院は天皇代々で交替したのではなく、嵯峨の娘から、嵯峨の弟淳和を飛ばして、嵯峨の子仁明の娘に引き継がれたのである。時子を斎院にしたのが淳和であったこともまた注目すべき事実である。老齢、という口実はともかく、斎院は嵯峨系でなければならない、という意識がここでは少なからず働いていた。つまり、斎院とは嵯峨系の天皇と賀茂社を結ぶものだと認識されていたと考えられる。

賀茂斎院は「アレヲトメ」といわれる。その奉入する詔では、「アレヲトメ」と「アレヲトコ」を奉るとされるが、アレヲトコが何にあたるかは明確ではない。賀茂祭で勅使となる内蔵使《くらのつかい》とも近衛使《このえのつかい》ともいわれるが、常時賀茂神に仕えているわけではないから、斎院とはバランスが取れないのである。もともとこのアレとは、上賀茂神社で今も続けられている祭の直前に行う御阿礼神事《みあれしんじ》、つまり賀茂の神山《こうやま》に出現した神を下ろしてくるというイメージの祭と関わる言葉なのだが、肝心の斎院はこの祭には参加しない。

あっさりといえば、賀茂斎院はその奉仕内容からは、祭を司る巫女とはとても思えないのだ。この事実は伊勢斎王の本質にも関わる重要なことだと思う。斎王は神社の祭祀機構に属する人間ではなく、宮廷の側、王権の側に属する存在として置かれているのである。

春日斎女とは何か――応天門の変と氏神の祭

このような斎院が定着していくと、次には平城旧京に隣接した春日《かすが》神社にも斎王のような女性が置かれるようになった。といっても春日神社は藤原《ふじわら》氏の氏の神であるから皇族女性ではなく、斎王ともいわれない。春日斎女《かすがのさいじょ》という。しかし斎院にも見られなかった、設置の官符《かんぷ》（命令書）が残されている。春日斎女は貞観《じょうがん》八年（八六六）に太政官符をもって成立した。つまり斎院と違い、当初から国家的な存在として成立したのである。そこでは九年正月から奉仕を始めるとしており、その斎女を藤原須恵子《すえこ》という。出自は、わからない。

先にも述べたが、藤原氏のトップ良房《よしふさ》には子供が極めて少ない。嵯峨天皇の皇女の源潔姫《みなもとのきよひめ》を正妻としていたためか、他の妻を持っていた形跡がない。つまり須恵子が良房の娘とは考えがたい。そして彼女は斎王の「初斎院《しょさいいん》」や「野宮《ののみや》」と同様、世俗からの隔離期間を経て、貞観十年（八六八）に可多子《かたのこ》と「追改」し、貞観十一年から参社したという。理由はわからないが改名したらしい。ところが『日本三代実録《にほんさんだいじつろく》』には貞観十七年に、斎女を奉っていなかったために雨が降らなかったという記事がある。その原因は可多子が喪に遭ったためだということで、その喪とは貞観十四年の良房の死去によるものであった可能性が高い。つまり良房の死後、斎女は三年間宙に浮いていたと考えられるのである。そして代わって斎女となったのは藤原良世《よしよ》の娘、意佳子《いかこ》だった。つまり良房からは姪《めい》にあたり、良房の後継者となる基経《もとつね》からは従姉妹《いとこ》になる。

ここで良世について少し触れておきたい。冬嗣《ふゆつぐ》の子である良房には数人の男兄弟がいたが、母を藤原美都子《みつこ》とする同母兄の権中納言《ごんちゅうなごん》（贈太政大臣）長良《ながら》（基経・高子《たかいこ》の父）、弟の右大臣良相《よしみ》が比較的有名で、異母弟としては中宮大夫《ちゅうぐうのだいぶ》良仁《よしひと》とこの左大臣良世が知られている。しかし『公卿補任《くぎょうぶにん》』では、良房の母は大庭《おおば》王の娘で、同母兄弟は良世だとする説がある。良世は良相が貞観九年（八六七）に亡くなってからは基経に次ぐ立場となり、のち昌泰《しょうたい》三年（九〇〇）に『興福寺縁起《こうふくじえんぎ》』を著し、良房が両親の供養のために始めた長講会《ちょうこうえ》という祭典を継承する立場であると自任している。良房とはかなり近い立場でいたことは間違いない。そうすると興味深いのは、春日斎女の最初の記事が応天門《おうてんもん》の変の年で、参社が、良相の亡くなった翌年だったということである。近年、応天門の変は律令制前以来の名族大伴《おおとも》氏のトップ大納言《だいなごん》伴善男《ともよしお》が、左大臣源信《みなもとのまこと》と対立し、良房が信に味方したことで、伴氏が実質的に終わりを迎えるとともに、政界ナンバー2の右大臣藤原良相が権力を失った政変であるとされることが多い。それは藤原氏にとっては他氏を政界から追うとともに、良房には同族内を一本化し、権力を確かなものにする重要な機会だった。ここでも、政変勝利、つまり摂政《せっしょう》家としての良房・基経ラインの確立の象徴として「斎女」の設置が行われたのかもしれない。

春日斎女の立ち位置

『儀式《ぎしき》』と題された文献がある。『貞観儀式《じょうがんぎしき》』ではないかとされる祭祀・行事の次第書《しだいしょ》（マニュアル）で、この中の春日祭の条項が、実は春日斎女の最も詳しい史料となっている。そこでは、斎女は、まず河頭《かとう》（河の畔《ほとり》）で祓《はらえ》を行う。どこの川かは記されていない。そして祭の前日に車に乗り、大和に行列する。これは都から派遣される勅使らと同道するもので、まさに賀茂祭の行列と同様の威儀《いぎ》を整えており、斎女はその中心的な存在になっていた。春日祭には大臣以下の藤原氏の中心人物たちが参加するのは当然のこと、使いは、後述する大原野《おおはらの》祭の記述によると、「内裏《だいり》・中宮《ちゅうぐう》・東宮《とうぐう》の使」とされており、藤原氏の祭祀でありながら、天皇家を挙げての祭となっていたらしい。その中心となるのが斎女なのである。

さて、斎女はその夜は佐保頓舎《さほのとんしゃ》に泊まる。佐保川《さほがわ》は春日山《かすがやま》の奥から旧平城京を西に、さらに南に流れる川で、北から春日神社に来るときは必ず渡らなければならない川である。斎女はこの川のほとりで一泊して、翌日祓をしてから参社したのだろう。とすれば、大和に来る前日の祓をする河は京の川、つまり賀茂川《かもがわ》か葛野川《かどのがわ》（桂川《かつらがわ》）としか考えられない。そして祭の当日は輿《こし》に乗り神社に向かう。これも伊勢・賀茂の斎王に準じた扱いである。しかしながら斎女は、道間服《どうかんふく》（旅装束）を神態服《しんたいふく》（祭祀の装束）に改めたとするものの、特に何もせず、女官である内侍《ないしのすけ》が神に捧げる食べ物や酒を神前に運んだり、内蔵頭《くらのかみ》が幣を捧げたりするのを見ているだけのようだ。そして祭礼が終わると再び着替えて頓舎に戻る。

この形は伊勢斎王より賀茂斎王の儀礼に近い。賀茂斎王も『儀式』ではただ座っているだけのようなのだ。つまり『儀式』の書き振りからいえば、春日斎女は賀茂斎王に準じた形で祭に参加しているらしい。

なお、『儀式』には、春日神社を平安京西の郊外に分祀《ぶんし》した大原野神社の祭祀も記録されており、その構成は春日祭とよく似ている。しかし『日本三代実録』には「春日大原野斎女《かすがおおはらのさいじょ》」と書かれているのに、『儀式』の大原野祭には斎女は出てこないのである。私はこれを『儀式』の大原野祭の記述が斎女制成立以前の形を残しているためではないかと考えるのだが、そうだとすれば、斎女はすでにまとまっていた祭祀の中に割り込んだために、することがなかったとつじつまが合う。その点でも奈良時代以来隆盛を誇っていた賀茂祭に割り込んだ賀茂斎王とよく似ている、といえる。

しかしながら春日斎女は伊勢・賀茂の斎王と決定的に違うことがある。斎王は天皇の代替わりごとに交替するのが基本ルールで、天皇その人の代わりと位置付けられていた。だから天皇の娘の内親王が原則である。しかし斎女は藤原氏という氏を代表するもので、しかも良房の娘ですらなかった。藤原氏北家《ほっけ》良房流の地位を確立するために「斎王と同じような外観をして、良房とその一族の権威を象徴したもの」として置いたとしても、斎女は「変質した斎王」なのである。

そして、良房を支えた藤原良世は斎女の制度を支持したが、良房の後継者の基経はこれを継承しなかった、と理解できる。二人目の斎女、藤原意佳子もまたその後の動向が不明で、春日斎女の記事自体が彼女の就任を最後に消えてしまうのである。

良世の母が大庭王の娘だというのは諸本一致しているので、信用してよさそうである。とすれば、面白いことになる。世代的に見て、大庭王の娘は初代斎院有智子内親王の母の交野女王と同じく、天武系皇族の可能性が高い。ならば良世の娘である斎女意佳子にも天武系皇族の血が流れていて、天皇家につながる藤原氏だと認識されていたのかもしれない。そのような条件が斎女選定のときに働いていたとすれば、須恵子改め可多子もまた同様な立場、たとえば意佳子の同母姉妹、良房の姪であった可能性がある。

ならば、春日斎女は、天皇家と血統的につながる藤原氏の女性ゆえに成立しえた公的な「斎《いつき》」だったとも考えられる。ここで思い起こされるのは、良房の父である冬嗣の母の百済永継《くだらのながつぐ》が桓武の宮人の一人になり、良岑安世《よしみねのやすよ》を産んでいること、つまり冬嗣の立身の背景には、桓武との間接的な血縁関係があったことである。そして繰り返すが、良房は嵯峨の娘婿なのである。とすれば春日斎女が賀茂斎王に準じて、いや設置の官符があるのだから、それ以上に公的なものとして置かれた背景には、天皇家と血縁的につながる北家冬嗣流独特の立ち位置があったのかもしれない。

消えゆく春日斎女——天皇家とのつながりの変化の中で

しかし良房の後継者である基経には、良房にとっての源潔姫のような天皇とのつながりはない。ならば基経は、天皇家と関係する藤原氏の女性に頼ることはできなかったと考えられる。そして基経は仁明天皇の子である人康《さねやす》親王の娘と嵯峨天皇の子の忠良《ただら》親王の娘の操子《みさこ》女王を妻にしており、人康親王の娘は時平《ときひら》・忠平《ただひら》・穏子《やすこ》の母となっている。つまり彼らは仁明天皇の曽孫であり、穏子が産んだ朱雀・村上《むらかみ》天皇には母系からも仁明天皇の血が入ることになるのである。これは天皇家と摂関家《せっかんけ》が女性を送り合う慣行ともいうべきもので、藤原摂関家が他の藤原氏や、もちろんその他の貴族とも異なる、独特の地位を築く原因となったものである。そして藤原氏の氏長者《うじのちょうじゃ》には天皇の血統に属する者が就任するという、摂関家と天皇家との新たな関係が構築された。

結局、春日斎女は摂関家が外戚《がいせき》としての地位を固める過程の試行錯誤《しこうさくご》の一つで、いわば良房の格を天皇に匹敵させるために創始されたが、「阿衡《あこう》の紛議《ふんぎ》」を経て藤原氏の氏長者の政治介入の体制（つまり内覧《ないらん》という実務で裏付けられる関白《かんぱく》の制）が確立され、さらに摂関家と天皇家が結婚（女性の交換）によって一族同然になる体制ができたことで不要になったと考えられる。

そして春日祭は、天皇の母方祭祀としての性格を明確に持つようになる。そもそも内侍が参加すること自体、文徳の母、藤原順子《のぶこ》や清和《せいわ》の母、藤原明子《あきらけいこ》らの存在を抜きには考えられないことである。賀茂祭が、現実の賀茂県主氏と後宮との関係が全くないのに行われるのは、天皇と賀茂神との直接的な関係によるものだが、春日祭は、天皇とその母の「変わらない」祖先として、天皇の祖先祭祀になり、繰り返されていくのである。その意味で賀茂祭は天皇の男系祭祀として受け継がれ、春日祭は母系祭祀として続けられたということができるだろう。このように見ると、伊勢も含めた斎王という制度が、実は天皇と斎王、父と娘という関係のもとに成立していることを改めて考える必要があるだろう。良房と斎女もまたそういう位置付けだったと考えられる。

春日斎女はなぜ消えたのか

九世紀後半、具体的には『伊勢物語《いせものがたり》』の斎王恬子《やすこ》内親王以来、天皇即位時の斎王は、内親王であれば天皇の娘でなくてもよいという事例が出てくる。恬子は文徳天皇の皇子女の中では、清和天皇に次ぐ高貴な血筋である異母兄惟喬《これたか》親王の妹で、内親王としては斎王に最適だった。しかし惟喬は清和即位時のライバルであり、おそらく恬子と清和は会ったこともなく、そして彼女の伊勢派遣時、天皇と斎王、つまり本来は父と娘の最後の別れの儀式となる「別れの櫛《くし》」の儀には、清和は物忌《ものいみ》と称して出てこなかった。同時代の賀茂斎院が、清和のただ一人の同母姉妹である儀子《のりこ》内親王だったのとは対照的といっていい。ちなみに儀子の前任の斎院は恬子の同母姉妹（姉と見られる）の述子《のぶこ》内親王であり、惟喬親王を重視した文徳の意向が強く表れていたから、儀子への交替はますます政治的に見える。さらに宇多《うだ》天皇になると、即位時に斎宮として内親王を置くのではなく、従姉妹の元子《もとこ》女王を置くという異例の措置を採っている。このときには賀茂斎院も文徳皇孫、つまり宇多とは父親同士が従姉妹という遠縁の直子《なおこ》女王が就

任している が、斎院は以後も内親王が主体なのに対して、斎宮は女王が増加している。一方、斎院は一代一人という原則が完全に崩れ、天皇五代にわたって奉仕した村上天皇皇女の選子《のぶこ》内親王のような事例も出てくる。斎王祭祀にもいろいろなパターンが出てきて、天皇一代に内親王一人という、「本来の斎王」的なものがベストではなくなっていることがうかがえる。

春日の神については、十一世紀前半の摂関期《せっかんき》後期になると、たとえば一条《いちじょう》天皇と藤原定子《さだこ》(ていし)の間の皇子、敦康《あつやす》親王の子である嫄子《もとこ》女王が藤原頼通《よりみち》の養女として皇太子時代の後朱雀《すざく》天皇に入内《じゅだい》した後急死した際に、皇后が藤原氏ではないことで春日神の怒りを買ったとの噂が伊勢神宮で語られたという話が、伊勢神宮の記録『大神宮諸雑事記《だいじんぐうしょぞうじき》』に見られる。また、三条《さんじょう》天皇皇女禎子《さだこ》内親王が後朱雀天皇の中宮になった際にも同様のことが語られている。つまり春日神は藤原氏の氏神ながら、天皇の母系守護神としての地位を確立しているのであり、この時期になると春日祭には勅使として内侍が派遣されることも定着する。こうした変化から春日斎女の設置目的も明確に見えてくる。斎女は斎宮や斎院と同じく、巫女ではなく、その神社のステータスを表す象徴的な存在として試験的に設置されたのであり、結局定着せずに消えていったものなのである。それは九世紀以降における斎王の役割を考える上でも非常に興味深いことである。

第七章　文徳天皇という「時代」を考えた

文徳天皇は本当に何もしなかったのか

九世紀に文徳《もんとく》天皇（八二七〜八五八）という天皇がいた。あまり有名ではない。仁明《にんみょう》天皇と藤原順子《ふじわらののぶこ》の間に生まれた皇子で、承和《じょうわ》の変によって皇太子恒貞《つねさだ》親王が辞した後に皇太子になり、順子の兄である藤原良房《よしふさ》の専制への道を開いた、というのが最も知られた説明である。さらに藤原良房の娘明子《あきらけいこ》が産んだ生後八ヶ月の惟仁《これひと》親王（清和《せいわ》天皇）を皇太子にしていることもあり、個性のない傀儡《ロボット》というイメージが文徳天皇のすべて、と考えられてきた。

たとえば手近にある近年の平安時代の解説書を見ても、吉川真司《よしかわしんじ》編『日本の時代史5「平安《へいあんきょう》京」』（吉川弘文館、二〇〇二年）は、外戚《がいせき》良房によってほぼ完全に意志・行動を制約されていた（吉川真司説）と見ており、瀧浪貞子《たきなみさだこ》『日本の歴史5「平安建都」』（集英社、一九九一年）も、良房摂政《せっしょう》時代の足がかりとしか捉えていない。瀧浪は『藤原良房・基経《もとつね》』（ミネルヴァ書房、二〇一七年）でも「立太子《りったいし》をめぐって文徳と良房の間に齟齬《そご》（食い違い）があったことは確か」としつつも、良房との確執が深かったとは考えられないとし、良房は即位の正統性について不安があった惟仁のために、後述する郊天祭祀《こうてんさいし》をはじめさまざまな布石《ふせき》を打っていたとするなど、ほかの多くの研究者も、文徳と良房の対立には懐疑的で、文徳の独自性は推さないのが近年の傾向であるようだ。

しかしこの時代には、『日本文徳天皇実録《にほんもんとくてんのうじつろく》』（通称『文徳実録』）という歴史書が作られている。『六国史《りっこくし》』の中で天皇一代に一冊の歴史書が作られたのは仁明天皇の『続日本後紀《しょくにほんこうき》』とこの本だけである。その意味で文徳朝は完結した時代と当時認識されていたと見ることができる。ではその時代の中で、文徳天皇はどのように生きようとしたのか、その紹介からこの時代の特徴が見えてくるように思う。

文徳天皇と母、藤原順子

嘉祥《かしょう》三年（八五〇）三月二十一日、仁明天皇は内裏清涼殿《だいりせいりょうでん》で死去した。四十賀《しじゅうのが》を華々しく行い、仏神に護られた天皇というイメージを強調してまもなくのことだったので、藤原良房をはじめとした臣下は大変困ったことだろう。幸いだったのは文徳がすでに十六歳で、一人前になっていたことである。

そして臣下は彼に即位を要請し、辞退を繰り返すが、これは型通りで、天皇の証である「神璽宝剣符節鈴印《しんじほうけんふせつれいいん》」など、天皇の印になるもの（レガリア）はすでに仁明が亡くなったときに文徳のもとに移されているから、事実上、皇位はすでに移動している。さて、ここで注目したいのは移動したのが、神璽《しんじ》（神のしるしの印という意味だが、これが八尺瓊《やさかに》の勾玉《まがたま》のことだとする説もある）宝剣と、天皇の命令であることを保証する符節《ふせつ》（割符《わりふ》）、国家的な使いの駅馬《えきば》に付ける証拠の鈴、そして天皇の公印だということである。つまり鏡が見られず、後にいう「三種の神器」とも異なるのである。考えてみれば、天皇が亡くなって皇太子が即位するのは、光仁《こうにん》から桓武《かんむ》への交替以来である。つまり「桓武王朝」になってはじめてのことなのであり、それはいろいろとイレギュラーが起こるだろう、いや、どこまで明確に儀礼を定め、それが申し合わされていたのかすら怪しいものなのかもしれない。

さて、それから一ヶ月後、四月二日に再び即位要請と辞退のやりとりがあり、十六日に深草《ふかくさ》の山陵《みささぎ》（つまり仁明天皇陵）で即位についての告策《こくさく》（報告）が行われ、十七日に大極殿《だいごくでん》で即位式が行われた。即位宣命《せんみょう》（宣言文）で強調されているのは、天皇の位が高天原《たかまがはら》（祖先のアマテラスを指す）以来の天日嗣《あまつひつぎ》で、桓武天皇（平安宮御宇天皇《へいあんのみやにあめのしたしろしめしし》）が、天智《てんじ》天皇（近江大津宮御《おうみおおつのみや》宇天皇）が定めた法に従って皇位を受け継いだのにならったものであることで、これはいわば平安時代には通常の形だ。ところが文徳の場合変わっていたのは、通常行われる官人や祝《はふり》（神職）の昇級や、僧尼や生活困窮者への施しのことをいう前に、母である藤原順子を「皇太夫人《こうたいぶにん》」に昇格させたことである。天皇の母だから普通のことだろうと思いがちだが、第四章で述べたように決してそうではない。天皇の母だからという理由で、皇族ですらない女御《にょうご》、厳密には「女官の一人」が皇太夫人になり、彼女には「中宮職《ちゅうぐうしき》」という役所が付けられた。つまり皇后《こうごう》経験がないのに、臣下の立場を離脱して、皇后と同じ扱いを受けるようになったのである。

仁明天皇の後宮は、父の嵯峨《さが》、祖父の桓武に劣らず賑《にぎ》やかなものだった。皇子を成した女御として藤原氏から北家《ほっけ》の順子、同じく北家の沢子《さわこ》（紀伊守総継《ふさつぐ》の娘）、南家《なんけ》の貞子《さだこ》（右大臣三守《みもり》の娘）ら、他にも文人貴族系の滋野縄子《しげののなわこ》や、宮人が数多くおり、中には王族や百済王氏《くだらのこにきし》もいる。しかしそこにいないのは皇后である。淳和《じゅんな》天皇と結婚して皇太子恒貞親王を産んだ正子《まさこ》内親王のように、内親王で皇太子の母なら文句なしで皇后になる。また嵯峨天皇の皇后である橘嘉智子《たちばなのかちこ》のように、天皇家から分かれた氏族で皇太子（仁明天皇）の母ならそれに次ぐ。しかし平城《へいぜい》天皇にはそういった立場の女性がおらず、皇后は皇太子の時代に亡くなった藤原帯子《おびこ》に即位後贈っている。桓武の場合は平城、嵯峨の母である藤原乙牟漏《おとむろ》を皇后にしたが、天皇に先だって亡くなっている。奈良《なら》時代の光明《こうみょう》皇后以来、藤原氏皇后はないわけではない。

しかし、なぜか仁明は順子を皇后とせず、良房も文徳即位の段階で皇太后《こうたいごう》にもできず、結局皇太夫人で落着したようなのである。その理由は単純ではないが、この時期には大皇太后橘嘉智子と皇太后正子内親王がいたことや、承和の変で藤原式家《しきけ》が没落し、藤原北家の系統が一人勝ちするまでは、たとえば光明皇后のように、順子をイチ押しにする体制ができていなかったことも大きいように思う。ではなぜ文徳即位時に皇太夫人という中途半端な立場に順子を上げたのか、『文徳実録』を読み進めると理由はすぐにわかる。五月四日に橘嘉智子が息子の後を追うように亡くなったのである。これで正子内親王が大皇太后になり、皇太后は順子のものになる。順子のランクアップはそこまで慎重に行われたのである。

こうして文徳は名実ともに「特別な両親を持つ」天皇になる。そしてこの後、天皇が即位すれば母女御である摂関家《せっかんけ》の女性が皇太后になり、中宮職が付けられるという形式が普通になる。つまり天皇と皇后が並ぶことがなくなってしまうのである。

文徳天皇と祥瑞

さて、天皇と大皇太后が亡くなったのに、即位を受けて社会は浮かれはじめた。六月に美作《みまさか》国（岡山県）から、雪のように真っ白な亀が、さらに七月には備前《びぜん》国からも白い亀が献上されたという（隣接する国の情報なので、あるいは同じ亀かもしれない）。いわゆる「祥瑞《しょうずい》」（縁起の良い前兆）であるが、文徳はこれに対して、亀を得たという摂津《せっつ》・美作・石見《いわみ》（島根県）・備前（つまりほかでも白い亀が見つかったらしい）の人には従六位上の位を贈り、天下の祝《はふり》（神職）に減税を行い、全国の調庸《ちょうよう》の未進《みしん》（税の滞納《たいのう》）を免除するなどのお祝いの措置はしたが、群臣の祝賀などは聞かないとした。もともと祥瑞というものは国王の徳治を天が誉《ほ》める、つまり本人が自然に行っている良い政治を天はすっかりお見通し、ということから発生する超自然現象であり、王は謙譲するとともに最大の喜びを表すのが本来のあり方である。だから奈良時代には変な亀が見つかると、霊亀《れいき》、神亀《じんき》、宝亀《ほうき》など年号、つまり時間の区切り方まで変えてしまうという喜び方を広く示した。有名な天平《てんぴょう》も甲羅に「天」や「平」の字がある亀の出現に由来した年号である。

ところが、このときには改元は行われなかった。即位に連動した改元が行われたのは翌嘉祥四年（八五一）で、しかも仁寿《にんじゅ》への改元であり、○亀という奈良時代以来の年号は採られなかったのである。これは天皇という地位についての大きな意識の変化だと考えてよい。

九世紀の天皇は、天に対してやたらに謙遜《けんそん》するようになる。この意識は、「文章経国思想《もんじょうけいこくしそう》」、つまり文芸のような儒教《じゅきょう》的な文化が発達すると国の秩序が定まるという考え方と無縁ではないと思う。こうした天皇の態度の大もとは、光仁天皇が亡くなった後、桓武天皇が礼に基づいて三年の喪に服すと称して政務を見ず、臣下が「神まつりも行わないと諸般の問題が起こる」と繰り返し撤回を願う奏上をして、やっと聞き届けられたという事件だと思う。一見すると行き過ぎた親孝行に見えるが、儒教的な礼《れい》の思想を利用して君臣秩序を確認し、天皇の必要性を臣下に思い知らせるという政治的な駆け引きだったともいえる。

そしてこれ以降、天皇、特に嵯峨天皇以降の天皇は儒教思想に基づき、礼を重視した秩序意識を強調するようになり、高圧的・専制的ではなく、謙譲的で文化的な態度をよしとするようになる。たとえば嵯峨天皇は卜占《ぼくせん》を信じず、淳和天皇は陵墓を造らせず散骨《さんこつ》させたという類のことである。文徳天皇の時代でも縁起のいいことは好まれてはいたが、「祥瑞が出たから今の天皇には徳があるのだ」という単純素朴な祥瑞イメージは避けられるようになっていたのである。それは自分たちがある程度「文明化」されてきたことの強調であり、自負の表れだった。つまり儒教的な知性と理性で政治を行う「文章経国思想」と根は同じなのである。

文徳天皇と神と仏

しかし、だからといってこの時代には宗教を離れたリアリスト的な政治が行われていたわけではない。たとえば即位の翌年、仁寿元年（八五一）には、天下諸神に対して、有位無位を論ぜず正六位上に叙すという宣言が出された。「神様」に貴族官人と同様の位を与えることは、奈良時代に、東大寺《とうだいじ》大仏造営に協力を申し出た宇佐《うさ》八幡《はちまん》に一品《いっぽん》（皇族に与える最高位）を与えたように、行われていないではなかった。しかしそれはあくまで政治的な特例であり、神を官人のように編成していくという考え方ではなかった。ところが延暦《えんりゃく》十七年（七九八）に国幣《こくへい》、つまりそれまで二月の祈年祭《きねんさい》の際に全国の神社の祝《はふり》（神職）を神祇官《じんぎかん》に集めて行っていた班幣《はんぺい》（幣帛《へいはく》を分かつ儀式）を国々の国府で行える制度を整えるとともに、地域の霊験のある神を官社《かんしゃ》（幣帛をもらえる神社）にする申請も国司《こくし》の義務として、同時に祝など神祇職の統制も国ごとにきめ細かく進められるようになった。つまり桓武天皇の時代に地域の神社への支配は著しく進んだのである。それは国・郡・里というピラミッド型の支配が行われても、国司にはなかなか入りにくかった郡以下の地域秩序に、神社の統制という形で祭祀（それは農耕など地域産業の振興と直結した問題である）を通じて直接関われる足がかりになり、地域の支配を立て直したい国司たちには、まさに腕の振るいどころにもなったのである。この改革は、良吏《りょうり》と呼ばれる有能な国司たちを生み出す契機にもなった。

つまり、文徳朝には、国司が有力なすべての神社に均等に関与できる体制が作られたわけである。『延喜式《えんぎしき》』に残されている神への位記《いき》（位の授与書で証明書になるもの）には、位録《いろく》、つまり位階に伴う給与規定は存在しない。当たり前のことだが、これは神に対する名誉職で、神社や祝《はふり》たちには、社殿の修築や清浄の維持など、神の位階に応じた義務が課せられることになる。つまり国家の側からいえば、神への尊崇とともに、神に対する官僚制的な統制だったのである。

さて、仁寿元年には大原野《おおはらの》祭が制定された。前章で述べた通り、大原野神社は春日《かすが》神社を分かち移した神で、平安京の西の郊外に立地する藤原氏の氏神である。つまり藤原氏は、平城《へいじょう》京《きょう》のそばと平安京のそばに自分たちのよりどころを置いたことになる。藤原氏の都市貴族化の象徴といえる。この祭は梅宮《うめみや》祭に準じたとされる。梅宮神社は橘《たちばな》氏、つまり大皇太后橘嘉智子の氏神である。もちろん藤原順子の皇太夫人就任と無縁ではない。同年には平野《ひらの》神社に加階が行われている。平野神社は王族や賜姓《しせい》皇族（源氏《げんじ》、平氏《へいし》など）の守護神で、その宣命の中では「平野神宮」と呼ばれ、伊勢《いせ》神宮と並び尊崇する姿勢が示されている。天皇の母系祭祀の充実に合わせて、父系の傍流祭祀への配慮が行われたのである。新たな神まつりの姿勢が顕著に示される時代ともいえよう。

一方、神への対応は統制だけではなく、祈願を伴うものだった。六月三日には伊勢《いせ》・賀茂《かも》・松尾《まつのお》・乙訓《おとくに》、つまり山城《やましろ》遷都の後に特に重要視されてきた四神社に雨を降りやませる祈願が行われている。御卜《みうら》によって春祭（祈年祭か）の使者に穢れがあったのが長雨の原因とわかったから、と記されている。こうした個別の神社への祈願も行われる一方、十月に地震が続いたときには大般若経《だいはんにゃきょう》の転読が行われ、十二月には疫神《えきしん》への対策として、全国で熟練の僧に金剛般若経《こんごうはんにゃきょう》を読経《どきょう》させている。異常事態への神仏による対応は前代と変わらずさまざまな形で行われていた。

そして『文徳実録』の神まつりの記載で注目できるのは、嘉祥三年（八五〇）九月八日に、「八十島祭《やそしまのまつり》」という祭祀の記事が唐突に現れることだろう。この祭はここで始められたとも記されず、どの神社のどういう神を祀ったか、という説明もなされていない。後の儀式資料から、宮中の生嶋御巫《いくしまのみかんなぎ》が祀る生島足島神《いくしまたるしま》や、難波《なにわ》にあった生国魂《いくくにたま》神社（難波大社、と『延喜式』は記す）に関わること、天皇の衣装を難波に持参して振り動かすという儀礼があったことなどがわかっているが、その意義づけについては、この時期に始まった大嘗祭《だいじょうさい》の後の大祓《おおはらえ》の一種であるとか、もっと古い歴史のある祭祀であるとか、『日本書紀《にほんしょき》』を意識しているがこの時期に始められたとか、意見が分かれている。本書では、ここで始まったとは明記されていないこと、そして「摂津国に向かい、八十嶋を祭らせる」と書けば宮廷官人には十分にわかるほどに周知の祭だったことに注意しておきたい。この書き方は、それまでいわば天皇が私的に行っていた八十島祭を公的に記録しはじめたというもので、この祭祀の記録意識が変わったのだと理解できるのである。

なお八十島祭については、五世紀に遡る河内《かわち》政権の王権継承祭祀だとする説もある。筆者は、国産み神話の反映で、難波が重視されていることから、大化前代、遅くとも六世紀頃にはその原型が成立していたのではないかと考えている。

文徳天皇と「異」——怪異を集める

『文徳実録』には、「異《い》」と呼ばれる事象が多く記録されている。たとえば嘉祥三年（八五〇）十二月十四日には、雷が鳴ったことが「異」として記されている。翌仁寿元年（八五一）三月二十七日には、内裏清涼殿の前の梅の樹にサギに似た小さな鳥が集まったことを「異」としている。以下、異として記されたものには、内裏で蛇が死んでいた、奇妙な鳥が獲《と》れた、冬なのに妙に暖かい、虹が出た、サギが大極殿前の版位《へんい》（貴族・官人の立ち位置表示）に集まった、などである。いずれも気にしなければ気にならないようなことで、何が原因と特定されたわけでもない。それを『文徳実録』では、「何を以《もっ》てこれを記すか、異を記すなり」としてわざわざ書き留めているのである。これは、よくわからない異常なことはきちんと記録すべきだという当時の為政者、具体的には儒教的な秩序観を持った知識人官僚たちの意識の表れと考えられる。

そして当然、異とは書かなくても異常事態とわかるようなことはさらに細かく記録される。たとえば仁寿元年（八五一）七月二十二日には、夜に火光が清涼殿の前に落ちたとあり、仁寿二年（八五二）五月には、京や西日本九カ国に甘露《かんろ》が降ったという。地震や災害、疫病などの記事も当然多い。斉衡《さいこう》三年（八五六）十二月二十九日に常陸《ひたち》国の大洗磯前《おおあらいいそざき》海岸に現れたという怪石に宿った神の話（後述）など、不思議な話への関心も高い。

しかし当時の政治家はただ怯えていたわけではない。斉衡元年（八五四）四月二十七日には、殿前の松に集まった、俗に「古古鳥《ここちょう》」といわれる鳥を左近衛将曹《さこのえのしょうそう》の神門氏成《かんとのうじなり》という者が射落として天皇から賞されている。また、斉衡二年（八五五）五月二十三日には、東大寺の大仏の首が落ちるという大事件が起こっている。聖武《しょうむ》天皇が生涯をかけた大事業が一〇〇年ほどで大ピンチになったのである。しかしこのときも祟りなどだと認識されたわけではなく、聖武天皇の山陵にも、自然に落ちたのですぐに修繕するのでと報告を行っている。対応は意外に冷静である。

その一方で、斉衡三年（八五六）八月朔日《ついたち》には、国立イベント庭園として造られた神泉苑《しんせんえん》で呪いに優れた者をテストして、合格者には国家が僧侶として承認するというようなオーディションも行われている。

つまり文徳天皇の宮廷の知識人たちは、その膨大な知識を駆使して異常事態に冷静に対応しようとしていたが、その結果、情報を集めすぎ、正しい判断ができないまま、未解決のブラックボックスの中身をいたずらに増やしていったといえそうなのだ。平安時代の「迷信深い貴族たち」の原点は、意外にもこの時代の「センサーを働かせ、すべてを知ろうとした知識人たち」の活動が原点になっているようにも考えられるのである。

文徳天皇と源氏

仁寿三年（八五三）二月二十日に、文徳天皇は子供に源《みなもと》姓を与える勅《ちょく》を出した。子供に源姓を与えて貴族身分に下すことは嵯峨天皇に始まっていたが、文徳源氏には大きな特徴が見られた。まず、親王（内親王）宣下を受けている子供は源氏としないこと。親王の母となっている女性がこの後に産んだ子供も源氏とはしないことである。これは奈良時代にはありえないことである。本来律令《りつりょう》では、天皇の子供は生まれたその時点で親王・内親王号が授与される。

ところが文徳天皇には身分の低いキサキが産んで、親王・内親王になっていない第一子の子が多くいたらしく、まずそれらが整理対象になったのだ。一方、紀静子《きのしずこ》が産んだ惟喬《これたか》親王や、藤原明子が産んだ惟仁親王はすでに親王号を得ていたので、今後その同腹の弟妹ができても源氏にはならないということになる。この措置の最大の特色は、この直前に生まれていた惟仁親王の弟妹が以後生まれれば（生まれなかったが）親王・内親王になり、まだ子供をなしていなかった藤原冬嗣《ふゆつぐ》の娘（つまり良房の姉妹）の藤原古子《ふるこ》や、藤原良相《よしみ》（良房の弟）の娘藤原多賀幾子《たかきこ》ら藤原北家出身の有力な女御が子を産んでも源氏になるかもしれない（こちらも結局生まれなかったが）という事態を巻き起こしたことである。つまりこの勅で最も被害を受けたのは、明子以外の「キサキがね（皇后候補）」として育てられた女御たちだったということになる。これは赤ん坊の惟仁親王に藤原氏内のライバルを作らない政策でもあったと見られる。そして惟仁のライバルは、兄で父の文徳が鍾愛していた惟喬親王のみということになった。さらにもう一つの特徴は、仁明源氏まで一世源氏の通例だった、一文字名前が採用されなくなったことである。嵯峨天皇の男子なら源信《まこと》、源融《とおる》、仁明天皇なら源光《ひかる》、源多《まさる》など、源氏は賜姓のときに一文字の名が付けられ、源氏の貴族は姓名各一文字という中国の文人を意識した名前になっていた。ところが文徳の男子は、源本有《もとあり》、能有《よしあり》、行有《ゆきあり》など「有」を通字（世代間で共通した字）とした二文字名に変わる。通字も中国的な慣習なので、先進的な名前ではあるが、方向性が変わったのである。これ以降、一文字名前の源氏は嵯峨・仁明源氏、二文字は清和源氏の源頼朝《よりとも》、醍醐《だいご》源氏の源高明《たかあきら》など文徳以降の源氏という区別ができていく。そして名前（諱《いみな》）には縁起のいい字を二文字選んでつけるという発想もどうやらこの頃にできてきたらしい。蘇我《そがの》「馬子《うまこ》」、大伴《おおともの》「旅人《たびと》」、藤原「宇合《うまかい》」など、現代なら子供に付けたくないような名前は、だいたいこの頃を境に消えていくのである。貴族の名前で見ても、藤原冬嗣の子が「良房」、清原夏野《きよはらのなつの》の子が「滝雄《たきお》」のように、嵯峨の同世代から次の世代に名前の雰囲気が変わっていくことがわかる。文徳天皇の時代は、名前で見ても大きな転機といえるのである。

文徳天皇と天を祀る儀式

さて、文徳天皇については、あまり論じられていないが、「郊祀《こうし》」を行った天皇という大きな特徴がある。郊祀は、第一章で述べた、唐《とう》の皇帝の真似《まね》をした祭祀で、桓武天皇が延暦四年(七八五)と同六年(七八七)に実施してから四代にわたって行われず、よほど風変わりな祭祀として記憶されていたようだ。この祭祀が行われたのは、長岡京《ながおかきょう》から淀川《よどがわ》を挟んで南方の、河内国交野《かたの》郡の柏原《かしわばら》というところだが、それまで片野《かたの》と書かれていた地名が「交野」という難読地名に変わり、柏原は桓武天皇の別名にもなった。室町《むろまち》時代後期に後柏原《ごかしわばら》天皇(一四六四~一五二六)という天皇がいるが、これは桓武天皇の別名を取ったもので、後桓武と同じ意味である。それほど郊祀のインパクトは強烈だったらしい。

この郊祀儀礼が文徳天皇によって斉衡三年(八五六)十一月二十三日になんと六九年ぶりに行われたのである。このときの『文徳実録』の記事を見てみよう。

> 大祓を新成殿(新築の建物)の前で行い、諸陣は警戒にあたる。帝《みかど》は庭中に進み出て、大納《だいな》言《ごん》正三位藤原朝臣《あそん》良相が跪《ひざまず》いて郊天《こうてん》の祝板《しゅくばん》(神を祀る言葉である祝文を書いた板)を授かり、左京大夫従四位下菅原是善《すがわらのこれよし》が筆と硯《すずり》を捧げる。帝は自らその諱《いみな》(つまり道康《みちやす》)を記して珪《けい》(宝玉か?)をとり、北面して天を拝す。そして大納言正三位藤原良相、右大弁《うだいべん》従四位上清原岑《きよはらのみね》成《なり》、先の菅原是善、右中弁《うちゅうべん》従五位上藤原良縄《よしただ》等を遣わして、河内国交野郡の柏原野に向かわ

せて壇を築かせ、礼にならい祠官《しかん》が儀式を行った（この部分、『国史大系』本の『文徳実録』による原文は「設蕝習礼、祠官尽会」だが、「蕝《ぜつ》（茅《かや》を束ねたもの）」では意味が通じないので、底本の「蘊《うん》（造られたものの総称）」を採り、うずたかく積むと解して、壇を築くと訳した）とする。このメンバーを見ると、藤原良相は良房の弟で、良縄は従弟、清原岑成は元岑成《みねなり》王といった天武《てんむ》天皇系（舎人《とねり》親王の子孫）の元皇族で、菅原是善はすでに見たように道真《みちざね》の父で、代々文人・儒家として知られた知識人である。一見するとここにいない藤原良房がその一族や知識人・元皇族などの天皇側近を唆《そそのか》して行わせた、と見ることもでき、実際にそういう見解もある。しかし私にはそれだけではないように思われる。その理由は斉衡三年（八五六）十一月二十二日条にある。

　権大納言《ごんのだいなごん》正三位安倍安仁《あべのやすひと》、侍従《じじゅう》従四位下輔世《すけよ》王等を後田原山陵《のちのたはらのさんりょう》に派遣して、「配天《はいてん》の事」を告げさせた。策命《さくめい》（和文体で書かれた命令文）に曰《いわ》く「天皇《すめら》が大命《おおみこと》を、掛《かけ》まくも畏《かしこ》き平城宮に天の下知ろしめしし倭根子《やまとねこ》の天皇《すめらみこと》の御門《みかど》に申し賜へと奏。今月二十五日に河内国交野の原に、昊天《こうてん》を祭らんとして、掛まくも畏き御門を主と定め奉りて祭るべき事を、畏む畏むも申し賜くと奉る」と。

　この文からは、後田原山陵に葬られている天皇、つまり光仁天皇を昊天《こうてん》の主、天帝に等しいものとしていることがわかる。ということは、桓武天皇が父の光仁天皇を天帝の側に祀り上げた延暦六年の郊祀を前提に行っていたのである。これは文徳天皇が、桓武天皇の正統な後継者であることを表明した祭祀だと理解することができる。ここまで見てきた藤原良房との関係による政治の流れであれば、主となるべきは先代の仁明天皇、つまり良房の妹の藤原順子の夫のほうがふさわしいだろう。そうすれば藤原氏の血を引く天皇の尊貴性がより高まるはずである。しかし文徳が選んだのは、天智の孫で自らの血統の祖ともいえる光仁の再顕彰だったのである。

そしてその直前の斉衡三年（八五六）十一月三日には、かの刑部大輔《ぎょうぶだいふ》春澄善縄《はるすみのよしなわ》に勅して、『晋書《しんじょ》』を講義させ、文徳が自ら受講している。気になるのは、『漢書《かんじょ》』や『史記《しき》』ではなく、なぜ晋《しん》などという短命な国家の史書を選んだかである。晋は二六五年に、司馬炎《しばえん》が衰退した魏《ぎ》の元帝《げんてい》から禅譲《ぜんじょう》を受けて作った国家である。中国における禅譲は三国時代、魏の曹操《そうそう》（『三国《さんごく》志演義《しえんぎ》』でも有名な元帝の祖父）が漢《かん》の実権を握った後、その子の曹丕《そうひ》が漢の献帝《けんてい》から皇位を平《へい》和《わ》裡《り》に奪い取るシステムとして制定した儀式である。しかし魏は三国のうち蜀漢《しょくかん》（つまり劉《りゅう》備《び》や諸葛亮《しょかつりょう》の国）を滅ぼしたものの統一には至らず、取って代わった晋が呉《ご》を滅ぼして天下を統一する。つまり晋はここで最初の、禅譲により成立した統一国家となったのである。文徳が興味を示したのはこの点にあるのではないかと私は考える。つまり聖武系天皇を曹氏、桓武系天皇を司馬氏に擬《ぎ》して、平和裡に禅譲が行われたとする歴史（実際は中国でも日本でも決して平和裡ではないのだが）を再認識する意図があったのではないかと考えるのである。

このように、『晋書』の講義と光仁天皇に始まる天智天皇の系統の「王朝」の成立（それは桓武天皇が強調した意識であり、奈良時代の天皇たちは特に天武天皇の系統を強く意識していたとは考えにくいのだが）に関係があるとすれば、文徳の郊祀の実施は、天智系王朝の成立の回顧という意味があったように考えられる。

しかしこの儀礼にはどうやら王権内でも賛否両論があったようだ。というのも、この直後に「異」とされた異常事態（サギが版位のところに集まる、日食《にっしょく》が起こる、大雪が降るなど）が起こり、それに続いて瑞祥《ずいしょう》とされること（二本の木が枝の上のところでくっつく木蓮理《もくれんり》が発見される、白鹿が献上されるなど）が次々に報告されているのである。この年の文徳天皇は、恒例の十一月の新嘗祭《にいなめさい》と十二月の月次祭《つきなみさい》を欠席して、その間に郊祀《こうし》を行ったのだから、苦々しく思う保守派も少なくなかったのではないかと思う。ところが一方で、はるか常陸国の大洗海岸からは、かつて東の海に旅立ったオオナムチスクナヒコナの神、つまり国を造った神が、「済民《せいみん》」（人民を苦しみから救うこと）のために帰ってきたという託宣とともに二基の怪石が現れるという、先に少し触れた不思議な事件が報告されている（この神には翌年、薬師菩薩名神《やくしぼさつみょうじん》という仏のような不思議な神号が贈られている）。まさにありえないことが連続しているのである。

このような状況の中で、再度検討しておきたいのは、斉衡二年（八五五）五月二十三日に起きた、東大寺毘盧舎那《びるしゃな》仏、つまり奈良の大仏の頭が地面に落ちたという事件である。

文徳天皇と奈良の大仏再建事件

文徳という漢風諡号《かんふうしごう》は、文武《もんむ》と称徳《しょうとく》の合体に見える。漢風諡号は天皇が亡くなった後、その天皇の治世を示す二つの文字を合わせて作るとされているので、実際のところは「文」章道と「徳」のある治世から取ったのだろうが、そこには奈良時代の天皇を強く意識した選択が働いたのかもしれない。

その奈良の大仏が、造ってからわずか一〇〇年余で首が落ちた。形のあるものはいずれ壊れる、などという殊勝な考えはこの時代には一般的ではなかったろうから、国家を揺るがす大事件と認識されたはずなのだが、『文徳実録』をよく読んでいくと、少し様相が違うのである。

この斉衡二年（八五五）という年は、なんとなく変な感じで始まる。前年の斉衡元年が、石見国から醴泉《れいせん》（縁起のいい甘い水）が奉られたので祥瑞改元となったこともあるのだろうが、新たな聖地として大和国の金峯山《きんぷせん》（大峰山《おおみねさん》）を顕彰したり、東北での戦に援兵を増員したり、怪鳥が出ても射落としたりなど政府や王権が積極的に動いている一方で、京で盗賊が増えているとか、備中国吉備津神社《びっちゅうきびつ》の鈴の装飾がついた鏡が勝手に鳴ったとか、昼間から内裏に狐《きつね》が出たので射殺させたとか、左右馬寮の御馬（天皇の馬）が疫病でほとんど死んでしまったとか、なんだか縁起の良くなさそうな事件が続き、大仏の一件が報告される。その直後には日食があったり、建礼門《けんれいもん》の前の柳が震えたり、とそれなりに異常事態が続いている。しかし参議《さんぎ》藤原氏《うじ》宗《むね》を現状視察に行かせたのは六月七日、そして七月二日になってやっと佐保山山陵《さほやまさんりょう》、つまり大仏造営を行った聖武天皇の陵墓に参議源多、つまり文徳の実の弟が使者として派遣されている。あまり焦ってはいないようだ。その告文《こうぶん》（お告げ文）も、「天皇の御願で作った大仏が経年劣化で壊れました。すぐに直しますから、援助と御加護をお願いします」という程度の内容である。おそらく聖武天皇や大仏が「祟った」とは認識されていない。

さらに大仏造営の大協力者である宇佐《うさ》八幡宮《はちまんぐう》にも九月六日に使者を派遣しているが、その内容も大差ない。天下安穏や天皇の健康はもちろん意識しているが、この事件が天皇の不徳に対する神仏の怒りのためだとは考えていないのである。

そして九月二十八日には、修理東大寺大仏司検校《しゅりとうだいじだいぶつしけんぎょう》の真如《しんにょ》と、大納言藤原朝臣良相らが、天《てん》平勝宝《ぴょうしょうほう》四年（七五三）の聖武天皇の勅を引用して、全国から人も神も問わず寄進を集めるという、いわばご利益を返済としたクラウドファンディングを行うことを提案している。真如は伝燈修行賢大法師《でんとうしゅぎょうけんだいほっし》という重々しそうな肩書きの僧侶だが、実は平城天皇の次男、元皇太子の、あの高岳《たかおか》親王で、このときには空海《くうかい》の弟子になり東大寺を任されていた。一見すると奈良時代と同じことをする、といっているようだが、事情は大きく異なる。何しろ八世紀に比べて九世紀の宮廷には金がないのである。聖武天皇の時代のクラウドファンディングには、天平パンデミックの後、生き残った人々のやる気を墾田永年私財法《こんでんえいねんしざいほう》で回復し、農業生産システムを再構築する改革が行われ、社会が立て直されつつあった時代の収益を国家に回収する意図があったが、文徳天皇の時代には、実際に予算が足りなかったのだろう。大仏再建は予定通りに進まず、翌、斉衡三年五月には再び佐保山山陵に「国家の事が繁多で、差し障りも多く、いまだに『怠《おこ》たり』という状況」を陳謝し、再度の協力を求めている。

その後も、大仏再建は急がれていたわけではないようで、完成には六年をかけている。東大寺の寺誌、『東大寺要録《とうだいじようろく》』によると、そもそも大仏の胴体自体が八世紀末のころから自重に耐えられず傾いていたようで、大きな破損が起こるのも時間の問題、という意識はあったらしい。そのためか『続日本後紀』なら大異変として大騒ぎをしそうな首の落下も、意外に淡々と書かれているように見える。

しかしながら、いずれ起こる椿事《ちんじ》と予測していたのであるとすれば、それは王権にとって大きな引き締めの機会となることも予測できたわけである。そして事態を収拾している時期に行われたのが春澄善縄による『晋書』の講読と、藤原良相が仕切った光仁天皇・桓武天皇の「郊祀」なのである。

つまり東大寺大仏の崩落事件と郊天祭祀は連動しており、奈良時代の王権の故郷で起こった大事件を意識しつつ、文徳天皇が「新」桓武天皇として王権の巻き直しを行ったのが、この郊天祭祀だったのではないかと私は考えるのである。

そして突然やってくる終わり

さて、このような文徳天皇の動きからいささか疎外されていた感がある右大臣藤原良房がここでいよいよ動き出す。明けて天安《てんあん》元年（八五七）正月二十一日に、突然抗表《こうひょう》（辞表）を出すのである。この時代の辞職願はいわば天皇への圧力であり、仮に辞職するとしても何度も慰留が行われるものだが、『文徳実録』の巻八は、二十六日の二度目の辞職上表で終わるという変則的な編集がなされ、事態は次の巻九に持ち越されるのである。さて、巻九は二月の天安改元に始まる。祥瑞の発見による改元である。そして良房は太政大臣《だいじょうだいじん》となり、左大臣には嵯峨天皇の皇子で仁明と同い年、つまり文徳の伯父の源信、右大臣には藤原良相が昇進するという新体制ができる。もちろん良相も源信も辞退上表を行い、良房とあわせて政権首脳がすべて辞意表明というドタバタが起こるのだが、ここで興味深いのは良房の甥であり、のちに後継者となる基経が少納言《しょうなごん》で左衛門佐《さえもんのすけ》、文官・武官を兼任する若手官僚として頭角を現してくることである。どうもこのあたり水面下でのさまざまな交渉が見られていたようだ。

しかしこの中で文徳の意中にあったのは良相のようで、たとえば二月に、文徳の娘の賀茂斎《かもさい》院慧子内親王《いんあきらけいこ》が理由不明のまま（母、藤原列子《つらこ》〔良房・良相の従兄弟である是雄《これお》の娘〕の過失ともいわれる）廃され、秘密裏に異母姉妹の述子《のぶこ》内親王に交替するという事件があるが、その処理を任されたのは良相である。この述子内親王は文徳鍾愛の惟喬親王の同母妹で、同じ娘でも、藤原北家系から紀《き》氏系の内親王に代わったことになり、ここにも何やら政治的な駆け引きが感じられる。一方、良房の辞表攻勢はなお続くが、四月十九日には良房を従一位に、良相を従二位で左近衛大将《さこのえのたいしょう》に昇進させる人事異動が行われ、十四歳になった惟喬親王が帯剣、つまり大人扱いされるようになる。まだ元服はしていないが、惟喬はすでに四品《しほん》という高い位の皇子であり、皇太子惟仁親王を推す立場の者から見れば不安定要素以外の何者でもない。

こうした不安定要素は、いろいろな事件と連動するらしい。大内裏の藻壁門《そうへきもん》という、平安宮《へいあんきゅう》から外に面した立派な門が突然倒壊したり、対馬《つしま》で郡司《ぐんじ》が反乱して国司を殺したり、陰陽寮の漏刻《ろうこく》（水時計）や肥後《ひご》（熊本県）の菊池《きくち》（鞠智《きくち》）城の太鼓が勝手に鳴ったり、京内が洪水に襲われたり、空中で赤い鶏《にわとり》のような鳥が戦っているのが目撃されたり、流星や旗雲や地震があったりなど、全く落ち着かないままにこの年は過ぎていく。そして極め付きは、八月二十三日に文徳天皇が急病になり、言葉も発することができないまま二十七日に新成殿、あの郊祀のときにも出てきた建物で亡くなってしまうのである。時に三十二歳、もともと病がちだったとあり、おそらく過剰なストレスが命を縮めたものだろう。

文徳朝を振り返ると

こうして文徳天皇の時代は終わる。しかし改めて見返してみると、どうも晩年の文徳は、良相を重視して良房から自立しようとしていたように思える。桓武にならった郊祀などはその現れだと思われる。また、『文徳実録』は、文徳の時代を新たな意識改革の時代と捉えていたようにも思える。即位関係祭祀である八十島祭が、このときに始まるとはしていないのに嘉祥三年（八五〇）九月八日条に唐突に現れるのも、この時代に祭祀を記録する意識が変化したと見ることができる。そして藤原良房の権力も確かに強いとはいえ、藤原氏内でも良房と良相の対立があり、特に文章生《もんじょうしょう》の経験があり、仁明天皇の側近として実績を積んできた良相には、文徳の成長に伴い、彼を支える官僚として兄に代わって実権を握る意識があったようにも感じられる。こうした藤原氏の二元的な性格は文徳亡き後も清和朝まで持ち越され、応天門《おうてんもん》の変による良房への権力の一元化まで続くことになる。

しかし全体として文徳朝は、短く終わったとはいえ、決して保守的ではなく、むしろ新しさを求める動きが後世に強い印象を残したのである。『日本文徳天皇実録』ははじめて「実録」の名が付いた歴史書で、その編纂は藤原基経をチーフとしているものの、南淵年名《みなぶちのとしな》、大江音《おおえのおと》人《んど》、都良香《みやこのよしか》といった当代最高級の文人官僚が参加し、年名と音人が編纂途中に亡くなった後は、菅原道真《すがわらのみちざね》の父で、郊祀にも深く関わった菅原是善が加わっている。つまり文人官僚が編纂するという方向性が随所に反映された歴史書ということができる。その中で文徳天皇は官僚たちに支えられ、新たな社会を模索した天皇として描かれている。それは九世紀中期の宮廷社会が、保守的な先例踏襲に陥ったわけではなく、なお新たに変わろうとしていたことを示唆しているのである。

第八章　紀貫之という男から平安文学が面白い理由を考えた

『古今和歌集』と『万葉集』

第六章では、斎宮《さいくう》の遺跡の発掘が、伊勢《いせ》・賀茂《かも》・春日《かすが》の三人の「斎《いつき》」の比較と連動することで、九世紀の王権や社会の変化の重要な参考になることを紹介してみた。本章では読者の皆様に最も身近と思われる、文学界の有名作品を取り上げ、この社会に別の形から切り込んでみたい。素材は『古今和歌集《こきんわかしゅう》』である。

平安文化といえば和歌、というイメージがある。その中で『古今和歌集』は文化の世界では不動の高峰となっている。延喜《えんぎ》五年（九〇五）の醍醐《だいご》天皇の勅により、奏上されたという有名な序文を持つ、最古の勅撰《ちょくせん》和歌集（天皇の命で編纂された和歌集）である。

『古今和歌集』の仮名書きの序文は紀貫之《きのつらゆき》が書いた。かなりぼかした書き方をしているが、これが大変ふくみのある文章なのだ。以下一緒に見ていこう。

「和歌とは、人の心を種として、言葉、つまり言語という葉で形にしたものだ。心に思うことを歌にするのは、誰にでもできることで、花に鳴くウグイスや水の中のカエルの声にでも歌はある。力を入れなくても天地《あめつち》や鬼神《きしん》さえ動かし、男女を結びつけ、猛々《たけだけ》しい人の心も和ませるのが歌で、それは天地の始まりからあるものだ。

だが、世間に歌が伝わったのは、天地の神々に始まる。神の世ではまだ言葉の数も定まっていなかったが、天から地に降りて婚姻の歌を作ったスサノヲノミコトから三十一文字の歌が始まり、すべてのことを語れる形式ができた。

奈良《なら》時代までには仁徳《にんとく》天皇の時代の難波津《なにわづ》の歌や遠い田舎の奥州《おうしゅう》の采女《うねめ》の浅香山《あさかやま》の歌など優れた歌がいくつも作られ、歌の傾向の分類もできるようになった。

しかし、今の世の歌は技巧に走り、歌本来の感性が見えなくなっている。本来、昔は天皇がことに寄せては良い歌を奉らせ、人々もお互いの歌の感性を磨き合っていたものなのだ。

奈良時代には、柿本人麻呂《かきのもとのひとまろ》という天才が出て、奈良の帝（聖武《しょうむ》天皇？）を感動させ、山部《やまべの》赤人《あかひと》という負けず劣らずの名人も出て、『万葉集《まんようしゅう》』という本ができた。

近代にもなかなかの者がいた。それが僧正遍照《そうじょうへんじょう》、在原業平《ありわらのなりひら》、文屋康秀《ふんやのやすひで》、喜撰《きせん》法師、小野《おのの》小町《こまち》、大友黒主《おおとものくろぬし》（つまり六歌仙《ろっかせん》）だが、いずれも一長一短があり、その他の有名人もうざうざとあるが、歌の本質がわかっていない者ばかりだ。

そこで今の帝（醍醐天皇）は、優れた政治を行うとともに文化も広くすくいあげようとなされ、今年、延喜五年四月十八日に、われら四人の者へ、『万葉集』に入らない古い歌や自分自分の歌をも集めて奏上するように命令された。集めて分類した歌は約千首二十巻、題名は『古今和歌集』。これこそがこれからの和歌の基盤となるものなのだ。貫之たちが巡り合ったことで、もう人麻呂はいないけれど、歌のことはこの歌集とともに永遠の命を得て、後の世の人が今の世を懐かしむモニュメントとなったのだ。」

（原文に江戸《えど》時代後期の国学者、本居宣長《もとおりのりなが》の講義録のような訳を対比させたサイト『千人万首』の「古今和歌集仮名序　訳文付きテキスト」を参考にして、私が要約した。よろしければ、原サイト https://www.asahi-net.or.jp/~sg2h-ymst/yamatouta/sennin/kanajo_y.html にもあたっていただきたい。記してあつく感謝します。）

ここでは「ならの御時《おんとき》」に、聖武天皇と柿本人麻呂という名コンビができて、それ以前の名歌を集めて『万葉集』と名づけた、という。つまり読み方によれば『万葉集』こそ最初の勅撰集だということになる。

貫之のこの説明は「あれっ?」と思うものだろう。柿本人麻呂を同時代で評価できる天皇なら、持統《じとう》天皇くらいのはずである。「奈良の天皇」というのはおかしいし、そもそも「なら」などという天皇はいない。奈良の都、つまり平城京《へいじょうきょう》に遷都した天皇なら元明《げんめい》天皇だが、普通に奈良の帝と通称されるのは聖武天皇か平城《へいぜい》天皇で、平安京遷都後の平城天皇は候補から落ちる。ところが現存する『万葉集』に深く関わっているのは、いうまでもなく人麻呂や赤人の次世代である大伴家持《おおとものやかもち》である。一体どうなっているのか、ということになる。では、ここでいう『万葉集』は大伴家持の手が入る以前の、たとえば持統や元明の時代の原『万葉集』のことなのか、というとどうもそうでもない。仮名序《かなじょ》の後半には、『万葉集』に入らない古い歌を集めたことが書かれていて、現存『万葉集』と『古今和歌集』に同じ歌はほぼないのである。つまり『古今和歌集』は現存の『万葉集』を参考にしているはずだが、その内容はかなりぼやかしているということになる。

そして仮名序に対して、『古今和歌集』には真名序《まなじょ》、つまり漢文の序文というものもあるのだが、なんとこれでは、『万葉集』についての問題の部分に次のように記されているのだ。「昔、平城天皇、侍臣《じしん》に詔して万葉集を撰《えら》ばしむ。これより来たりて、時は十代を経て数は百年を過ぐ」。

つまり「ならの帝」は平城だと断言されていると読める。しかし『古今和歌集』が編纂された醍醐の一〇代前の天皇は光仁《こうにん》、一〇〇年前の、延暦二十四年（八〇五）の天皇は桓武《かんむ》天皇（ただし死去の前年）なので、どちらも平城天皇の時代とは言いがたい。というわけで「ならの帝」は歴史認識的には平城天皇に近いようだが、『万葉集』が平城による勅撰和歌集と言い切っているのはやはり理解に苦しむ。

なぜ序文はこんなぼやかした書き方をしているのか、考えられる理由は、和歌の持つ複雑な歴史によるものだ。仮名序では和歌の歴史は天地の始まりとともに興り、スサノヲによって三十一文字（五・七・五・七・七の形）に定型化され、数多くの人たちによって洗練されてきたが、今の時代はダメだといっている。これは、律令国家《りつりょうこっか》形成以来漢文が重視され（奈良時代から江戸時代末に至る、公文書はすべて漢文で書くべしという長い歴史の始まりである）、特に九世紀に入ると、大学で本格漢文を学ぶと、官僚として立身して政治に参画するチャンスも与えられる可能性まであるというルートができたこともあって、生活に根ざして歌われてきた和歌が、宮廷世界では漢文より下に位置付けられるようになったことを意識しているのだろう。『古今和歌集』真名序では、『万葉集』の後、和歌は捨てられて採られることはなかった、とまでいっている。

だから貫之にいわせると、彼から見て少し前の歌人である在原業平や小野小町など、後世に「六歌仙」といわれる者たちでも「和歌では出世できない時代に、和歌のバトンをつないだ者たちで、尊敬はできる連中だけど上手《うま》いアマチュア（オタクといったほうが合っているかも）」レベルに過ぎず、人麻呂や赤人に比べると欠点だらけの歌人のサンプルなのである。仮名序の中では「歌の聖《ひじり》」と呼ばれているのは人麻呂一人で、そのため、十一世紀初頭頃には最高の歌人は人麻呂か貫之か、という議論が起こり、最終的に「三十六歌仙《さんじゅうろっかせん》（人麻呂以来の過去の歌人ベスト36）」が選ばれるが、「六歌仙」のうち、文屋康秀、喜撰、大友黒主はそのメンバーから漏れている。

そして、『古今和歌集』が出た今こそ、和歌文化が見直され、再興されるべきときであり、編者である我々こそが日本文化のルネサンス（文芸復興）の担い手なのだ、と紀貫之はいいたいように思われる。

『古今和歌集』と紀貫之の立場

それはともかく、編者も成立期もわからず、編纂方針も曖昧な『万葉集』に比べ、『古今和歌集』は極めて洗練された歌集だといえる。春、夏、秋、冬、賀、別れ、旅、物の名、恋、哀傷、雑、神遊びや東歌《あずまうた》、という整然とした構成だけでも、時代順とも分類順ともいいがたい雑然とした『万葉集』とは歴然とした違いがある。そしてこの骨格は以後の「二十一代集」といわれる勅撰和歌集に連綿と受け継がれている。二一の歌集の中で、『古今和歌集』の続編を自称するものが『新古今和歌集《しんこきんわかしゅう》』『続古今和歌集《しょくこきんわかしゅう》』、『新続古今和歌集《しんしょくこきんわかしゅう》』といわばパート4まで作られた。こんな歌集は他にはない。その影響力がうかがえるというものである。『古今和歌集』はまさに「和歌のブランド化」に寄与した和歌界のスーパースターといえる。

ここで考えてみたい。紀貫之とはどういう人物なのだろうか。実のところ、その前半生は謎に包まれている。そもそも彼がなぜ『古今和歌集』の編者になったのかすら全くわからない。わからない理由は簡単で、大して出世していないから資料が少ないのである。まず生年すらわからない。後世の説では貞観《じょうがん》中期頃、つまり八七〇年頃の生まれと見られているが、だとすると出仕したのは寛平《かんぴょう》元年（八八九）頃で、もう『日本三代実録《にほんさんだいじつろく》』を最後に歴史書が編纂されなくなっていた時代であり、下級官人の人事動向などさっぱりわからなくなっているのである。そして『古今和歌集』仮名序では自らの職を御書所《ごしょどころ》預《あずかり》としている。天皇の図書室の司書長みたいな役どころである。御書所の預は官位相当の職務ではないが、貫之は翌年に越前権《えちぜんのごんの》少掾《しょうじょう》に任官しているらしく、これは本来の律令制なら従七位上なので、貴族どころではない下級官人だったことになる。実際、後年土佐《とさの》（高知県）守《かみ》になって『土佐日記《とさにっき》』を著したときでやっと従五位下、貴族の最下位だったのだから、推して知るべしである。

しかし、しかしである、彼は紀《き》氏の出身なのである。紀氏といえば光仁天皇の母、紀橡姫《とちひめ》の出た氏族で、その縁により、光仁・桓武朝には右大臣船守《ふなもり》、大納言《だいなごん》古佐美《こさみ》、参議《さんぎ》広純《ひろずみ》らを政界に送り込み、その後も中納言《ちゅうなごん》長谷雄《はせお》、参議百継《ももつぐ》、刑部卿《ぎょうぶきょう》名虎《なとら》（在原業平の妻の祖父）などが出ている。そんな一族なのにどうして官位に恵まれなかったのか。その理由は二つ考えられる。

一つは彼ら紀氏の中で昇進できた者たちが、貴族の地位を一族に伝えられなかったことである。紀氏では参議従二位にまで上った紀百継が死去した承和《じょうわ》三年（八三六）以降、三位以上の上級貴族（いわゆる公卿《くぎょう》）になった者がなく、かろうじてその地位に迫った正四位下刑部卿の紀名虎も、その子の有常《ありつね》が従四位下周防権守《すおうごんのかみ》（宮廷官としては雅楽頭《うたのかみ》止まり）と、じりじり衰退するばかりだった。この背景には、「紀氏《きうじ》」として広がるばかりの血統を再編して、藤原《ふじわら》氏における北家《ほっけ》（摂関家《せっかんけ》）のような「紀家《きけ》」を生み出すことができなかったという事情も想定できる。

そしてもう一つの理由として考えられるのは、文章生《もんじょうしょう》から官僚として出世した人がいないということが挙げられる。つまり紀氏は当時の流行である文人官僚という流れにも乗れなかったのである。ちなみに紀氏の系図（『続群書類従《ぞくぐんしょるいじゅう》』本）の貫之の傍注《ぼうちゅう》には「童の名を内教坊《ないきょうぼう》の阿《あ》古久曽《こくそ》（うんこちゃん、程度の意味）」とある。名前の奇妙さで時々取り上げられるが、私は「内教坊」に注目したい。内教坊は宮廷のダンサー女官養成の役所なので、貫之は女性ばかりの環境の中で幼年期を過ごしたのかもしれない。とすれば余計に漢文に早くから親しめる環境ではなかったことになる。

ただ、紀氏の中にも文人として知られた者がいる。貫之と時代的には重なる紀長谷雄である。『本朝文粋《ほんちょうもんずい》』によると彼は文章道《もんじょうどう》を志したが周囲に指導してくれる者がいなかったという。先の推測を裏付ける逸話である。しかし都良香《みやこのよしか》に師事して学問を修め、文章得業生《もんじょうとくごうしょう》となり、菅原道真《すがわらのみちざね》の一門として立身して、延喜二年（九〇二）に、紀氏としては六十余年ぶりに参議、さらに中納言にまで昇進した。そして長谷雄の三男の淑光《としみつ》も参議となる。彼らの出世が貫之の抜擢に関係した可能性はあるが明らかではなく、そしてこの系統もここで衰退してしまう。結局紀氏は「家」になれず、衰退していく古代氏族だったのである。

六歌仙・古今撰者と武官

さて、『古今和歌集』の他の撰者《せんじゃ》は、大内記《だいないき》紀友則《きのとものり》、前甲斐少目《かいのしょうさかん》凡河内躬恒《おおしこうちのみつね》、右衛門府《うえもんのふ》生《しょう》壬生忠岑《みぶのただみね》である。ひと目でわかるように、高官は一人もいない。太政官《だいじょうかん》の書記、元甲斐国

（山梨県）の最下級の国司《こくし》、門衛の兵長といったところで、どう見てもエリートではない。そして凡河内氏と壬生氏は律令制形成以前に活躍していた氏族で、やはり律令体制には乗り遅れていた。そして留意しておきたいのは、壬生忠岑の息子でやはり歌人として知られる壬生忠見《ただみ》もまた摂津大目《せっつのだいさかん》、地方の下っ端官人にすぎなかったことだ。

つまり和歌が上手くても出世にはつながらない。いくら貫之が気張ってみても和歌はやはり趣味の領域にすぎなかったのである。

しかし趣味であるがゆえの特性もある。まず和歌は漢詩と違い誰でも詠める。そして教養がなくても上手下手はなんとなく誰でもわかる。つまり和歌の付き合いは建前でなくできる、ときには身分をも超えて。それはまさに「和歌オタク」のサークル活動だった。だから普通ではありえない、醍醐天皇が門番の壬生忠岑に編纂の勅命を下すこともありえたのである。

さて、和歌が貴族としての出世につながらなかったことは別の見方からもうかがうことができる。それは六歌仙の構成である。六歌仙には皇族くずれが二人いる。在原業平と僧正遍照である。業平は平城天皇の孫で桓武天皇の曽孫で外孫（桓武の娘伊都《いず》内親王の子）、遍照の俗名は良岑宗貞《よしみねのむねさだ》、父は桓武天皇の庶子で、ここまでしばしば出てきた大納言良岑安世《よしみねのやすよ》、藤原冬嗣《ふゆつぐ》の父違いの弟で、やはり桓武天皇の孫にあたる。

次に武官に関係する人間がなぜか多い。業平は在五中将《ざいごちゅうじょう》（在原氏の五男の近衛中将、の意味）といわれるように右近衛中将《うこのえのちゅうじょう》だったし、遍照も出家（仕えていた仁明《にんみょう》天皇の死去に伴うとされる）前は左近衛少将《さこのえのしょうしょう》だった。そして文屋康秀は六位の微官にすぎなかったが、文屋（室）氏といえば、九世紀前半には鎮守府副将軍《ちんじゅふふくしょうぐん》（蝦夷《えみし》征討のサブリーダー）となった文室大原《ふんやのおおはら》、その子でやはり征夷《せいい》将軍も務めた中納言綿麻呂《わたまろ》、左近衛中将から参議に上がった秋津《あきつ》、武器準備集合未遂の謀反人として逮捕された宮田麻呂《みやたまろ》など武人畑で立身した人物を輩出した氏族である。そしてもともとは天武《てんむ》天皇の皇子長《なが》親王の子で、称徳《しょうとく》天皇死後に吉備真備《きびのまきび》から皇位継承者に推された大納言文室浄三《きよみ》、同じく大市《おおち》兄弟の子孫と見られる。つまり彼らも天皇の子孫なのである。

次に謎の人物も多い。小町と喜撰と黒主である。業平と同時代人とすれば『古今和歌集』編纂から三〇年ほど前までは生きていたはずなのだが、すっかり伝説化してしまっていて、小町は謎まみれの美女、黒主はそれに絡む悪役として諸芸能に出てくる。喜撰は世捨て人で、宇治《うじ》の銘茶に名前を残している。

こうした歌人をめぐる環境は、考えてみると、『古今和歌集』の序文と不思議に重なるところが多い。序文に出てくる歌人たちの中で、国を産んだイザナギ・イザナミや下照姫《したてるひめ》などは神話の中の存在で、小町、黒主や喜撰のような伝説的人物と通じる。次にアマテラスの弟のスサノヲは天皇の眷属《けんぞく》で八岐大蛇《やまたのおろち》を退治した勇ましい武神、つまり文屋氏・在原氏、そして紀氏などを連想させる。そして仁徳天皇の難波津の歌については、貫之は『日本書紀《にほんしょき》』に見られる、仁徳と、父の応神《おうじん》天皇が皇太子に指名した異母弟の菟道稚郎子《うじのわきいらつこ》が皇位を譲り合い、ついに菟道稚郎子が自害して兄を天皇にしたという伝説を紹介し、そのときに博士王仁《はかせわに》という人物が詠んだのだと記すが、これは業平が仕えた、文徳《もんとく》天皇が天皇に推したかった惟喬《これたか》親王と清和《せいわ》天皇の関係を連想させる。さらに都落ちした采女は小野小町を連想させるなどで、そうした伝統の上に天皇が侍臣に歌を詠ませるという習慣ができ、人麻呂と赤人に至る、としているのである。つまり歌人とはこうした、古風な伝統を受け継ぐもので、スタイリッシュでインテリの文人ではなく、「ただ大王《おおきみ》のために」と生きてきた武人系氏族でも参加できる文化なのだと貫之がいっているように思えてくる。

いずれにしても六歌仙には当時のエリートである「文人官僚」は一人もいない、たとえば、文人かつ官僚で歌人でもあった小野篁《おののたかむら》などは入れてもらっていないのである。

要するに、九世紀の和歌は、社会のエリート階層から脱落した、武官や下級官人などの元有力氏族の趣味で、出世にもつながるわけではなく、いわばディレッタント（趣味人）の遊びにすぎなくなっていたと貫之は暗に皮肉っていたようなのだ。

「歌合」の始まりと歌人たち

さて、「歌合《うたあわせ》」というと和歌自慢が集まって歌を詠み合うイベントとして、なんとなく知られていると思うが、実は歌合が始まるのもこの頃である。現在確認されている最古の歌合は、仁和《にんな》元年（八八五）の『在民部卿家歌合《ざいみんぶきょうけうたあわせ》』である。在民部卿《ざいみんぶきょう》とは在原行平《ありわらのゆきひら》（八一八～八九三）、業平の兄で、長生きしたこともあり、中納言という上級貴族にまで昇進した皇孫である。『百人一首』の「立ち別れ因幡《いなば》の山の峯《みね》に生ふる松とし聞かば今かへりこむ」の作者であり、弟と同様に、摂津国《せっつのくに》須磨《すま》までさすらって、松風《まつかぜ》・村雨《むらさめ》という塩を焼く海女《あま》の姉妹と恋をして、塩焼きの鍋の形をした土鍋に「行平」の名を残すあの行平である。だから歌合を開発した遊び人らしいなとも思うのだが、この歌合は後のものとは少し違う。これは二題十二番、十番までが「郭公《ほととぎす》」、十一番からが「あはぬ恋」の題で取組を行ったごく短いもので、歌人の名も記されておらず、どのような形式で行われたかもよくわからないのである。つまり歌合は六歌仙の時代にはまだルールも決まっていなかったのである。

続いて古い『寛平御時后宮歌合《かんぴょうおんときのきさいのみやうたあわせ》』は寛平初年、つまり八九〇年頃に宇多《うだ》天皇の母、班子《なかこ》女王《にょおう》が主催したもので、ここでは紀友則、素性《そせい》、源当純《みなもとのまさずみ》、藤原興風《おきかぜ》、紀貫之、在原棟梁《むねやな》、在原元方《もとかた》、源敏行《としゆき》（源宗于《むねゆき》か藤原敏行《としゆき》の転写ミス？）、紀有岑《ありみね》、壬生忠岑、小野美材《よしき》、大江千里《おおえのちさと》、藤原菅根《すがね》、凡河内躬恒、坂上是則《さかのうえのこれのり》、菅野忠臣《すがののただおみ》といった歌人の名が記されている。ざっと見て『百人一首』に採られている歌人が多いのはさすが、というところである。しかし注意してほしいことがある。このころの歌人で『百人一首』にも採られており、しかも宇多天皇にごく近い立場の人物がいないことである。それは菅家《かんけ》（菅原道真）と三条右大臣《さんじょううだいじん》（藤原定方《さだかた》）である。その他にも、元良《もとよし》親王、貞信公《ていしんこう》（藤原忠平《ただひら》）、中納言兼輔《かねすけ》（藤原兼輔）らの皇族や上級貴族も見られない。つまり歌合とは、歌が上手い貴族がふるって参加するものではなく、歌が上手くて

天徳内裏歌合参加者たち

＊**太字**は「梨壺の五人」（他に**紀時文**がいる）

	歌人名	歌合当時の地位	最高位
左	藤原朝忠《あさただ》	右大臣藤原定方《さだかた》の子、正四位下右衛門督兼伊予守	従三位中納言
左	橘好古《たちばなのよしふる》	従四位上参議兼備前守	従三位大納言
左	**坂上望城《もちき》**	内蔵允か？	従五位下石見守
左	**大中臣能宣《おおなかとみのよしのぶ》**	神祇大祐	正四位下神祇大副兼伊勢神宮祭主
左	少弐命婦《しょうにのみょうぶ》	村上天皇の皇后藤原安子《やすこ》付の女官、天皇にも仕える。命婦は五位相当官	
左	壬生忠見	不明	摂津大目？
左	**源順《したごう》**	勘解由判官	
左	本院侍従《ほんいんのじじゅう》	藤原安子、斎宮女御徽子《よしこ》女王らに仕えた女房	
右	平兼盛《かねもり》	従五位下越前権守か？	従五位上駿河守
右	藤原元真《もとざね》	修理少進？	従五位下丹波介
右	中務《なかつかさ》	中務卿敦慶《あつよし》親王と宇多天皇に仕えた女房歌人伊勢の娘、皇族として誕生しているが母同様に女房として働いていたらしい	
右	藤原博古《ひろふる》	左大臣藤原在衡《ありひら》の子だが官位は従五位備中守に留まる	
右	**清原元輔《もとすけ》**	河内権少掾	従五位上肥後守

も、上級貴族は参加しないのが「マナー」のようなのである。

『天徳内裏歌合』とプロ歌人たち

天徳《てんとく》四年（九六〇）に行われた『天徳内裏歌合《てんとくだいりうたあわせ》』になるとこの傾向はより明確に見えてくる。この歌合は十世紀歌合を代表するものとして知られているが、歌人として参加している人は別表の通りである。
この時代には七位以下の官位がほとんど無効化されていて、官歴は六位以上というのが普通になっているので、官位指定のない職務は六位と見るのが妥当だろう。すると、男性歌人の半ば以上が歌合当時には地下《じげ》（通貴《つうき》＝準貴族とされる五位より下の官人）だったことがわかる。歌を詠み上げるのは当時従四位下右兵衛督《うひょうえのかみ》だった源延光《のぶみつ》（＝醍醐天皇の皇孫でのちに権大納言《ごんだいなごん》）と従四位下右近衛中将の源博雅《ひろまさ》（＝醍醐天皇の皇孫で伝説的な楽器の名手。夢枕獏《ゆめまくらばく》作『陰陽師《おんみょうじ》』の準主役としても知られる）である。地下官人が内裏で天皇や大臣以下の臨席のもとで、しかも宮中の警備隊長や天皇のSP副隊長で皇孫などというエリートに歌を披露してもらえる機会である。まさに晴れ舞台として臨んだことだろう。和歌はこの時代には、身分を問わない趣味、こういう付き合いができるツールとして宮廷人の間に定着していたことがわかる。

しかし今一度強調したいのは、和歌の達人だからといってそれが立身にはつながらなかったということで、九世紀における教養としての漢詩との大きな違いだといえる。

これより少し前の天暦《てんりゃく》五年（九五一）に、村上天皇は内裏の梨壺《なしつぼ》（昭陽舎《しょうようしゃ》という建物の通称）に「やまとうた（和歌）えらふ（選ぶ）ところ（所）」、和歌所《わかどころ》という臨時の官司を置き、蔵人頭《くらんどのとう》兼左近衛少将《さこのえのしょうしょう》藤原伊尹《これただ》を別当（兼務長官）に有力歌人を集め、『万葉集』の注釈や、二番目の勅撰和歌集『後撰和歌集《ごせんわかしゅう》』の編纂を行わせた（『源順集《みなもとのしたごうしゅう》』の記述による。後世、これを「梨壺の五人」という）。そのメンバーは、河内掾《かわちのじょう》清原元輔、近江掾《おうみのじょう》紀時文《きのときふみ》（貫之の子）、讃岐掾《さぬきのじょう》大中臣能宣（神祇関係の職に就く前）、学生《がくしょう》（つまり官人になる前の大学生身分）源順、御書所頭《ごしょどころのかみ》坂上望城となっているが、紀貫之と同様の御書所頭の坂上望城はともかくとして、三人までが国の掾《じょう》である。本来は地方国司の三等官で、郡司《ぐんじ》や在庁官人《ざいちょうかんじん》（国府に詰めて働く地域の名士）など地元の有力者と直《じか》に接する大忙しの役職なのに、彼らはここにいていいのだろうか。いや、むしろ大学の学生だった源順が、今風にいえば奨学金で生活ができることと比較すれば、掾の三人は歌人の仕事に専念するために地方官の給料だけもらっていたという可能性もある。ならば恵まれた生活ともいえないことはない。

しかしそれにしても、平安時代後期の歌人で、『千載和歌集《せんざいわかしゅう》』の編者藤原俊成《としなり》（しゅんぜい）が正三位皇太后宮大夫《こうたいごうぐうのだいぶ》、その子で『新古今和歌集』の編者定家《さだいえ》（ていか）が正二位権中《ごんちゅう》納言《なごん》だったのと比べれば、いかに平安末期の二位や三位がインフレ的に値打ちを下げていたとしても、勅撰和歌集の編者である彼らの地位が異常に低いことがわかるだろう。先にも述べたように、俊成や定家クラスの貴族が歌を詠まなかったわけではない。ただ、そのような上級貴族は、和歌で出世する必要はなかったし、和歌に関わる官職に就くことも考えなかったのだろう。『天徳内裏歌合』の藤原朝忠（村上天皇側近から参議に昇進、父は右大臣藤原定方）や、梨壺の五人を統括する藤原伊尹（蔵人頭《くらんどのとう》、つまり天皇の秘書官長で、父は最高実力者右大臣藤原師輔《もろすけ》、後には摂政太政大臣《せっしょうだいじょうだいじん》になる）などは天皇との橋渡し役であり、上級貴族が歌の教養を高めるのは、そういう立場に立ったときに困らないため、ということもあったのかもしれない。

一方、梨壺の五人の一人、源順は最古の日本語辞典である『和名類聚抄《わみょうるいじゅしょう》』を編纂したことでも知られる学者だが、梨壺の五人に入ったときにはすでに四十歳を過ぎて未《いま》だ学生の身分だった。最終的には従五位上能登《のと》（石川県）守《かみ》と、貴族としては最下級のレベルで終わった彼の歌人生活を支えていたのは、村上天皇の女御《にょうご》で歌人として知られていた斎宮女御徽子女王のサロンや、その友人の、徽子の母の弟の藤原師輔の娘（つまり徽子の従姉妹）藤原愛宮《あいみや》の夫で、徽子の父、重明《しげあきら》親王の弟でもあった源高明《たかあきら》のサロンへの出入りであり、こうした、いわば上流貴族・皇族をスポンサーに持つことが、歌人には必要だったようである。順は徽子女王が娘の規子《のりこ》内親王の斎王《さいおう》就任に伴い、伊勢に再び赴いたときにも、斎宮を訪れ多くの歌を詠んでいる。

プロ歌人はポケモン!?　上級貴族はトレーナー？

このように、歌人がもてはやされる時代になっても、プロの歌人たちは歌で出世をすることはできなかった。彼らを見ていると、ポケモン（ポケットモンスター）のようだなあと思うことがある。ピカチュウなどのモンスターたちはどれほどレベルを上げても、ポケモンマスターはおろかポケモントレーナーにもなれない。ポケモンリーグなどで優勝して栄誉を得るのはあくまでトレーナーである。同じように、彼らは上流貴族の優雅な遊びに華を添えるために命を削る存在だったように思える。『天徳内裏歌合』に関しては、壬生忠見の「恋すてふ我が名はまだき立ちにけり人知れずこそ思いそめしか」が平兼盛の「忍ぶれど色に出にけり我が恋はものや思ふと人の問ふまで」に敗れたことから、忠見が悶死《もんし》したという伝説が和歌の説話を多く載せた歌論書《かろんしょ》『袋草紙《ふくろそうし》』などに載せられ、研究者のみならず和歌好き、『百人一首』好きにも広く知られている。これもまた、一つの勝ち負けに一喜一憂せざるを得ない忠見のような歌人の立場を踏まえて作られた伝説と考えられる。

『天徳内裏歌合』を主催した村上天皇は歌人としても知られており、自分の歌集（御集《ぎょしゅう》）もある。そしてその後宮には斎宮女御徽子女王もいた。徽子の祖父は『百人一首』歌人の貞信公、つまり摂政関白《かんぱく》藤原忠平であり、『天徳内裏歌合』の判者はその子の左大臣藤原実頼《さねより》で『清慎《せいしん》公集《こうしゅう》』という私歌集があり、勅撰集に三四首も採られた歌人である。また判者の補佐は何度も出てきた大納言源高明で、歌人としては勅撰集に二二首も採られている。そして彼らは自ら歌合に参加することはない。つまりこの時代の歌合は、いわば上手いアマチュアがプロを審査するという体制であり、プロ歌人は超本格的なアマチュアをまず感心させて、彼らの庇護を受け、社会的な評価を高めることを目指した。そのためには目の前のライバルに勝つ、これが上級貴族たちの射幸心《しゃこうしん》（ギャンブル性）を煽《あお》ったのである。

彼らの活躍した時代より数十年後、いわゆる平安京遷都後二〇〇年の少し後くらい、摂関政治の全盛期に才人として聞こえた権大納言藤原公任《きんとう》が、桂川《かつらがわ》に漢詩・管弦・和歌の名手を乗せた舟を出す趣向で和歌の舟を選んだが、後で漢詩の舟を選ぶべきだったと述懐したというエピソードが『大鏡《おおかがみ》』に出てくる。関白頼忠《よりただ》の息子で、一条《いちじょう》朝の三納言といわれた公任はまさにエリート、彼にとって和歌はしょせん遊びであり、漢詩こそが貴族の教養という意識がやはり強かったと理解できるのである。

紀貫之はなぜ『土佐日記』を書いたのか

さて、十世紀の早い段階でプロ歌人という「立場」は確立したらしい。歌人であることで彼らは上流貴族と交流することができた。つまり歌の上手さは身分を越え、天皇にも直接評価されるという形ができてきた、それは私的な趣味が公的なイベントになったことであり、現代でいえば、本来一部の趣味の集まりだったコミックマーケット（コミケ）が年中行事的なイベントとして社会的に認知され、同人誌作家の人気も出たが、彼らの社会的評価にはまだつながっていないことに少し似ている。だから作家＝歌人たちは歌を別の形で社会的に評価されるような機会を探すことになる。同人誌漫画家が大出版社から声をかけられ、プロ作家としてデビューしたり、ライトノベルの挿絵やアニメのキャラクター造形で評価を得ていくのに近いかもしれない。

そうした観点で見直していくと面白いのが、『土佐日記』である。

『土佐日記』といえば紀貫之が女性に仮託して書いた歌入りの旅日記、という理解が通説である。しかし細かく見ていけば、それに留まらないいろいろと発見のある資料である。まず、この日記が「土佐」日記であり、「信濃《しなの》」日記でも「安芸《あき》」日記でも「武蔵《むさし》」日記でもないことに注目したい。紀貫之がたまたま土佐守になったから『土佐日記』になったというのが普通の理解だろうが、土佐は実は特殊な国である。大晦日《おおみそか》に行われる追儺《ついな》（国土から疫神《えきしん》を追放するまつり、「鬼やらい」とも）においては、日本の四界として、東の陸奥《みちのく》、西の遠値嘉《おちか》（五島《ごとう》列島）、北の佐渡《さど》とともに「南は土佐」とされていた。薩摩《さつま》などもっと南の国もあると思うのは日本列島の形を知っている現代人の感覚で、当時の地理意識では土佐は最南端の国だったのである。土佐という地名の由来には諸説あるが、中世になると陸奥の北端に十三湊《とさみなと》という北海道に渡る港が栄え、これと土佐が混同されるようになる（説話文学の『御曹司島渡《おんぞうししまわたり》』など）。少なくとも、「とさ」から「遠いところ」が連想されたことは間違いないだろう。つまり『土佐日記』とは辺境の地からのレポートなのである。

さて、律令国家の下級貴族、つまり五位レベルの貴族には転勤族が多かった。奈良時代なら藤原氏や大伴《おおとも》氏の大貴族でも若いころは地方官を務めている。しかし九世紀後半になると、地方官を務める貴族層から公卿、つまり四位の参議・中納言以上の議政官（政治に参画できる貴族）はほとんど出なくなり、上級貴族は地方政治への興味を薄れさせ、それを請け負う下級貴族層は受領《ずりょう》と呼ばれるようになる。九世紀中盤には、春澄善縄《はるすみのよしただ》や長峯高名《ながみねたかな》のように、大学で学問を積み、地方官で政治に研鑽を積み、良吏《りょうり》と評価されることが門閥のない秀才の出世の早道だったことを考えれば、ほんの半世紀で世間は大きく変わってしまったのである。しかし一方、僻地《へきち》の社会治安は大きな政治問題につながることもあり、奈良時代に作られた『風土《ふど》記《き》』に見られるような地方への興味は依然続いていたし（十世紀の延長《えんちょう》年間にも風土記が作られたらしい）、紀行文学《きこうぶんがく》は唐《とう》の文芸でも一ジャンルとなっており、『古今和歌集』にも羇旅《きりょ》（旅の感慨を詠《うた》う歌）という項目があるように、旅そのものへの興味は引き続き生きていた。

こうした時代背景のもと、国司を務めた者の実体験による地方の人々の実態、それこそ古墳《こふん》時代以来変わらないような地方の社会を紹介し、官道を使う通常の官人の旅ではない、船の旅という要素を織り込んで、そこに和歌という流行の要素を取り入れる。ここに『風土記』や羇旅歌を越える『土佐日記』の新しさがある。

では、『土佐日記』は誰のために書かれたのか。関白藤原忠平を意識して書かれ、上級貴族社会の子弟によって読み継がれたと考えられている。紀貫之は次の人事での配慮を期待していたとする説もある。とすれば、『土佐日記』もまた、和歌というツールと、『古今和歌集』編者紀貫之というネームバリューを生かした、新しい時代の歌人の生き方を模索した作品といえないだろうか。

和歌という「文化」

紀貫之がすごかったのか、時代に紀貫之がマッチしたのか、紀貫之という存在はいかにも十世紀前半を代表する一人だった。そもそも記紀の段階では歌謡は支配者も民衆もあまり関係なく歌われていたように記されている。それは神まつりにおける寿《こと》ぎ歌《ほ》であったり、歌垣《うたがき》で異性を口説くツールだったりしたもので、これという場面で定められたルールで歌われたものではなかっただろう。

それが律令国家形成期に柿本人麻呂や額田王《ぬかたのおおきみ》が現れる。こうした歌人は儀式などの場に応じた歌、つまり自分の感性のままに歌うのではない歌を歌う宮廷歌人としてその役割を認められたといえる。一方で律令の制定により、貴族という身分が確定すると、大伴旅人《おおとものたびと》、家持《やかもち》父子に代表される貴族歌人も現れてくる。彼らの邸宅で行われる饗宴で披露された歌が『万葉集』には多く残されている。年号「令和」が、大宰府《だざいふ》での梅花の歌三二首の序文の漢文から取られたことはよく知られているが、これが大伴旅人の主催する宴だったことまでは意外に気がつかれていないし、本来、中国南朝の王朝東晋《とうしん》の貴族、王羲之《おうぎし》による「蘭亭序《らんていのじょ》」に触発されたにもかかわらず、その歌がことごとく漢詩ではなく和歌だったことも注意されていない。奈良時代の貴族官人の教養は、誰もが漢詩を詠めるほどではなかったわけだ。そして歌人たちがその能力を活用する場は政府の中にはなかった。

ところが九世紀になると、官人の大学教育が進み、文章道がそれなりに浸透することで、漢詩を詠む文人は天皇主催の詩宴で実力を披露する機会が増える。つまり漢詩を扱う官人たちは出自に関係なく天皇の目に止まり、その漢文能力により抜擢される機会が多くなった。漢文を学ぶ者はその能力を行政の中で生かせる、いや、政治がその実力を必要とする社会を生きていたのである。

一方和歌は日常を脱皮することができなかった。歌を作るというのは当たり前のことすぎて、それが立身につながるということはなかった。しかし一方で、恋多き歌人、小野小町や在原業平、世捨て人の僧正遍照や喜撰法師、伝説の地方官人の大友黒主など、和歌はどこか謎めいた人々がディレッタント（ちょっと世をすねた趣味）的に伝えるものとなっていた。こうした「無《ぶ》頼派《らいは》」ともいえる九世紀の和歌の歴史を否定し、「正しい」宮廷文化の中に「勅撰和歌集」として位置付けるというのが『古今和歌集』仮名序の宣言だったのである。その背景には、奈良時代以来の和歌の宴の復権があった。それもただいい歌を詠むのではなく、相手に勝つことを目標にするゲーム性を取り込んだことが大きい。はっきりいって漢詩の優劣など漢語表現の芸術性がわからない者にはチンプンカンプンだったはずである。しかし和歌なら少なくとも誰でもわかる。そこに射幸性を感じさせることが和歌復権の契機となったといえる。

そしてその「強み」によって上級貴族たちに認められ、貫之は国司クラスとはいえ官人としてそれなりに生きることができる早道を得た。平安京遷都から百数十年、下級貴族と上級貴族、受領と呼ばれた五位官人と政治に参画できる公卿の格差が明確になり、たたき上げからの公卿立身などほとんどありえなくなった時代である。そのころに和歌は単なる生活習慣から、貴族以下の六位官人が、そのテクニックや知識を披露して天皇や上級貴族に認められる手段、すなわち彼らすべてが共有する「文化」になった。そして貫之はその道筋をつけただけではなく、紀行文学というジャンルにも和歌を持ち込み、和歌の可能性を広げた。また、『伊勢物語《いせものがたり》』が、和歌の詞書《ことばがき》を膨らませて作られた短編小説集だとすれば、それは貫之が「その意《こころ》余りて詞《ことば》足らず（気持ちがあふれすぎて言葉がついていかない）」と評した在原業平の歌に前後の物語を付けることで言葉を補い、完全な文学にしたものだと定義できるかもしれない。国文学者の萩谷朴《はぎたにぼく》は『伊勢物語』の作者も紀貫之ではないかと推測しているが（萩谷朴「『伊勢物語』の作者は紀貫之なるべし」『日本文学研究』四二、大東文化大学日本文学会、二〇〇三年）、和歌をツールとして文学作品を組み立てるという点では、たしかに『伊勢物語』は『土佐日記』と同系統の作品なのである。

このように、歌合に始まる「歌壇《かだん》」の形成は、『古今和歌集』のみならず、歌紀行としての『土佐日記』、歌物語としての『伊勢物語』という新たなジャンルを生み出し、平安文学の根源ともなったといえるのである。それは九世紀社会が、八世紀的な、いやそれ以前からの口承に基づく「神話」や「歌謡」による表現から、ひらがなを記録媒体にして紙の上につなぎとめられた「物語」や「和歌」に基づく社会に向けての変化を遂げた結果だったともいえる。『伊勢物語』の前に歌物語はなく、『伊勢物語』の後にも『平中物語《へいちゅうものがたり》』や『大和物語《やまとものがたり》』はあれど、とても『伊勢物語』に匹敵するとはいえない。また、羇旅の和歌の伝統と、『風土記』に見られる地方への関心を文学として結実させたのが『土佐日記』であるなら、これもまたその前に類例がないのは当然で、後の『更級日記《さらしなにっき》』をはじめとする紀行文学に大きな影響を残していく。

和歌の復権は、私たちのよく「知っている」平安時代へ舵《かじ》を切っていく大きな契機になったできごとだったといえる。

こうして『源氏物語《げんじものがたり》』『枕草子《まくらのそうし》』などの女流文学が花開く準備は整った。

第九章　『源氏物語』の時代がやってきた

もともと宮廷人の教養には男女差がなかった

九世紀の教養ある女性には「漢詩」を作れる人が少なからずいたようだ。初代賀茂斎院《かもさいいん》の有《う》智子《ちこ》内親王は漢詩人として有名なので、その代表といえる。また、宮廷で働く高級女官が漢文の読み書きのできたことは、繰り返し触れてきた正倉院文書《しょうそういんもんじょ》に残る、天平宝字《てんぴょうほうじ》五年（七六一）二月七日に出された「飯高笠目《いいたかのかさめ》の宣《せん》」という文書からうかがうことができる。これは称《しょう》徳《とく》天皇に仕えていた正五位上、つまり末端の貴族身分を持っていた女官の飯高笠目が天皇の言葉を受けて成文化した文書であり、当時の宮廷女官が漢文を自在に操っていたことがわかる。

この飯高笠目は、後に従三位にまで出世した飯高朝臣諸高《いいたかのあそんもろたか》のことと考えられるので、伊勢《いせ》国飯高郡《いいだか》出身の采女《うねめ》（地方豪族である郡司《ぐんじ》の娘が、都に出て最初に就く仕事。天皇や皇后《こうごう》に仕えて食事や祭祀のサポートを行う役目）から立身したことがわかる。地方豪族のお嬢様が女官見習いから大臣級の従三位にまで昇進し、天皇の側近となる、つまり国家機密にも関与できる社会が奈《な》良《ら》時代にはあった。そしてこの時代には文字記憶の媒体は漢字しかなかったので、漢文が使いこなせないと公文書は扱えない。男女関係なく漢字を習得し、漢文と万葉仮名《まんようがな》を使いこなすことが官人の基礎条件となっていたわけだ。したがって女性の教養は、男性と大差がなかったものと考えられ、だからこそ桓武《かんむ》天皇は娘に漢文の英才教育を施したと考えられる。

ところが、九世紀半ばすぎになると、歴史書の中で女官の人事資料が極めて少なくなる。宮廷の男女の職業的な分担（いわゆるジェンダー）に大きな変化が生じ、九世紀後期の宮廷での女官の活動記録は軽視され、わからなくなっていくのだ。有名な小野小町《おののこまち》は、本名はもちろん出自や身分など正確な記録が全く残っていないのだが、その背景にはこういう理由があったと考えられる。

一方で宮廷女性に新しい変化も起こっていた。その動機は、万葉仮名をくずした草仮名《そうがな》や、その発展形態であるひらがななど、より日本語を書き写すのに適したツールが発明され、定着したことである。たとえば『万葉集《まんようしゅう》』を万葉仮名で書き写すのと『古今和歌集《こきんわかしゅう》』をひらがなで書き写すのとどちらが早いか、と考えてみれば、書きとるツールとしてひらがなが日本語に適していることは明らかだろう。これによって、日本語の文字記録は著しく楽になり、表現データがストックされ、新たな表記も進み、その影響は男女を問わず及んだものと考えられる。

ところが皮肉なことに、ひらがなの定着は女官の漢文離れを促したようだ。漢文のレベルアップのためには、優れた漢文を大学で学ばねばならず、女官は大学に入れなかったので、語学の才能がある女性も、その能力を磨く機会がなくなり、宮廷でそれを発揮する機会は次第に少なくなっていったらしい。もっとも男性の場合も、大学では、奈良時代ならいたと見られる外国人の教師はいなかったし、留学生《りゅうがくしょう》出身の博士も確実に少なくなってくる中、いくら文献を読み込んでも、本物の漢語に触れる機会は確実に減っていったと考えられる。『宋史《そうし》』「日本伝」には、十世紀に越前《えちぜん》に渡来《とらい》した宋《そう》の商人、羌《きょう》（周《しゅう》）世昌《せいしょう》が、当時の漢学者として知られた藤原為時《ためとき》（紫式部《むらさきしきぶ》の父）の漢詩を「言葉こそ多いが浅薄《せんぱく》だ」と評した記録がある。そのように批判される素地は九世紀からできていたといえる。そして宮廷においても、天皇の側近に男性の蔵人《くらんど》が進出し、女性が機密に触れる機会が少なくなっていた。

　こうして、女官は漢文から次第に排除され、ひらがなは、本来男女とも使っていたはずなのに、十世紀後半には「女手《おんなで》」と呼ばれるようになる。そして女官は公的な官人ではない後宮女性たち、つまり女御《にょうご》たちに仕える女房《にょうぼう》たちに押されるようになっていく。後宮の主役が皇后から女御に変化したとき、仕える女性も女官から女房に変化していった。女房はあくまで女御の私的な雇用人なので、はじめから漢文世界から離れた存在だったのである。

和歌と和語の文学の時代の幕開け

　ところが、男女を問わず高まる教養もある。ひらがなを使った表現の多様化、繊細化である。特に和歌は男女ともひらがなを使うことで表現力が高まる文学であると思う。そもそも漠然とした言い方を好む日本語（和語）は、そのままの表現では漢語になじみにくい特性がある。漢字は表意文字なので文字の一つ一つに意味があり、その範囲を明確にしている。しかし漢字を連《つら》ねて音を表した万葉仮名は、漢字の「音」だけを使うので意味は失われる。それが「ひらがな」になると、「漢字」自体の意味は完全に失われる。そこではじめて、和語《わご》の持つ漠然とした言い回しを、そのまま表す文字として使えるようになるのである。たとえば、「あはれ」は現代語の「尊《トウト》い」や「エモい」に近い使われ方をしているようだが、漢字で表現するのは極めて難しい。この直感的で漠然とした感覚は日本語の重要な要素で、それを文字として記録できるのが「ひらがな」なのである。

紀貫之《きのつらゆき》は『古今和歌集』の仮名序《かなじょ》で、在原業平《ありわらのなりひら》の歌を「その意《こころ》余りて詞《ことば》足らず」と評している。ノリはいいが下手だ、というのがストレートな表現になるだろう。業平という歌人の癖と読むこともできるが、これは貫之よりひと世代前の歌人の日本語表現は直感的・直線的で、表現技法がまだそれほど繊細ではなかったことも示しているのだろう。ドナルド・キーンが「『万葉集』から『古今集』へ」（『日本文学の歴史　古代・中世篇2』中央公論社、一九九四年）で、紀貫之の業平評について、業平の死後に歌の好みが変化したことを指摘し、「『古今集』が編纂された当時の歌は、言葉としての完成がすべてであって、心情的表現は二の次だった」とした指摘は最も客観的な評だと思う。

ちはやぶる神世もきかず龍田河唐紅《たつたがわからくれない》に水くくるとは（在原業平）

（昔々の神代でも聞いたことがないぞ、龍田川の紅葉が水をくくり染めのように染めているなんて）

春なれば梅に桜をこきまぜて流すみなせの河の香ぞする（紀貫之）

（春になったんだなあ、梅と桜をまぜこぜにして流れる水の水無瀬川《みなせがわ》の香りがただよってきている）

二人の歌を比べると、少なくとも私は、業平の歌のストレートさに共感を覚え、貫之の歌のテクニックに舌をまく。つまり歌を「和語で」表現・記録する手法は、『万葉集』の素朴な、あるいは漢文的な極端な記録から始まり、漢詩が教養化された九世紀には語彙《ごい》や内面的な心象表現が豊かになり（小野篁《おののたかむら》「わたの原八十島《やそしま》かけて漕《こ》ぎ出《い》でぬと人には告げよ海人《あま》の釣舟《つりぶね》」の歌など）、「ひらがな」によってそれが和語として再解釈され、紀貫之のころに技法として飛躍的に進んだ。だからこそ名歌の基準が定まり、『古今和歌集』が作られたのだ。それは、日本の音楽シーンにおいて、素朴な民謡《みんよう》と邦楽《ほうがく》とジャズが交雑していた戦前、軍歌《ぐんか》という一定のリズムが国内を覆い尽くした戦中、ブギウギをはじめロカビリーやムード歌謡によってアメリカの大衆《ポピュラー》音楽が入ってきた戦後を経て、七〇年代以降の和製ポップスやニューミュージックから

J－POPが確立してきたプロセスとも似ている。

そして和歌の教養化は、誰でも参加できる文化を育成した。たとえ身分が低くても、凡河内躬恒《おおしこうちのみつね》や壬生忠岑《みぶのただみね》が和歌で見出《みいだ》され、天皇主催の歌合《うたあわせ》で自作を披露することができる。それも男女関係なくである。いわば誰でも参加できるカラオケバトルが宮廷で文化として定着したと考えてみてほしい。『古今和歌集』仮名序はその宣言でもあった。ただしカラオケバトルで優勝しても簡単にスターにはなれない（つまり官位はもらえない）、まだそういう時代でもあった。

藤原芳子の教養

さて、その『古今和歌集』をすべて暗記していたお妃《きさき》がいるという。村上《むらかみ》天皇女御の藤原《ふじわらの》芳子《よしこ》である。

ここで改めて注意しておかなければならないのは、同じ妃でも、皇后・中宮《ちゅうぐう》と女御は全く違う立場だということだ。先にも触れたが、女御は天皇の妻ながら、四位の位階を持つ女官なのである。つまりいくら身分が高くても、家族ではなくて使用人なのである。そして淳和《じゅんな》天皇皇后の正子《まさこ》内親王以降、天皇には中宮・皇后が立てられるものだという「常識」はなくなっていた。中宮・皇后は、天皇の母となった女御の意味、という感覚が定着したのである。つまり天皇在位中は、後宮では女御たち「だけ」の寵愛バトルが行われ、天皇の母になってはじめて地位が安定するようになるのが『源氏物語《げんじものがたり》』巻一「桐壺《きりつぼ》」最初のくだりの「女御、更衣《こうい》あまたさぶらひたまひける」時代なのである。

この時代に藤原芳子という人がいた。彼女は藤原師尹《もろただ》の娘である。師尹は、忠平《ただひら》の五男で実《さね》頼《より》・師輔《もろすけ》の弟、左大臣に至った人物である。母が源氏《げんじ》で天皇の血を引くが、師輔とは同母兄弟であるから、どうしても昇進では兄たちに後《おく》れをとる。それを挽回《ばんかい》するとすれば、最も手っ取り早いのは、娘を後宮に容れ、皇子の祖父となり、天皇の外戚《がいせき》を目指すことである。幸い、彼の娘芳子は、美しさの話題に事欠かない美女だったが、師尹はこの娘に、いろいろな「教養」を施した。『古今和歌集』の全文暗記はその切り札だった。村上天皇はこの噂を聞いて、ある物忌《ものいみ》（仕事をしない日）に、芳子のもとに訪れ「その月、何の折《おり》、その人のよみたる歌はいかに（いつ、どのときに、どの人が詠んだ歌は何ですか？）」という質問をアトランダムにしたら、すべて正解だったという話がある。

実はこのエピソードは『枕草子《まくらのそうし》』に、中宮藤原定子《さだこ》（ていし）がお付きの女房たちに語ったとして記録されているものである。藤原定子は村上天皇の孫の一条《いちじょう》天皇の中宮なので、割合に前の話として語ったもので、そこでは、師尹はまず習字、次に琴《きん》（高度な技術を要する弦楽器、主に男性が演奏した。なお現代の琴は箏《そう》という）を人より上手に弾き、その上で『古今和歌集』の暗記を薦めたという。当時の「キサキがね」、お妃候補と呼ばれた姫君が受けていた教育の一端を知ることができる興味深い情報である。

そして、藤原定子は女房たちに同じような質問をしながらこの話をしているのだが、才女として評判が高い宰相《さいしょう》の君《きみ》でも一〇首も答えられなかったという。この話をしながら、一条天皇と定子が「昔は、身分の低い者も風流だったのですね」「近頃はこういうこともできないねえ」という会話をしている。つまりサロン文学全盛期といわれた一条朝より、村上朝のほうが宮廷サロンは華やかであり、より厳しい世界だったのである。

しかし、この教養は何の役に立つのだろう。習字に音楽に和歌、まあカルチャーセンターの教養講座の類である。少なくとも政治や社会で役に立つ教育なのだろうか、という疑問は感じる。お姫様、つまり奥ゆかしい貴族女性なので当然なのか。いやいや九世紀までの貴族女性は宮廷女官として男性に伍してバリバリ働いていたのだから、そんなことよりもっと実用的・実践的な教育を受けていたはずである。九世紀後半に始まる宮廷女性の役割の衰退は、高い身分の女性を政治の世界から着実に排除し、男性の気を惹《ひ》くための趣味的な教養の世界に押し込めていたような感じがする。

もっとも、『古今和歌集』の丸暗記には少し別の意味があったようにも思う。たとえば、多くの和歌を分類的に覚えることは、『古今和歌集』を今でいえば名歌データベースとして利用することを可能にする。すると、どれくらい歌を知っているかが基礎になる教養、三十一文字では表せない心象や情景を、別の歌の連想や地名イメージを利用して歌の中に取り込むことができる。つまり、たくさん和歌を知っており、過去の秀歌を引用し、それをアレンジできる人が優れた歌詠《うたよ》みとして評価される社会ができるということになる。いわゆる「本歌取り」の文化である。

五七五七七の音律で歌を詠むだけなら、いわば誰でも、当時の人なら貴族でなくてもできる。漢詩の韻律《いんりつ》を整えることに比べてもぱるかに簡単である（早い話が私でもできる）。しかし、本来誰でも歌えたはずの和歌に、情報量というヒエラルキーができると「貴族でなければわからない歌こそいい歌」という意識が生まれる。それが歌合での勝敗を分けたり、後宮の愛情駆け引きツールになったりするのがこの時代の宮廷なのである。つまり、どれだけの情報量を持つかが、人間関係、すなわち政治関係にも影響が出ることを藤原芳子の逸話はよく示している。九世紀では考えにくい、和歌の教養化である。

しかし実はこのような意識は、九世紀の漢文全盛時代から生まれていたはずである。たとえば王維《おうい》の詩『送元二使安西』（元二《げんじ》の安西《あんせい》に使いするを送る）「渭城《いじょう》の朝雨《ちょうう》軽塵《けいじん》を浥《うるお》す　客舎青《かくしゃせい》青柳《せいりゅう》色《しょく》新《あらた》たなり　君に勧《すす》む更《さら》に尽くせ一杯の酒　西の方陽関《ようかん》を出ずれば　故人《こじん》無からん」を鑑賞するとき、渭城（現在の中国咸陽《かんよう》市のあたり）や陽関（西域《さいいき》にある辺境の関所）は誰も見たことがないはずだが、学問をした人間なら知っていて当然、という雰囲気はあっただろう。見たことがない歌枕、知っていてはじめて理解できる情報、という発想の原型はこれなのだろう。和歌の教養・情報主義も漢詩から出てきた発想である可能性が高い。

だとしても、こうした和歌文化からは、たとえば有智子内親王のような、外国文化についての教養を積んだ女性文化人が出てくることはほとんどないだろう。そして漢文を駆使して宮廷政治に関わる奈良時代女官のような事例も減少していく。宮廷におけるコミュニケーション能力の高い女子は生まれても、政治の現場でそれを生かして女官として出世する場は少なくなっていく。女子教養が実学からは離れていくことには違いないのである。その一方で、「ひらがな」文化の発達は、文学の可能性を心のままに広げることになった。その証である和語の文芸を、芸術的なレベルにまで高めていったのは、『枕草子』の清少納言《せいしょうなごん》、『栄花物語《えいがものがたり》』の赤染衛《あかぞめえ》門《もん》（大江匡衡《おおえのまさひら》の妻）、『更級日記《さらしなにっき》』の菅原孝標女《すがわらのたかすえのむすめ》、『源氏物語』の紫式部、つまり九世紀の学問で身を立てた氏族である、清原《きよはら》、大江《おおえ》、菅原《すがわら》、そして傍流藤原氏の、実名も知られていない女性たちなのである。彼女らの名は、夫や父親の名前や官職を通じて伝わっている。

斎宮女御の時代——皇族・源氏の代表としての入内

斎宮女御《さいくうのにょうご》徽子《よしこ》女王《にょおう》（九二九〜九八五）という女性がいる。十世紀の前半から後半の五十余年、まさにこの時代を生きた人物である。彼女の面白さは、上流貴族の生活が京内に収縮していく時代に、貴族社会と斎宮《さいくう》（地方）と宮廷と、三つの世界を知っていたことにある。

彼女が斎王《さいおう》として斎宮にいたのは天慶《てんぎょう》元年（九三八）から天慶八年（九四五）、数え年で十歳から十七歳、今なら小学校高学年から高校半ばまでの多感な時期である。そしてお気づきの方もいるかもしれないが、彼女は天慶の乱のまっただ中の時期を伊勢《いせ》神宮に仕えて過ごしたのである。

彼女は斉子《きよこ》内親王という、斎王となってすぐに、おそらく病で退下して亡くなった女性の後任として斎王になった。斉子内親王は時の朱雀《すざく》天皇の姉で醍醐《だいご》天皇の娘なので、その姉妹が全員軽い喪中になったためとされる。徽子の父は醍醐天皇の皇子重明《しげあきら》親王、母は関白《かんぱく》藤原忠平の娘寛子だから、更衣が産んだ内親王より社会的な地位は上なくらいである。つまり彼女は、現役の斎王が就任早々に辞任して亡くなるという異常事態の中で、準内親王として伊勢に送り込まれたことになる。ところで、少し前のことを思い出していただきたい。文徳《もんとく》天皇が亡くなった後、清和《せいわ》天皇が即位し、恬子《やすこ》内親王が斎王になったときだ。天皇が亡くなった以上、その子供たちはみんな喪になるわけで、新天皇は喪中に践祚《せんそ》（旧天皇からの神器の引き継ぎ）と即位礼を行う。つまり天皇の交替に伴う儀礼は喪中と関係なく進むのが本来なのだが、徽子の斎王決定は、天皇の場合にもなかった「姉妹の喪中がすべての内親王に適用される」というルールの結果斎王になったのである。このあたり、九世紀とはかなりの意識の変化がうかがえるところである。

そして伊勢に赴いてまもなく、天慶二年（九三九）に坂東《ばんどう》で同族間の争いを続けていた平《たいらの》将門《まさかど》が武蔵《むさし》国府を攻撃し、本格的な反乱を起こした。「天慶の乱」である。坂東で起こった反乱だから伊勢には関係がないと思われがちだが、意外にそうでもない。斎宮には常陸《ひたち》や上野《こうずけ》（群馬県）、下野《しもつけ》（栃木県）など坂東諸国の調（布や地域特産品の税）が運ばれてくるから、その責任者の国司《こくし》や運脚《うんきゃく》夫《ふ》が現地の情報をもたらすこともあっただろうし、朝廷は伊勢神宮に使者を送り、反乱鎮圧を祈願している。そして海を渡れば、伊勢と坂東は決して遠くなく、古墳《こふん》時代からさまざまな交流が見られたのである。ならば、伊勢の人々は、海の向こうから反乱軍が現れる恐怖を感じていたのではないか。ちなみに後世の文献ではあるが、鎌倉《かまくら》時代に書かれた『通海参詣記《つうかいさんけいき》』という神宮参詣記には、将門討伐の神兵が神宮から派遣され、二見浦《ふたみがうら》の海上を東に向かって武装した一団が白馬に跨《またが》って疾走していったという伝説が記されている。

そして首謀者、平将門はもともと徽子の祖父、藤原忠平の家人《けにん》であった。ということは、あるいは徽子に付けられた家人の中に祖父の忠平のもとから派遣された者がいれば、将門を見知った者がいたかもしれない。徽子女王にとって将門の乱は他人事《ひとごと》どころではなかったと考えられる。多感な少女の人格形成期のできごとである。

さて、徽子は帰京後村上天皇の後宮に入り、斎宮女御と呼ばれるわけだが、この背景にもいろいろな面白さがある。まず彼女の父、重明親王は、村上天皇が大嘗祭《だいじょうさい》に先立って賀茂川《かもがわ》で行う禊《みそぎ》、大嘗祭御禊《だいじょうさいごけい》を、仮病で欠席している。朱雀天皇はほとんど宮廷から出たことがなかったようで、村上天皇の大嘗祭御禊はまさに久々の天皇の晴れ舞台、それを見る側に回ったのである。しかも徽子と牛車《ぎっしゃ》を並べて。

これは『源氏物語』の「行幸《みゆき》」巻、つまり源氏が養女の玉鬘《たまかずら》を隠し子である「冷泉《れいぜい》の帝（もちろん史実の冷泉天皇とは別人）」の後宮に容れるため、京の西の郊外の大原野《おおはらの》に鷹狩行幸《たかがりぎょうこう》を企画し、輦《こし》の中の帝を見せる、という話のもとになったエピソードと考えられる。徽子が後宮に入ったのは天暦《てんりゃく》二年（九四八）で、村上にはすでに皇太子時代の天慶三年（九四〇）には藤原師輔の娘安子《やすこ》が、即位に伴い天慶九年（九四六）には実頼の娘述子《のぶこ》が入っており、安子は天暦四年（九五〇）に憲平《のりひら》親王（のちの冷泉天皇）を出産、憲平はすぐに皇太子に立つ。つまり次期天皇の母になるという路線はほとんど最初からなかったと見ていい。それでも重明親王は徽子を後宮に容れたのである。この入内《じゅだい》は多分に計画的なものだったと見られる、というのは、歌人としての徽子の最初に記録された和歌が村上天皇との結婚翌朝の後朝《きぬぎぬ》（男女の共寝の翌朝に交わす歌）だったからである。つまり歌人徽子女王は結婚の段階で一応完成していたことになる。そして彼女は「琴《こと》（七弦琴《しちげんのきん》ではないかと推測できる）」の名手であり、村上天皇から箏《そう》の琴（現代の琴と同じ形の楽器）と推測できる琴の奥義《おうぎ》の伝授《でんじゅ》を受けていたが、これにしてもゼロベースから教えられたものではは当然ないだろう。つまり彼女の斎宮での日々のかなりの部分は、歌と楽器の基礎教養の蓄積に充《あ》てられていたろうし、それは藤原芳子が受けていた教育と同等のものだったと考えられる。早い話が、伊勢にも歌と音楽の家庭教師がいないとおかしいのである。

延喜《えんぎ》・天暦の時代には、醍醐・村上天皇など自らも琴を演奏した天皇の事例が見られるようになる。この時代に確立した「歌と音楽の教養の世界」に食らいついていくことが当時の貴族女性たちの生き残りのための教養であり、徽子女王もその一人として磨かれていた。そして彼女は元斎王であり、そういう女性を後宮に容れることが、重明と村上の間に交わされた王権を強化する約束事だったのだろう。

この時代の皇族には、村上の兄弟には右大臣に上った源高明《みなもとのたかあきら》、兼明《かねあきら》兄弟のような例もあり、多様な形で王権との関わりを持つ人がいた。そして重明は臣籍降下《しんせきこうか》しなかった皇族の代表として、年若い朱雀・村上に代わり醍醐の遺言を聴いた皇子なのである。さらに彼は、その晩年に、母が嵯峨《さが》源氏だったことから、親王なのに、すべての源氏の氏上《うじのかみ》である源氏長者にもなっている。この時代には文徳、光孝《こうこう》、宇多《うだ》、醍醐天皇などの子孫の源氏が政界に顔を並べていたが、最古の源氏である嵯峨源氏は、参議《さんぎ》源等《みなもとのひとし》（九五一年没）を最後にいなくなっていた。天皇のサポート集団としての源氏本来の意義に照らして考えると、源氏長者には、嵯峨天皇に始まる源氏をとりまとめ、二重三重に村上天皇を守るという点で嵯峨源氏がふさわしい。重明親王は、源等に次ぐ嵯峨源氏と認識されていたようだ。

醍醐天皇の孫、藤原忠平の孫、そして源氏の代表として村上天皇をサポートする重明の娘という立場で、徽子は後宮に送り込まれたのである。

斎宮女御の時代とその終わり――『源氏物語』の六条御息所との関係

さて、村上後宮における彼女の立場は決して安定したものではなかった。皇子を産み、右大臣で最高実力者といわれる藤原師輔を背景にした藤原安子の地位は安定していたし、天皇の寵愛は藤原芳子のもとにあった。『斎宮女御集』に見られる最初の歌である村上天皇との後朝の歌は、

思へどもなほあやしきは逢ふこともなかりし昔なに思ひけむ（村上天皇）
（いくら考えてもふしぎなことだ、逢ったこともなかった昔、私は何を考えていたのだろう
〔あなたを知らずに満足していたなんて〕）

昔とも今ともいさや思ほえずおぼつかなさは夢にやあるらむ（斎宮女御）
（昔とも今ともわかりません、このはっきりしない心もちは夢なのではないでしょうか）

で、最初から意識のすれ違いをうかがわせるものだった。

しかし彼女には彼女の立場があった。村上天皇の時代は「天暦の治」と呼ばれ、後世に聖代《せいだい》とされたが、その実は藤原実頼、師輔兄弟が政治を担っており、天皇自体は積極的に関わっていたわけではない。その代わり内裏《だいり》で花開いたのがさまざまな宮廷文化、特に歌合だった。村上朝には、『天暦内裏菊合《てんりゃくだいりきくあわせ》』（九五三）、『天暦内裏紅葉合《てんりゃくだいりもみじあわせ》』（九五五）、『天徳内裏歌合《てんとくだいりうたあわせ》』（九六〇）、『応和内裏庚申歌合《おうわだいりこうしんうたあわせ》』（九六二）、『内裏前栽歌合《だいりせんざいうたあわせ》』（九六六）などが行われ、まさに和歌が宮廷文化の王道におどり出たといえる。また、中宮・女御ら後宮の女性たちが主催する歌合も行われた。『荘子《たかこ》女王（麗景殿女御《れいけいでんのにょうご》）歌合』（九五六）、『藤原芳子（宣耀殿女御《せんようでんのにょうご》）歌合』（九五六）、『中宮安子歌合《ちゅうぐうやすこうたあわせ》』（九五九）、そして『徽子女王（斎宮女御）歌合』（九五六）、『徽子女王前栽歌合』（九五九）などである。こうした風潮の中で、歌人で皇族として徽子の個性は独自の

ものとなり、村上天皇との贈答歌《ぞうとうか》も数多く遺された。

しかし二人の関係は必ずしもしっくりしたものではなく、村上が呼びかけても徽子がつれなく、里邸《りだい》、つまり実家に帰ることも多かったようだ。その理由の一つが、父、重明親王の死後、その継室《けいしつ》(後に入った正妻)で、徽子の母の姪、つまり従姉妹でもある藤原登子《なりこ》を村上が後宮に容れたことにある。このスキャンダルで徽子と村上の関係はますます難しくなり、この関係は康保《こうほう》四年(九六七)に村上が在位のまま世を去るまで続く。徽子の歌は必ずしも積極的な恋愛ツールにはならなかったといえる。

しかしその後も、『規子《のりこ》内親王前栽歌合』『野宮庚申歌合《ののみやこうしん》』など、娘の規子内親王を立てる形で、斎宮女御のサロンは展開していた。源順《みなもとのしたごう》、大中臣能宣《おおなかとみのよしのぶ》ら当時歌人として名を成した人たちもこうした催しに参加し、一種のサロンを形成していたとされる。

そして重要なのは、先に述べたように、村上の継承者である冷泉天皇には精神的疾患があり、その弟の円融《えんゆう》天皇には、藤原摂関家《せっかんけ》の有力者三人の娘、師輔の子兼通《かねみち》の娘媓子《てるこ》、実頼の子頼忠《よりただ》の娘遵子《のぶこ》、兼通の弟兼家《かねいえ》の娘の詮子《あきこ》が入ったが、子供は一条天皇だけしか生まれていないことである。天皇を中心にした後宮文化は次第に活気を失い、和歌はパフォーマンスから教養のツールへと変化していく。

こうした状況の中で、村上朝を彩った女性たちはどうしていたか。まず、藤原安子は選子《のぶこ》内親王を出産した応和《おうわ》四年(九六四)に亡くなり、藤原芳子は村上天皇と同じ年に世を去り、荘子女王は同年に出家している。徽子は、村上後宮の女御で世に残ったただ一人になっていたのである。『斎宮女御集』を見ると、彼女は村上天皇の関係者や、母系に連なる藤原師輔の関係者とも多くの歌をやりとりしている。彼女の次の世代の皇室サロン主宰者となり、五代の天皇の賀茂斎王《かもさいおう》となった大斎院《だいさいいん》こと選子内親王もその一人である。つまりいわば年長の元女御として、若い世代の庇護者的存在になっていた可能性が高い。彼女はライバルだった荘子女王のようにそう易々《やすやす》と引退したわけではなかった。

そうした暮らしを送っていたときに勃発したのが、円融朝斎王の隆子《たかこ》女王（重明親王の異母弟、章明《のりあきら》親王の娘）の斎宮での急逝と、それに伴う内親王の卜定《ぼくじょう》（占いによって斎王を選ぶこと）である。普通ならこういうときは円融天皇の娘、つまり最も高い身分の皇族が斎王となるが、円融には娘がいない。そこで白羽の矢が立ったのが、年上の異母姉、徽子の娘の規子内親王だった。

現役の斎王が急逝して代理に立つ。自分と同じことが娘にも起こったと徽子は思い、そして天慶の乱の記憶も蘇ったことだろう。斎王の死は伊勢神宮の祟りとも噂されていたことだろう。そういうときの新斎王はまさに追い込まれた心境だったのではないか。

だから彼女は娘とともに伊勢に発《た》つ決意をした。それは隠遁《いんとん》でも逃避でもなく、伊勢に生きがいを見出し、再び国家の最前線に立つ旅立ちだった。

しかし周囲はそうとは理解していなかったようだ。伊勢に行くなどということは貴族女性の理解の外だったようで、そういう人たちとは彼女は、伊勢で海女《あま》（尼とかけている）になるとやりとりをしている。しかし実際には、

世にふればまたも越えけり鈴鹿山《すずかやま》昔の今になるにやあるらん
（長生きしたのでまた鈴鹿山を越えて伊勢に向かっている。昔が今に戻ったみたいだわ）

大淀《おおよど》の浦立つ波のかへらずば変わらぬ松の色を見ましや
（斎王が禊をする大淀の浦に立つ波が返るようにここに帰ってこなければ、変わらない緑の松を見ることがあったでしょうか）

これらは『伊勢物語《いせものがたり》』の歌で、

いにしえのしづの苧環《おだまき》繰り返し昔を今になすよしもがな
（昔々の倭文織《しずおり》の糸を巻くおだまきをくるくる繰り返すように、昔の恋を今に巻き戻すすべがあればいいのに）

大淀の松はつらくもあらなくにうらみてのみも帰る波かな

（大淀の松のように待つことがつらいというわけではないけれど、あなたは波のように浦を見るだけで帰ってしまう人なのが恨めしいわ）

を踏まえた歌で、彼女が『伊勢物語』の確実な最古の愛読者の一人だったことを示すものだ。この群行《ぐんこう》（新斎王が行列を組んで伊勢へ向かう旅）と同時か、そう離れていない時期に斎宮を訪れている源順は、『伊勢物語』第三九段（祖父、源至《いたる》が関わる話）に名前が出てくるので、古来『伊勢物語』の成立に関わったともいわれており、徽子母子はできたばかりの『伊勢物語』を読める立場だったのである。そしてこの二首は『伊勢物語』の本歌よりかなりポジティブに読める。少なくとも村上天皇とのやりとりに比べてはるかにストレートで前向きな歌だ。彼女が伊勢で遺した歌で私たちは斎王の心に時空を超えて触れることができる。

そして円融天皇の譲位とともにこの母子は都に帰り、徽子はまもなく世を去ることになる。規子の後の斎王は、花山《かざん》朝の済子《なりこ》女王、一条朝の恭子《たかこ》女王と再び女王が続き、斎王は地味な存在になり、国家事業としての斎王制度への徽子の思いは「よくわからない」ものになっていく。しかし徽子が遺したものが二つある。それは、伊勢に対する宮廷女性の関心を呼び起こしたことと、斎王が伊勢からメッセージを送ってもいい、という意識である。そこから紫式部は一人の強い女性を創造した。『源氏物語』の「六条御息所《ろくじょうのみやすどころ》」である。

徽子女王の生涯を知っていただいた今、なるほどと思った方も多いと思われる。

平安時代初期の宮廷女性の姿（ベストとスカートとショール）
髪型は高く結う礼装のもの（写真・風俗博物館）

十二単ができた時代

さて、九世紀はいろいろな意味で女性が動きにくくなった時代なのだが、実はそのファッションスタイルからも同様なことがいえる。九世紀の宮廷女性の絵は残っていない。正体不明の美貌の歌人、小野小町の画像でも十二単《じゅうにひとえ》姿やそれに類する姿ばかりだ。しかし、いわゆる十二単は九世紀にはまだ成立していない。これは後世のイメージである。

私たちは平安時代というと華美な十二単をまず連想するが、十二単という言葉の現存資料での初出は鎌倉時代の『源平盛衰記《げんぺいじょうすいき》』である。そして服飾規定の文献、いわゆる貴族装束の故実（伝統ルール）書でも女性の服制についての規定はほぼ見られず、まとまって参考にできるのは、十二世紀後半を生きた中級貴族、源雅亮《まさすけ》による『満佐須計装束抄《まさすけしょうぞくしょう》』を待たねばならない。つまり、『源氏物語』の時代以前の女性装束は、ビジュアルではわからないことが多い、いわば発展途上の段階だったのである。

実はこの時期の女性のファッションをうかがわせるのは、神社で御神体として祀られていた女神像である。日本において神像彫刻は仏像彫刻の影響を受けて成立したと考えられており、男神《だんしん》の姿は高級官僚の姿を思わせる。これは九世紀になって、有力な神には神階《しんかい》という官人と同様の位が与えられるようになったことと深く関連するようだ。そしてこの時代の神像には三種類がある。男神、女神《じょしん》、僧形《そうぎょう》の神である。男性と僧の装束がリアルに実物を写したとするならば、女性も当然そういうことになる。では女性の姿はどのようなものか。まず髪の毛は、『源氏物語絵巻《げんじものがたりえまき》』に見られるような垂髪《すいはつ》（センター分けロング）ではない。その姿は髪を頭の上で結《ゆ》い上げて後ろに垂らし、肩の前後にふんわりと落とす。そして衣装はゆったりした長袖のブラウスで、八幡三神《はちまんさんしん》の女神はその上に七分袖より短いベスト状のものを着る。下半身はたいていプリーツのある巻きスカートのようなものを身につけて、あぐらか片あぐらで座る。この形は奈良時代の唐服《とうふく》姿を簡略にした感じだ。鎌倉時代に完成したとされる十二単に比べ、髪型も衣装も動きやすそうだ。この姿なら後宮を動き回って天皇に近侍して、そのメッセージを男官に伝えることも楽々とできる。しかし、十二単でそれができるとは思いにくい。

ところが、このブラウス・ベスト・巻きスカートは、十二単では、それぞれ単《ひとえ》・唐衣《からぎぬ》・裳《も》と呼ばれているパーツにあたるものである。これらは、単を何枚も重ね着するという十二単の特徴とともに、その礼装として欠かせないものだった。平安時代には「裳唐衣《もからぎぬ》」、つまり、ベスト&スカートが貴族女性の正式な礼服の呼び方だったのだが、その構成要素はすでに九世紀に整っていた。

そして、この衣装の下に何枚もの単を重ね（現代に伝わるしきたりでは、単は中着として五枚重ね、これを五衣《いつつぎぬ》という）、髪の毛を垂髪にしていわゆる十二単ができてくる。つまり十二単とは、機能優先だった女性の朝服《ちょうふく》（朝廷に出仕するときの服装）が見栄え優先に転換したことで成立してきた礼服だったと考えられるのである。重ね着による美の見せ方は、『源氏物語』に頻繁に出てくる「紅梅《こうばい》の匂い（赤から薄桃色になっていく重ね方、冬・初春用）」、「萌黄《もえぎ》の匂い（深緑から薄緑になっていく重ね方、春用）」など、袖口《そでぐち》や襟元《えりもと》などといった箇所のグラデーション（襲色目《かさねいろめ》といい、季節に合わせて色の合わせ方を変える）の名前が定着していることから、十一世紀初頭にはおしゃれとして定着していたと推測でき、十二世紀前半の『源氏物語絵巻』にも、小袿《こうちぎ》姿や裳唐衣姿に近いものが描かれているので、この段階で完成していたものと考えられがちだが、鎌倉時代まではかなり流動的で、単を十数枚重ねたという話も伝わっている。十世紀末の一条朝以降、まさに『源氏物語』の成立期には過差《かさ》の禁制、つまり贅沢禁止令《ぜいたくきんしれい》がしばしば出され、そこで重視されたのは多彩な衣装の色であった。衣装の華美化と奢侈《しゃし》の禁令は同時進行で進んだものだとすれば、まさに『源氏物語』の成立期に女性たちの衣装が華美化していったものと考えられる。

先に見たように、十世紀後半は女流文学の勃興期《ぼっこうき》ではあるが、女官の本当の名前がわからなくなるなど、公人としての宮廷女性の役割が後退していく時期でもあった。そうした宮廷女性の社会的地位の低下とともに衣装の華美化・非機能化が進んでいる。それは女性たちが選んだ美意識ではなく、その経済的母体となる摂関家など有力者の権威の象徴として醸成《じょうせい》された、女性たちを飾り立てて鑑賞する美意識として発展してきたものである。「過差」が禁止される対象になったのが、美しい衣装を着る女房たちではなく、彼女たちに華美な装いをさせて競い合わせる権門貴族だったことは、それをよく示している。『源氏物語』「玉鬘」巻には、年末に光源氏《ひかるげんじ》が六条院《ろくじょういん》に住まわせる女性たちに配る衣装を見立てる場面があり、実際に当時は、引き出物として女房装束《にょうぼうしょうぞく》一式が男性貴族間で贈答されていた。清少納言や紫式部の礼装は必ずしも自前ではなかったのである。

十一世紀末の寛治《かんじ》五年（一〇九一）に、白河《しらかわ》上皇が皇太后《こうたいごう》（後冷泉《ごれいぜい》天皇の皇后だった藤原歓子《よしこ》。藤原教通《のりみち》の娘）の隠棲《いんせい》する小野《おの》の邸を訪れたが、不意な訪問にもかかわらず事前に情報を得ていた歓子が、女房装束の袖を斬って御簾《みす》の下から「打出《うちいで》」として見せて、しつらえを整えた、という話が『今鏡《いまかがみ》』や『古今著聞集《ここんちょもんじゅう》』に見られる。この時代には、美しく重ね着をした女性の衣装の袖を御簾の隙間《すきま》から見せることが流行《はや》っていたので、袖だけを並べて人が足りないのを補ったというわけだ。歓子の機転を称賛するエピソードだが、少し考えると、正装の女性たちは、壁の花のように御簾下に控え、主人を隠し、そのセンスを男たちに見せる役割を負うようになっていたことがわかる。

十世紀後半から十一世紀にかけて、女性たちは「美しく飾り立て、主人の権勢を誇るもの」化していくのである。

政治家としての藤原定子と清少納言

さて、女性の政治権力が衰退しつつあった十世紀後半に、その政治的能力で一時期の宮廷を席巻《せっけん》した女性こそ、藤原定子ではないかと私は思う。

定子の祖父、摂政《せっしょう》・関白兼家の結婚政策は父、師輔にならったのか、それまでの藤原摂関家とは少し変わっていた。彼の正妻は源氏や女王ではない、摂津守《せっつのかみ》藤原中正《なかまさ》の娘の時姫《ときひめ》だったのである。兄の関白兼通の正妻が昭子《あきこ》女王（陽成《ようぜい》上皇の子の元平《もとひら》親王の娘）、摂政伊尹《これただ》の正妻が醍醐天皇の子の代明《よしあきら》親王の娘恵子《やすこ》女王であることとは大きな違いである。この時代、とりあえず受領《ずりょう》はお金持ちだった。そして兼家は摂関家という血統の安定に伴い、他の系統との差をつけるため、名より実を取り、経済的基盤を重視した。つまり家の中に安定したお財布を持ったのである。

このためか、兼家と時姫の子の三兄弟はいずれもかなり個性的だった。長男道隆《みちたか》はフランクで自由奔放な大酒飲み。次男道兼《みちかね》は老成して冷酷な、いかにも政治家然とした気質。そして三男道長《みちなが》は度胸の据わった傑物《けつぶつ》で若くして大物なところがあった。『大鏡《おおかがみ》』『栄花物語』という歴史物語に詳しく描かれているとはいえ、ここまで性格が分かれた三兄弟というのも珍しい。

このうち、長男道隆は父にならって中級官人の娘を正妻にした。ただし、普通の受領層の娘ではない。相手は高階貴子《たかしなのたかこ》、文章生《もんじょうしょう》から大学頭《だいがくのかみ》を経て大和守《やまとのかみ》になり、一条天皇の東宮学士《とうぐうがくし》を務めた高階成忠《たかしなのなりただ》の娘である。つまり天皇に近い受領経験もある学者と縁を持ったことになる、いやそれ以上に、貴子は円融朝以来宮中で目立つ存在だった。父譲りなのか、『大鏡』などによると漢詩文に長じ、和歌も『百人一首』に入る（儀同三司母《ぎどうさんしのはは》）ほど。そして内侍《ないし》、つまり筆頭女官として円融、一条天皇に仕え、道隆と結婚した後も宮中に盛んに出入りしていた様子が『枕草子』に描かれている。

つまり道隆は、彼女の才能と宮中でのネットワークをねらって結婚したようなのである。道隆を見ていると、私のような古代史研究者は、すでに四人の男子を持ちながら、宮廷女官で元明《げんめい》天皇の信頼の厚い県犬養三千代《あがたいぬかいのみちよ》と結婚して光明《こうみょう》皇后を儲けた藤原不比《ふひと》等を思い出す。貴子の場合は、円融天皇に近いということはその女御で国母になった皇太后藤原詮子（道隆の同母妹）とも近かったのであり、道隆には父の兼家と何かというと対立していた円融天皇に接近する意図もあったかと思われる。

このように、最も有能な宮廷女官を正妻とした道隆は、子女にも恵まれる。その代表が先述した藤原伊周《これちか》と、その妹の定子である。『枕草子』の有名な「少納言《しょうなごん》よ、香炉峰《こうろほう》の雪いかならむ」と定子が問いかけ、清少納言が御簾を上げさせたエピソードがある。これは、漢詩を知っていてその知識をチラ見せする中宮とそれに対応する清少納言の「ほのぼのとした無邪気な関係」を書いているように思えるが、このような会話や、後述する、竹を「この君」と呼ぶエピソードを効かせたやりとりなどは、若い公達《きんだち》たちに、「このサロンには漢文を読める女性が大勢いる」という認識を持たせただろう。それは、たとえば藤原芳子や徽子女王のサロンとは大きな違いである。定子はおそらく母親譲りの聡明な性格で、いつでも漢学の謎かけができるくらいに漢文学に接する環境で育っている。それはかなり型破りの「キサキがね」だったのではないだろうか。生真面目な性格だったらしい一条天皇が定子入内後しばらく、彰子《あきこ》（しょうし）入内までは女御を置かなかったのも、このサロンが極めて「刺激的」なところだったからに違いない。

『栄花物語』が定子の入内について、「北の方（高階貴子）など宮仕にならひ給へれば、いたう奥ぶかなる事をばいとわろきものにおぼして、今めかしうけ近き御有様なり」（道隆の奥方などは宮仕えによく慣れていらっしゃるので、深窓に収まるなどは大変良くないと考えられ、現代的にごく近しい様子にしていらっしゃる）としているように、よく言えば奥ゆかしい、悪く言えば堅苦しい後宮ではなく、より現代的な開かれたスペースを目指していた。漢文の読める女たちの集う定子のサロンは、いわば漢学的教養を生かして天皇をサポートする女官で構成されていた奈良時代の内裏のような雰囲気になっていた。そのために、天皇をとりまく貴族たちにも「頭のいい物知りで、機転も利く者でないと相手にされない」雰囲気の、軽視できない存在になっていたのではないか。

そして長徳《ちょうとく》二年（九九六）に起こった長徳の変においては、定子は「恋人を奪った男が夜に忍んでいくのをおどかそうと矢を射かけたら、袖を貫いてお付きの童まで射殺してしまった。さらにそれが全くの誤解で、しかも相手が花山上皇だとわかり、昨日の権力者から一転して朝敵になってしまった」兄の伊周や弟の中納言《ちゅうなごん》隆家《たかいえ》を里邸の二条第《にじょうだい》にかくまい、ついに検非違使《けびいし》に踏み込まれるという結末を招く。すでに父の道隆はいないので、失敗したとはいえ、家長的な態度を示したわけである。そして彼女は手ずから髪を切って尼になるという強烈なアピールを行い、還俗《げんぞく》していないのに一条天皇の要請を受けて再び宮廷に戻り、内裏ではなく中宮《ちゅうぐう》職《しき》の曹司《ぞうじ》に入って、「職の曹司」の定子皇后と内裏の彰子中宮（藤原道長の長女）の二后体制を作り出す。この時代の研究者は私を含めほとんどが男性であり、このような彼女の行いは政治も世間も知らないお姫様のわがままだと、なんとなく理解されていたように思う。しかし彼女の気概は、長徳の変により中関白家《なかのかんぱくけ》（道隆の一族）の権威が大きく揺らいでからも変わらなかったと見える。

『枕草子』の「五月ばかり、月もなう」（岩波古典文学大系本一三七段）には、突然御簾ごしに差し込まれた呉竹《くれたけ》を、晋《しん》の王子猷《おうしゆう》の故事《こじ》を踏まえて「この君」と呼ぶエピソードがあるが、これは長徳の変の後の長保《ちょうほう》元年（九九九）のことと推定されている。定子が職の曹司にいた時期である。この時期の定子サロンを公卿《くぎょう》たちがからかい、それを、漢文教養で返したのである。

政治的に追いつめられていても定子サロンは健在だった。そしてこの切り返しの直撃を食らい、言い訳がましく現れたのが道長側近の知性派藤原行成《ゆきなり》だったのは、多分に道長への追従をねらった意地悪だったことを示しているように思える。『枕草子』が定子サロンの高度な知性を記録し、失ったものの大きさを残された男たちに示すような意味を持って書かれたとするならば、こうしたできごとを記録したことも、彼女らの強烈なアピールと読める。

ならば清少納言の最大の謎、なぜ彼女は少納言と呼ばれたのか、ということについても一つの仮説が出せるように思う。清少納言の眷属《けんぞく》には少納言の経験者がいないにもかかわらず、彼女が「少納言」と呼ばれていたことは『枕草子』の有名な「香炉峰の雪」の段から明らかなのだが、当時の宮廷では、一般的な女房の通り名として、侍従《じじゅう》や小弁《こべん》とともに少納言があったという説や、本来の少納言が「天皇に近侍する秘書官」的な役割であることを考慮すれば、中宮定子のそばに少納言のように近侍する、身分は高くないが軽視すべからざる有能な女房、という意味で「少納言」と呼ばれた可能性が高いと思う。だからこそ彼女は「定子の分身」として漢学の才能を道長や行成に「ひけらかす」必要があった。この主従は、かつての女帝や高級女官に劣らない存在として、男性貴族社会に対峙《たいじ》していたのではないだろうか。藤原定子が高階貴子の血を引く女性であるのに対して、清少納言は清原氏に生まれた女性である。高階氏は天武《てんむ》天皇の子の高市《たけち》皇子の子で、左大臣長屋《ながや》王の子孫、清原氏は高市の弟舎人《とねり》親王の子孫である。いずれも天武天皇に始まる奈良時代皇族の後裔《こうえい》(子孫)、つまり平安時代のアウトサイダーだということでもこの主従はつながりを感じていたのかもしれない。

そしてもしも定子が長生きをして一条天皇との関係を良好に保ち、その長男、敦康《あつやす》親王を庇護しつつ道隆の遺族、中関白家の実質的家長の役割を果たしていたとすれば、天皇と後宮の関係も新しいものになり、藤原伊周が挫折を繰り返してストレスで早世することもなく、その子孫たちの没落もなかったという未来が開けた可能性もないわけではないと思う。少し変わった定子の後宮は、女性がのびのびと発言する新しい後宮の先例になったかもしれないのである。

藤原彰子と女房文学

では定子が亡くなり、清少納言が過去の人となるとこういう体制は失われたのか、私はそうではないと思う。『栄花物語』では、藤原彰子の入内の際に女房四〇人が付いて、その選抜は、見てくれや心持も当然のこととして、四位・五位の娘でも、物腰の清らかさや、教養の現れ方を重視したとある。このような吟味されたサロンが彰子の周りにも形成され、その中に、漢字の一つも知らぬような顔をしている漢文学者の娘（紫式部）や、故実の家である大江氏の情報を利用して宮廷政治史を本（記録）にまとめようとする歴史家（赤染衛門）、恋の歌を詠ませればただただ天才（和泉式部《いずみしきぶ》）といった個性豊かなブレーンが集まってくる。

古来王権を讃えるのに必須の事項は、神話物語と歴史記録と神語りの歌謡であった。漢文教養が爛熟《らんじゅく》し、神話は仏教に、歴史書は故実の日記に、歌謡はテクニックを競う和歌に姿を変え、教養人としての文人が形骸化していく社会において、彼女たちは学問の家から選抜された。勧修寺《かじゅうじ》流藤原氏出身の紫式部（理想化された仮想宮廷物語）、大江匡衡《おおえのまさひら》の妻の赤染衛門（実録歴史物語）、大江氏の生まれの和泉式部（規範にとらわれない天才歌人）という形で王権を語る女性たち、この三人を擁していたこと自体、彰子のサロンが定子の経験と実績を受け継いだものだったといえるのではないかと思う。しかし彼女らは、清少納言のように、ピエロ的に思えるほど知性をアピールする必要はなく、むしろそれを抑制することで中宮彰子を宮廷内の重鎮としようとしていたようにも思われる。だからこそ紫式部は「ことさらに賢ぶって漢字なんか書き散らしているけど、不足しているところも多い。こんなにも目立ちたがる人の行く末はろくなものじゃないね」と清少納言を、いや、その向こうに透けて見える男性貴族社会と真正面から向き合った定子サロンを否定したのではなかったか。

そして彰子のサロンもまた男性社会に唯々諾々《いいだくだく》と従っていくものではなかった。『源氏物語』における理想の貴族像として描かれるのは、実務派で国家の重鎮となる源氏の長男、夕霧《ゆうぎり》である。その姿や源氏の教育方針には、不遇な学者であった父、藤原為時への想《おも》いが込められ、また門閥貴族社会への痛烈な皮肉が垣間見《かいまみ》える。そして『源氏物語』の最後の勝利者は、地方に土着した播磨《はりまの》（兵庫県）守《かみ》の娘で、源氏の女君の中では日陰の役割に終始していながら、源氏が最も信頼を置く妻の「紫《むらさき》の上《うえ》」に託した一人娘が中宮となり、皇太子の祖母となったことにより、国母とまで呼ばれた「明石《あかし》の上」、地方を知り、京を生き抜いた女性なのである。『源氏物語』もまたシンデレラ物語であり、後宮の同人誌から始まり、現代の二次創作まで読み継がれてきた理由の一つである。

『紫式部日記』には、『源氏物語』を読んだ一条天皇が、「この人は日本紀《にほんぎ》をこそ読みたるべけれ、まことに才あるべし」と評したという、国文愛好者には有名な話がある。「この人はあの『日本書紀《にほんしょき》』をしっかり読んでいるに違いないだろう、大変学識のある人だ」というこのひとことはなかなかに興味深い。なぜ『源氏物語』から『日本書紀』が連想されるのだろう。

そもそも平安中期は、何度も触れてきたが、『六国史《りっこくし》』のような歴史書のない時代である。現代でもこの時代については、歴史学より国文学の研究が盛んなのはそのためでもある。つまり、一条天皇の時代には、歴史書など過去の遺物にすぎなかったはずなのだ。あらためて述べるが、九世紀の後半、寛平《かんぴょう》四年(八九二)に『類聚国史《るいじゅこくし》』という本(公文書)が作られた。菅《すが》原道真《わらのみちざね》の編だとされている。この本は、『六国史』を「神祇《じんぎ》」とか「帝王《ていおう》」など項目別に分類して、その項目内で時代順に並べた、いわばデータベースである。もともと中国では膨大な文献を利用しやすくする索引としてこうした類書《るいしょ》が作られていた。日本でもそれにならって『官《かん》曹事類《そうじるい》』などの類書があったが、この本は『六国史』を文字通りばらして並べなおしたもので、いわば厳選された歴史書の文章がそのままカット&ペーストされているため、非常に利用しやすかったらしい。そのため全二〇〇巻の大部《たいぶ》であるにもかかわらず、現在まで六一巻が受け継がれている。

こうしたデータベース化は「部類」と呼ばれ、『小右記《しょうゆうき》』『中右記《ちゅうゆうき》』など大部な貴族日記などでも行われている。つまり簡単に検索できる情報がもてはやされた。歴史書自体は作られていないのに。理由はなぜか。先例を見るのに便利だったからである。平安中期の行政は実に受身的で、先例としてどのように事態に対応していたか、その枠から離れないことを前提にしている。いわば過去こそが栄光の時代で、今の人間がどうこういうものでもないという意識が強かった。だから新しい事象を積み上げていく「歴史」には強い関心がなく、事件と対処を記録していく「日記」のほうがありがたかったのだと思う。

ところが本来歴史書とはそういうものではない。本場中国においては、新しい王朝が成立すれば前の王朝の歴史書を作らなければならない。それは先王朝を客観的に評価し、新しい王朝がなぜ成立したかの必然性、つまり歴史的正統性を明確にするために必須だったのである（ちなみに三〇〇年続いた唐の歴史書には『旧唐書《くとうじょ》』と『新唐書《しんとうじょ》』の二バージョンがあるが、『旧唐書』はわずか一〇年で滅びた後晋《こうしん》が編纂している。国の体制も固まっていないのに作らなければならなかったほど歴史書編纂は重要だったのである）。しかし日本ではいわゆる王朝交替の危険性が十世紀くらいにはかなり薄れてきて、一方で延喜（醍醐天皇の時代）、天暦（村上天皇の時代）を「聖代」として賛美する反面、批判することがはばかられる意識が出てくるなど、過去を批判的に振り返ることは好まれなくなるようだ。

ところが一方、「国家」ができてくる歴史である『日本書紀』はどうやら特別視されたらしい。もともと『日本書紀』で最も長いのは天武《てんむ》・持統《じとう》朝で、かなり行政記録的な内容になっており、国家運営というのはこうして軌道に乗るのだな、という実感がつかめるような内容になっている（それ以前の天智《てんじ》朝の記録は壬申《じんしん》の乱でかなり散逸したようでもある）。

つまり『日本書紀』は現代史の教科書として書かれたもので、『古事記《こじき》』が推古《すいこ》天皇の時代でフェイドアウトするように終わるのとは全く異なる様式の歴史書だった。そして『日本書紀』は以後の歴史書に比べてはるかに美文的な修辞が多い。これは中国南朝の梁《りょう》で編まれた『文選《もんぜん》』のような名詩文集から表現や内容を借りている部分が多いからで、いわば平安時代の漢文使用層よりかなり高いレベルの文章で書かれている。だから九世紀から十世紀にかけては「日本紀講書《にほんぎこうしょ》」という勉強会が行われていた。つまり『日本書紀』は十分に知られているが、今はもう作れない「伝説の秘伝書」だったのである。そうした本をしっかり学び、歴史というものを見極めて物語（つまり、今風にいえば「どこかの日本」の歴史ファンタジー小説）を創っている、これが一条天皇の『源氏物語』に対する率直な感想だったと思う。

『源氏物語』「夕顔《ゆうがお》」巻の、すでに亡くなっている「先坊《せんぼう》」（前の皇太子）は醍醐天皇皇太子だった保明《やすあきら》親王をイメージし、その妻の六条御息所は先述のように、斎宮女御がモデルだといわれる。宮廷で起こるさまざまなことの多くにはモデルがあり、それを桐壺院《きりつぼいん》・光源氏・薫《かおる》大将《だいしょう》の三世代にわたって、第三者的な視点で描いていく行為は、まさに歴史書の叙述に近い。

一方その同僚の赤染衛門は、本格的な歴史書『栄花物語』を、ひらがな文学という形で作ってしまった。彼女らインテリ受領層の娘たち、つまり実際に行政を動かす家族や、宮廷に生きる主人たちを見ながら生きる階層の女性たちが生んだ文学は、時間の経過を第三者的な目から見る「歴史」という分野に、女性の視点を盛り込んだ。宮廷文学は単なる「お話」ではなく、内裏の中から社会を客観的に描写し、風刺する文学への展開を見せるようになる。その意味では、彼女たちはその立場から政治に参画していたのであり、それは内裏から外に飛び出し斎宮からメッセージを投げかけた斎宮女御の視点の後継者ともいえるのである。

再び立ち上がる女たち

さて、この時代の事件を起こす女性は意外に皇族に多い。皇族女性は貴族の婚姻政争に巻き込まれることが少なく、特に内親王は結婚が義務でなかったことも影響しているのかもしれない。その意味で斎王(斎宮・斎院《さいいん》)という生き方には注目できることが多い。

花山朝の斎王、済子女王には、野宮で平致光《たいらのむねみつ》という武士と密通をしたという噂が立った。その真偽はわからない。しかし平安末期に『小柴垣草紙《こしばがきそうし》』という春画絵巻《しゅんがえまき》が作られるほど、長く語り継がれるインパクトのある噂だった。その次の次、三条《さんじょう》朝の斎王当子《まさこ》内親王は、伊勢に下る前の野宮で、父の天皇の「宝算《ほうさん》」つまり在位が一八年という吉夢を見た。そして伊勢では何も異常がないことを父天皇に連絡している。まさに理想的な斎王だったのだが、帰京の後には藤原伊周の子の道雅《みちまさ》と恋愛関係になって父上皇を激怒させ、手ずから尼になったと、

『栄花物語』が書き残している。

賀茂斎院《かもさいいん》では先に述べた選子内親王、大斎院と呼ばれ、円融・花山・一条・三条・後一条《ごいちじょう》五代の天皇の間奉仕したという斎王が出た。紫式部が対抗意識を燃やすような文芸サロンを作り上げ、摂関家でも無視できない権威を持ち、斎王でありながら仏教にも接近し、退下の後は出家したという、人生を生き切った斎王である。また、この次代の後朱雀《ごすざく》天皇皇女の斎院娟　子《うるわしきこ》内親王は退下の後　源　俊房《みなもとのとしふさ》という二世源氏と恋愛関係になって駆け落ちを決行し「狂　斎院《たはぶれ》」といわれている。

一方、同時代の伊勢斎宮には、娟子の姉の斎宮良子《ながこ》内親王がいた。良子にはこの種のスキャンダルはないが、伊勢外宮《げくう》の倒壊や内裏の火災などの大事件についての夢告を父天皇に報告して、事態の鎮静を図っている。天皇を補佐しようとした当子内親王と良子内親王の間の斎王が、長元《ちょうげん》の託宣、つまり長元四年（一〇三一）に内宮月次祭《ないくうつきなみさい》の場で、内宮別宮《ないくうべつぐう》の荒　祭　宮《あらまつりのみや》の託宣と称して、時の後一条天皇を神宮軽視と糾弾し、斎宮頭藤原相通《すけみち》夫妻を流罪に追い込むという荒事をやってのけた嫥子《よしこ》女王である。その背景には、成人となった後一条を押さえ込もうとした関白藤原頼通《よりみち》の意図があったようだ。

こうした斎王たちの周囲にも、記録にこそ残らないが紫式部や清少納言のような女房たちが付いていたのであり、斎宮や斎院では内侍や宣旨《せんじ》などの女官身分を持っていたりする。たとえば良子内親王のために開かれた「斎宮貝合《さいくうかいあわせ》」などは女官のサポートなしではなしえなかったイベントである。

そして、良子・娟子の母の禎子《さだこ》内親王は、三条天皇と藤原道長の娘妍子《きよこ》の娘でありながら、後朱雀天皇亡き後、息子の後三条《ごさんじょう》天皇を皇位に就けるため、伯父の関白藤原頼通と水面下で激しく対立し、ついに摂関家と直接の血縁関係を持たない後三条天皇を即位させることに成功する。つまり禎子内親王は「摂関政治をぶっ潰し、院政への道を拓《ひら》いた功労者」と評価できる存在で、女性たちのサロンは宮廷の男性社会とはいささか異なる価値観で動いていたことをうかがわせる。こうしたサロンの閉鎖性と団結性が次の時代、つまり平安後期には、皇后や中宮ではない「女院《にょいん》」という形で現れてくる。郁芳門院《いくほうもんいん》（白河皇女媞子《よしこ》内親王、元斎宮）、上西門院《じょうさいもんいん》（鳥羽《とば》皇女統子《むねこ》内親王、元斎院）、八条院《はちじょういん》（鳥羽皇女暲子《たまこ》内親王）、殷富門院《いんぷもんいん》（後白河《ごしらかわ》皇女亮子《あきこ》内親王、元斎宮）など、未婚の皇族女性たちで、彼女らは待賢門院《たいけんもんいん》（鳥羽天皇の中宮藤原璋子《たまこ》）や美《び》福門院《ふくもんいん》（鳥羽天皇皇后藤原得子《なりこ》）など天皇の母になった貴族女性とともに、院政《いんせい》期《き》から源平《げんぺい》合戦期に大きな存在となっていく。摂関家出身の天台《てんだい》座主、つまり仏教界のトップ慈円《じえん》をして「女人入眼の日本国」（女人が動かないと日本は前に進まない国）といわしめた社会の胎動は十世紀から始まっていた。女院は天皇の母や内親王の立場として社会的身分を固定させ、その地位を生かして、天皇・上皇の膨大な財産を管理して天皇を後見する地位を一〇〇年以上かけて築き上げていったのである。

第十章　平安前期二〇〇年の行きついたところ

男性貴族たちの「政治」とは

桓武《かんむ》天皇が構築した社会はすっかり変わってしまった。門閥貴族と有能な官人たち、そして天皇側近の女官が政治を動かす九世紀から、摂関家《せっかんけ》・その傍流の藤原《ふじわら》氏、一世、二世源氏《げんじ》などだけが政治に関わり、それ以外の貴族層は受領《ずりょう》や摂関家の家司《けいし》として彼らの下支えとなり、女官たちは女御《にょうご》に付く女房《にょうぼう》となり、正式な名前もわからなくなっていく。十世紀はまさにそうした社会に向けての転回期で、十世紀後半期には、現代の私たちが平安時代という言葉からイメージする社会が確定していく。それこそがいわゆる「王朝文化」の時代といえるだろう。

十世紀から十一世紀前半にかけての男性貴族たちの政治の実態を見ると、政権の強化に努め、新たな政治形態を試行するような体制ではなかったことがうかがえる。この時代の政治は、奈《な》良《ら》時代の律令国家《りつりょうこっか》から小さな政府へと変化しており、次のようなことが指摘されている。

①地方国司《こくし》への権限の委任を強めてプロパーの地方官を育成し、一方で交替の時のチェックを厳しくする。

②それまで大寺院や大貴族が地方有力者を動員して行っていた耕地開発を、荘園《しょうえん》（国営地の民間払い下げ）として認定し、国家でデータを一括管理しつつも、国府の支配する領域（国衙領《こくがりょう》）との線引きを明らかにする。

③重要な寺社の祭祀に積極的に関わり、国家的な祈願を行うとともに、宗教への統制を行える体制を維持する。（国家的な宗教管理の維持）

④年中行事を滞りなく実施することで季節の循環を守り、空間・時間を支配する王権の権威を公開する。（暦の管理により、権力が時間を支配するイメージを植え付ける）

⑤重要なできごとについて記録して整理し、前例として保存して、以後のためのマニュアルを作成、保存する。（有職故実《ゆうそくこじつ》により、前例主義の支配が浸透する）

⑥貴族としての共通情報のレベルを上げて、政務の滞りを少なくするとともに、日常も含む相互依存性を高める。（故実の流派の成立と、子孫に向けた独占情報の記録である日記の作成）

⑦宮廷内・京内の清浄と平安を保ち、地方支配の範となるよう心掛ける。具体的には、貴族の死刑は軽減し、流罪とすることを原則とする。（死刑より京の清浄が重視されるほど地域への関心が軽視される）

⑧外交には興味をなくす。宇多《うだ》天皇は第四章で触れた「寛平遺誡《かんぴょうゆいかい》」で、李環《りかん》*という外国人

に直接謁見したことを反省し、外国人とは御簾《みす》ごしで会うようにと指示している。そして十世紀前半には唐をはじめ渤海《ぼっかい》、新羅《しらぎ》も滅び、外国からの国家的な使節が来なくなるので、天皇は全く外国人とは会わなくなる。大貴族たちも宋《そう》や遼《りょう》など大陸の王朝との政治的関係は求めない。しかし唐物《からもの》と呼ばれた輸入貴重品の入手には熱心である。（外交をやめて、モノに特化された対外交流）

＊李環は菅原道真《すがわらのみちざね》とも親交のあった唐商らしく、遣唐使《けんとうし》派遣の情報収集のために謁見したが、遣唐使の中断により意味がなくなったことを指すようである。

かつては、この時代の貴族は政治に興味を失い、遊びにうつつを抜かしつつ、陰険な権力闘争に明け暮れ、庶民のことなどは考えない、縁起ばかり担いで仕事もしない、どうしようもない連中だと考えられ、それがやがて武士に社会を乗っ取られても当然な平安貴族のイメージになっていた。しかし近年では、真面目に年中行事をすることこそが貴族の政治で、彼らは決してだらだらと先例任せの政治をしていたわけではなかったといわれている。そしてこの時代には中央集権、というか地方勢力の中央依存による求心性はかえって強まっていた、という考え方が優勢である。また一方では、貴族といってもなかなか品が悪く、暴力的な集団だったという指摘もある。十一世紀の貴族たちは不真面目だったのか真面目だったのか。私は、同じことを両面から見ているのだと思う。

これまで挙げてきた貴族たちの姿勢は、九世紀に行われたさまざまな政治実験の着地点だろう。奈良時代に確立した国家的支配体系、要するに全国の土地を国有として、班田《はんでん》、つまり生産者に配って税収を上げる体制は、国府が支配する国衙領と呼ばれる地域に限られる支配体制に変わっていった。それ以外の地域は、地元の有力者が開拓した土地を大貴族や寺社に寄進した荘園となり、税を払わないという二重構造に変わっていく。しかし彼ら荘園の領主層もまた、大貴族や寺院に収入の一部を上納し、献物をして地位や名誉を得て、京で官位を得ることもあったのだから、その収益もまた地域で全面消費されるのではなく、都に回収される仕組みになっていた。その意味で京と地域を結ぶ回路は奈良時代より多様になり、物や人の動きはより活発になる。私たちの恩師の世代の研究者は、国家的税制が崩壊したはずの十世紀社会のほうが、なぜか八世紀より贅沢な社会に見える、としばしばいっておられたが、それはつまりこういう結果なのではないか。新田の開発によって資産を増やした領主は、その資産を活用するために京に送る。そして物流の求心性が高まったことで、その核である京の消費文化が盛んになり、王朝文化が花開き、それがまた地方にも展開するのである。

九世紀の政治の目標は、律令という、体系的にまとまってはいるが、大陸の制度を日本社会に当てはめたため何かと無理があり、空虚なスローガンになりがちだった八世紀の法を実践に移し、天皇を頂点とした官僚制度を確立することだったと私は考えている。そして地方の知識人を政治に取り込み、地方支配体制も国守を通して安定化して、大陸との通交も国家独占から民間委託に替えて、遣唐使すら不要になり、大貴族が王権を支えてバランスを取ることが政治の基本になり、王朝交替の危険性もなくなった。平安京《へいあんきょう》からの遷都がなくなったことや、軍団制の廃止など造営・軍備の縮小による国家予算の軽減化も社会の安定と連動したものだといえる。また、九世紀は大地震をはじめとする災害の時代だったが、こうした対応で何とか乗りきれたようだ。その意味で桓武天皇が建てた国家再建の目標は、醍醐《だいご》天皇の段階でようやく完成したといえる。その象徴的な法律こそ、平安時代的な荘園制を支配体制の中に位置付けた延《えん》喜《ぎ》荘園整理令《しょうえんせいりれい》であり、当時の社会に適合した法律を選定した律令の施行細則集《しこうさいそくしゅう》である『延喜《えんぎ》式《しき》』だった。

十世紀の社会は、それらが示した方向性の延長線上にできた貴族社会だったといえるのではないだろうか。

僧侶と仏教の意識の変化

東大寺《とうだいじ》的な寺院の造営、つまり国家事業としての寺院・僧侶・経典の作成が姿を消していったのもこの時代の特性といえる。国立の寺院は東寺《とうじ》・西寺《さいじ》の造営を最後に姿を消し、大寺としては、延暦寺《えんりゃくじ》・嘉祥寺《かしょうじ》・貞観寺《じょうがんじ》・元慶寺《がんぎょうじ》・仁和寺《にんなじ》など年号の付いた寺院が増加するのはこの時代である。これらの寺は天皇の私寺で、延暦寺、貞観寺、仁和寺はそれぞれ桓武天皇、清《せい》和《わ》天皇、宇多天皇の御願寺《ぎょがんじ》（天皇が私的に祈願する寺）としてその時代には大変権勢を誇った。

また、嘉祥寺は仁明《にんみょう》天皇の陵近くに造られた「陵寺《りょうじ》」の最初の例と指摘されている。これらの寺院には寺領が与えられたりして、その経営基盤が保証されたが、立場は官寺ではなく、造仏や写経に国家が関与するわけではない。ではなぜ維持ができたのか。その背景には、これらの寺院の多くが、天台《てんだい》・真言宗《しんごんしゅう》の経営に委ねられていたことがある。

かいつまんでいえば、天台・真言宗は自立した教団である。それ以前の南都六宗《なんとろくしゅう》、すなわち華厳宗《けごんしゅう》やら法相宗《ほっそうしゅう》やらの奈良仏教が、いわば仏教という大きな知恵の体系（教理《きょうり》）の一部を取り出したもの、あるいは大学という「知の殿堂」の中の「学部」のようなものだったのに対して、天台宗と真言宗は戒壇《かいだん》を持っていた。つまり、「僧侶の資格は国家が許認可する」という奈良時代の仏教から独立して、自分の力で僧侶を養成できる独立した私立学校のようなものだった。これは最澄《さいちょう》・円仁《えんにん》・空海《くうかい》といった唐への留学により教団という「政治」を身に着けた僧侶たちの活動がそのまま反映されたものといっていい。彼らが唐でおそらく目にしたのは仏教と道教《どうきょう》と儒教《じゅきょう》（そのほか祆教《けんきょう》〔ゾロアスター教〕や景教《けいきょう》〔ネストリウス派キリスト教〕にも触れていたかも）など各宗教の盛衰、そして仏教と皇帝という聖俗の深刻な対立、具体的には僧侶は仏以外に皇帝を拝んでいいのか、という問題だった。唐の会昌《かいしょう》五年（八四五）に起こった仏教大弾圧（会昌の廃仏《はいぶつ》）に遭遇した円仁など、まさにこの問題に直面していたことになる。

最澄・空海・円仁

最澄は唐に留学して、最も完結した国家仏教（南都六宗はその下部組織ともいえる）の天台宗を学んだ。それは皇帝をも仏教の体系下に位置付けるものであり、そこに外来宗教としての仏教の強みと弱み、そして道教の付け込む隙があった。道教は仏教の影響を受けて体系化した中国固有の宗教で、起源とされる老子《ろうし》が「李《り》」姓だと称していたため、皇帝が李姓の唐には接近しやすい立場でもあった。最澄はこうした弱みも知っていたから自らの教えの中心を京から離れた比叡山《ひえいざん》に置き、嵯峨《さが》天皇からここに戒壇を開く許可を得た。いわば仏教の「自治の砦《とりで》」を創ったのである。

一方唐代の仏教には、密教の影響も強く及んでいた。密教は「秘密の仏教」であり、梵語《ぼんご》（古代インドのサンスクリット語）を仏の真実の言葉「真言《しんごん》」とする真言宗がその代表だった。この宗教は梵語をマジックアイテムとして、護摩《ごま》を焚《た》き、十一面《じゅういちめん》や千手千眼《せんじゅせんげん》など異形《いぎょう》の観音菩薩、つまり人間に直接接する菩薩と対峙する、魔術的な傾向を強めた。見るからに印象的なパフォーマンスを行い、信徒の心を感性的に鷲掴《わしづか》みにする。これに目を付けたのが空海である。密教の存在は最澄も知ってはいたが、いかんせん天台教学の中では異端であり、国家留学僧として限られた時間しか持てなかったため、そのすべてを理解して帰国したわけではなかった。しかし空海は、私的な留学生として渡唐し、真言宗の神髄《しんずい》を会得《えとく》したと称して大宰府《だざいふ》で山岳修行《さんがくしゅぎょう》のパフォーマンスを行い、嵯峨・淳和《じゅんな》天皇への売り込みに成功する。空海は内裏《だいり》直属の護《ご》持僧《じそう》となり、さらに東寺と高野山金剛峯寺《こうやさんこんごうぶじ》のトップという二足の草鞋《わらじ》を履き、ついには東大寺をも真言宗の傘下の寺院にしてしまう。

承和《じょうわ》元年（八三四）十二月、空海は内裏で行われていた仏教イベントの最勝王経会《さいしょうおうきょうえ》の大改革を提案する上表を仁明天皇に行った。それまでは読経（つまり外国語による講義）と論説により行われていた、いわば辛気臭《しんきくさ》い行事を、仏画《ぶつが》（おそらく両界曼荼羅《りょうかいまんだら》。これは胎蔵界曼荼羅《たいぞうかいまんだら》・金《こん》剛界曼荼羅《ごうかいまんだら》から成る、仏の集合体で描く宇宙画のようなもの）、いろいろな仏像・尊像《そんぞう》の陳列、陀《だ》羅尼《らに》の詠唱と学問的な講説を一体化したビジュアルイベントとして、それを大極殿《だいごくでん》でやってのけた。このとき、天皇の至高《しこう》の地位を示す場であったはずの大極殿は、いわば３Ｄ化された仏教聖地と化したのである。

こうして空海は仏教のマジカルパフォーマンス化に成功する。そして同じころ、天台宗にも密教を根付かせるべく、最澄の遺志を受け継ぎ、円仁が最後の遣唐使とともに渡唐していた。円仁は最澄がなしえなかった体系的な真言伝授を受け、「会昌の廃仏」という大仏教弾圧を体験しながら、新羅の大海商の張宝高《ちょうほうこう》に連なる商人の助けもあって、膨大な経典の招来《しょうらい》に成功する。こうして九世紀の密教は真言密教（東密《とうみつ》）と、天台密教（台密《たいみつ》）という二つの密教教団と化す。そして本場中国において密教が会昌の廃仏以降衰退したこともあり、円仁の後で唐に渡り、園城寺《おんじょうじ》（三井寺《みいでら》）の開祖となった円珍《えんちん》などを最後の世代として、海外からの新規情報はもうほとんど期待できなくなる。彼らができるのは既存《きそん》の経典による学問と山岳修行による悟りの会得であり、大峰山頂《おおみねさんちょう》に化現《けげん》したという日本独特の護法神《ごほうしん》の蔵王権現《ざおうごんげん》の信仰をはじめとする、神まつりや道教的な思惟《しゆい》まで取り込んだ、独自の信仰が次々に生み出されていく。本家から切り離され、いわばガラパゴス化した平安仏教は、著しく独自的、魔術的な色彩を強めていくのである。

なお、ここで改めて注意しておくべきは、彼らの出身氏族である。最澄は近江《おうみ》の三津《みつ》氏、空海は讃岐《さぬき》の佐伯《さえき》氏、円仁は下野《しもつけ》の壬生《みぶ》氏、円珍は讃岐の和気《わけ》氏で、いずれも渡来系《とらいけい》氏族が早くから定着していた地域の有力者の子弟である。外来文化に接しやすい地域出身の知識人が中央で立身していく仕組み、九世紀の官人育成とよく似た人材育成が行われていたことをうかがわせる。彼らも明らかに時代とともに生きていたのである。

仏教も変わりゆく

しかし十世紀になると、大陸に渡る仏教僧のイメージも大きく変わってくる。入唐《にっとう》八家という言葉があり、最澄・空海・常暁《じょうぎょう》・円行《えんぎょう》・円仁・恵雲《えうん》・円珍・宗叡《しゅうえい》の八人の僧を指すが、彼らは終焉間近な唐に渡り、密教を日本に伝えた僧侶たちである。この中で最後に帰国したのが貞観《じょうがん》七年（八六五）に帰国した宗叡だが、宗叡をはじめ、円珍や恵雲は海商の船に便乗しており、遣唐使とともに学ぶ留学僧という形はすでに崩れていた。

中国に渡る僧は十世紀にも少なくはなかったが、たとえば寂照《じゃくしょう》（九六二〜一〇三四）のように長く宋に止まり、円通大師《えんつうだいし》の号を得たが、ついに客死したり、成尋《じょうじん》（一〇一一～八一）のように天台山《てんだいさん》や五台山《ごだいさん》を巡礼し、『参天台五台山記《さんてんだいごだいさんき》』という旅行記を著し、彼《か》の地で善慧大師《ぜんねだいし》の号を得て、やはり客死するといった、奈良時代のように留学僧として新しい知識を学び伝えるのとは少し違う例が増えてくる。密教が大陸で衰退していたこともあり、早急に新しい仏教や思想を求めていたというわけではない。十世紀には天台宗の思想の中から、浄土教《じょうどきょう》という新しいムーブメントが起こり、貴族から庶民まで極楽往生《ごくらくおうじょう》への希求意識が高まるが、これは空也《くうや》（九〇三～九七二）や源信《げんしん》（九四二～一〇一七）など、国内で活動した僧侶たちによるところが大きい。もちろん臨済宗《りんざいしゅう》の開祖栄西《えいさい》（一一四一～一二一五）のように、半年の短期留学をするような例もある。しかし、仏教の興隆のためなら命もいらない、という円仁たち以前とは少し趣が変わっているように思える。それは仏教の日本化といえる変化であった。

模倣した律令制の行きついたところ

八世紀の社会は、中国で完成していた律令制が、日本という「新しい国」を建設していくべき社会にどのように適合できるか、という壮大な実験のもとにあった。家族も地域のあり方も生産体制も情報処理も全く違う社会に導入された律令制は、サイズの合っていない、新品の服を着た子供のような律令国家を作り上げた。本家中国では令（民法）の多くは散逸してしまっているが、近年、唐令《とうれい》の条文を多く引用して、北宋《ほくそう》代の天聖《てんせい》七年（一〇二九）に編纂された

『天聖令《てんせいれい》』が発見され、その研究は著しく進んでいる。そのため日本令との相違点が次々に明らかになり、律令国家に空虚な一面があったことは否めなくなっている。しかし国家システムというものは何か、という大きな課題と経験を全国的に展開したことは大きな意義があったと思う。何より律令制的支配体制こそ、それから一一〇〇年以上、近代国家の形成まで、「日本」という外枠を規定してきたのである。

しかし外枠はともかく、その内側では実体に合わない仕組みをどのように適合させるのか、多様な実験が各階層で行われていた。それは律令国家の克服でもあった。

たとえば、中央から派遣された国司が膨大なデータ作成によって支配体制を形作った地方の「国」は、九世紀以降、いろいろな自立を模索しはじめる。地方支配を動かしていたのは、在《ざい》庁《ちょう》と呼ばれる地域出身の官人たちである。何度も繰り返すが、国司は受領で、京からやってきて三年ほどで交替する。しかしそのまま止まって開発領主《かいはつりょうしゅ》となったり、その子孫が土着したりする例も多かったのは、平将門《たいらのまさかど》をはじめとする桓武平氏《へいし》の動向を見るだけでもよくわかるだろう。彼らの土着を利用したと考えられるのが八世紀以来の郡司《ぐんじ》層で、彼らと血縁を結ぶことで自らの一族の地位を上げることが盛んに行われた。つまり土着した国司一族の根っこの部分、経済基盤を支えたのは在地豪族だったのである。こうして時代の変化の荒波をかいくぐり、国府に接近した彼らが選んだ道が在庁官人《ざいちょうかんじん》、つまり中央の官位・官職を持ち、権力を強める「地域の親玉の官人」の道だった。『源氏物語《げんじものがたり》』に出てくる大宰府の有力者「大夫監《たゆうのげん》」などもこの類の典型と考えていい。

彼らは国衙運営の代償として、自らの権益を高めるため、国府の権限を最大限まで引き出そうとしたらしい。その一つが先に触れた有力寺社の推薦である。九世紀には、衰退する国分寺《こくぶんじ》に代わって、地方豪族が建立した寺院に国家的な庇護を与える「定額寺《じょうがくじ》」の制度が行われていた。また、個別の神社の請願運動の成果である神社の格付け、明神《みょうじん》・大社《たいしゃ》・神階《しんかい》とともに、有力神社を「一宮《いちのみや》」（その国で第一番の神社として指定された神社。二宮、三宮まで置いた国も多い）として指定し、国司が優先的に祈願するところとする動きも現れた。これらの寺社は在庁官人と深く関わるところから選ばれたものと考えられる。つまり、時代の変化によって古い秩序、八世紀的な戸籍や班田制《はんでんせい》などに顕《あらわ》れる公地《こうち》公民制《こうみんせい》という建前を支えていた地域構造（在地《ざいち》首長制《しゅちょうせい》といわれてきた）が崩れ、生き残った地域有力者が、荘園と国衙領という形で、半ば勝手に国府や国家との間に新たな秩序を築いていく時代に、寺社もまた必然的に淘汰《とうた》が行われ、そこで生き残ったのが、天台宗や真言宗と結びついた神仏習合《しんぶつしゅうごう》の社寺群ということができるのだろう。地方支配の再編とともに寺社の再構築も全国的に行われ、そこには、人と金の流れを大きく変えるエネルギーが働いていたはずである。

八世紀的な常識では生き残れない以上、新しい常識が必要になる。しかし地方が自立するにはまだまだカード、つまり先進的な情報が足りない。それにはもうしばらくの時間を要した。したがって古い秩序に代わる新しいチャンネルを国府と京の間に開いて、それにぶら下がるしか生き残るすべがない。というと何やら芥川龍之介《あくたがわりゅうのすけ》の「蜘蛛《くも》の糸」の主人公、お釈迦さまの垂らした蜘蛛の糸にぶら下がる盗人のカンダタめいてくるが、この社会のカンダタはもっとしたたかだった。そこにできるだけ多くの利益をぶら下げ、貴族・皇族・大寺社などに釣り上げさせたものが勝ちなのである。そして都はその利益を吸い上げ、新たな情報を返す。そして衣食住すべてにわたり、京の情報が人とモノとともに地方に拡散される。

しかしそのすべてが浸透するわけではない、受けるほうも選択しているのである。捨てるものは徹底的に捨て、不要なものは取らない。そんな取捨選択が地域でも行われているのである。地域もまた、都を変えていくのである。たとえば、文徳《もんとく》朝に常陸《ひたち》国大洗《おおあらい》海岸に突然流れ着いた謎の石の神は、大名持《おおなもち》少彦名神《すくなひこなのかみ》というとんでもなく古い名前を持ち出し、酒烈《さかつら》（大洗）磯《いそ》前薬師菩薩《ざきやくしぼさつ》神社という神とも仏ともつかない新しい神社として『延喜式』に収まった。これもまた、京から発信されてきた薬師・菩薩という「仏様」の情報を地域で理解できるレベルに組み直し、病気を治してくれる「神様」にアレンジしてしまった一例だろう。

九世紀には地方出身の俊英が都で参議《さんぎ》にまで上るという夢のような話がしばしば現実になったが、十世紀にはそうした道は閉ざされてしまう。しかし地方は地方で新たな秩序を作り、いわば地方の支配を国家から請け負う体制が作れるようになっていた。十世紀は、王権がそれまで握り込んでいた情報を地方に下ろし、地方の有力者がサバイバルを賭けてそれを選択的に消化し、最終的に在庁官人という「システム」を作り上げた時代だと位置付けることができるように思う。

一方宮中では、八世紀には男性に伍して国家を支えていた女官たちの役割が次第に見えなくなり、その名前すら伝わらなくなる。皇后《こうごう》をトップとする後宮システムは解体し、内裏は多数の女御や更衣《こうい》といった「女官=使用人身分の妃」が並立し、天皇の寵愛を競う時代になる。しかし藤原摂関家の権力の確立と、また天皇の若年化によって、十世紀後半には、天皇と摂関家の「キサキがね（お妃候補）」として育てられた姫との結婚は、その実家になる摂関家有力者の争いともなり、選び抜かれた女御が皇太后《こうたいごう》、つまり天皇の母を目指す、という時代になる。その結果、女御たちや、伊勢《いせ》・賀茂《かも》の斎王《さいおう》のような有力女性たちも、八世紀なら貴族身分の女官を目指せたような能力の高い女性たちを女房として抱えるようになる。王朝時代の女性文学が華やかに発展したのは、女性が活躍する場が増えたからではなく、実は宮中で能力のある女性が活躍できる場が少なくなり、こうしたサロンの中にぎゅっと集約されて、本名もわからない活動をするようになったからなのである。

しかしその結果、ひらがなの表現の幅を広げ、ひらがなで歴史や心情を書く技術は著しく高められた。男性社会が公用語（タテマエ）としての漢語に縛られ続けた間にも、後宮の女性たちの間では、大和言葉《やまとことば》、つまり伝統的な和語に、時々漢語を織り交ぜる言葉の実験、つまり日本語への転換が着々と推し進められていたのである。

平安後期の文化、いわゆる「国風文化」には、女性の役割が欠かせないといわれるが、単にそれだけではない。紀貫之《きのつらゆき》たちが始めた「日本語で考えること」は、清少納言《せいしょうなごん》・紫式部《むらさきしきぶ》・赤染衛門《あかぞめえもん》たち後宮サロンの人々によって独り立ちすることができた。

それはまさに「平安時代」四〇〇年の歴史の折り返し点「平安前期二〇〇年」のことだったのである。

あとがき

本書は私が卒業論文を作成するにあたり、初めて『六国史』の後半四巻を読んだときに感じた、それまで主に読んできた『続日本紀』との違い、そしてそこに書かれた九世紀の社会を平安時代と呼ぶことへの違和感を出発点にしています。

それからの研究の蓄積に加えて、本書には斎宮歴史博物館学芸員としての経験をトッピングしました。博物館の展示や各種サポーターさんへの講義などは、学術一本槍《いっぽんやり》で通るものではありません。なるだけ理解しやすい方法で解説するのが私のもう一つの仕事でもありました。その成果を活字としたというわけです。

幸いなことに私の周りには、平安前期二〇〇年を論じる同世代の研究者が多く、私の研究生活の間でも多くの成果が挙げられました。そしてこの方々と議論することや、研究成果を私なりに解釈し、再構成することで、平安前期二〇〇年のイメージが固まってきたのです。こうした出会いが本書の基礎になっています。もちろんその上の世代の先輩方、下の世代の方々の学恩は忘れられるものではありません。

参考文献ではごく一部しかご紹介できないのですが、この分野でもサイニィやウェブキャットプラスなどで書籍や論文を知っていただくことができるようになっています。さらに深く知りたい方はぜひ検索して、九世紀・十世紀という面白い世界を広げていただければと思います。

そうした研究成果について語り合ってきた友人たちの存在がなければこの本はできませんでした。四〇年近く参加している祭祀史料研究会では内田順子・土橋誠・下鶴隆・山村孝一・久禮旦雄の各氏にお世話になりました。内田・土橋・久禮の各氏は東アジア恠異《かいい》学会のメンバーでもあります。なかでも久禮氏とかつて行っていた勉強会では、古代史から妖怪、特撮まで議論が延々と広がり、どれほど刺激になったことでしょう。

そうしたことで積み上げてきた気づきを一冊の本にできたのは、中央公論新社の酒井孝博さんの企画、アドバイス、プッシュにわたるご活躍のおかげです。

そして「君の語る平安前期は面白いから」と後押しをして、原稿の下読みまで付き合ってくれた妻、榎村景子への謝辞をお許し下さい。この本が読みやすいとすれば、それは専門的すぎる要素を極力削ぎ落としてくれた彼女のチェックの賜物です。その意味で本書は、娘麻里子を含めた三人の合作とも言えるものなのです。

最後に、本書の着想の発端となった、奈良時代女官を主人公にした歴史小説『夢も定かに』の著者、澤田瞳子氏にあつく御礼申し上げます。

参考文献

同世代の研究者の参考文献。最新の成果として主に単著を挙げました。

筧敏生『古代王権と律令国家』校倉書房　二〇〇二年
坂上康俊『律令国家の転換と「日本」』（日本の歴史5）講談社　二〇〇一年
坂上康俊『摂関政治と地方社会』（日本古代の歴史5）吉川弘文館　二〇一五年
吉川真司『律令官僚制の研究』塙書房　一九九八年
仁藤敦史『古代王権と都城』吉川弘文館　一九九八年
仁藤敦史『女帝の世紀――皇位継承と政争』角川書店　二〇〇六年
仁藤敦史『都はなぜ移るのか――遷都の古代史』吉川弘文館　二〇一一年
仁藤智子『平安初期の王権と官僚制』吉川弘文館　二〇〇〇年
東海林亜矢子『平安時代の后と王権』吉川弘文館　二〇一八年
伊集院葉子『古代の女性官僚――女官の出世・結婚・引退』吉川弘文館　二〇一四年
伊集院葉子『日本古代女官の研究』吉川弘文館　二〇一六年
水口幹記『日本古代漢籍受容の史的研究』汲古書院　二〇〇五年
川尻秋生『平将門の乱』（戦争の日本史4）吉川弘文館　二〇〇七年
川尻秋生『平安京遷都』岩波新書　二〇一一年
遠藤慶太『平安勅撰史書研究』皇學館大学出版部　二〇〇六年
遠藤慶太『六国史――日本書紀に始まる古代の「正史」』中公新書　二〇一六年

遠藤慶太『仁明天皇』吉川弘文館　二〇二二年
大津透『古代の天皇制』岩波書店　一九九九年
大津透『道長と宮廷社会』（日本の歴史6）講談社　二〇〇一年
佐藤全敏『平安時代の天皇と官僚制』東京大学出版会　二〇〇八年
上島享『日本中世社会の形成と王権』名古屋大学出版会　二〇一〇年
田中貴子『日本ファザコン文学史』紀伊國屋書店　一九九八年
西村さとみ『平安京の空間と文学』吉川弘文館　二〇〇五年
市川理恵『古代日本の京職と京戸』吉川弘文館　二〇〇九年
皆川雅樹『日本古代王権と唐物交易』吉川弘文館　二〇一四年
大江篤『日本古代の神と霊』臨川書店　二〇〇七年
山内晋次『奈良平安期の日本とアジア』吉川弘文館　二〇〇三年
森公章『古代豪族と武士の誕生』吉川弘文館　二〇一三年
森公章『天神様の正体――菅原道真の生涯』吉川弘文館　二〇二〇年
山田邦和『京都都市史の研究』吉川弘文館　二〇〇九年
京樂真帆子『平安京都市社会史の研究』塙書房　二〇〇八年
小倉慈司『古代律令国家と神祇行政』同成社　二〇二一年
有富純也『日本古代国家と支配理念』東京大学出版会　二〇〇九年
倉本一宏『摂関政治と王朝貴族』吉川弘文館　二〇〇〇年
倉本一宏『一条天皇』吉川弘文館　二〇〇三年
山本淳子『枕草子のたくらみ――「春はあけぼの」に秘められた思い』朝日新聞出版　二〇一七年
古藤真平『宇多天皇の日記を読む――天皇自身が記した皇位継承と政争』（日記で読む日本史3）臨

川書店　二〇一八年
廣瀬憲雄『東アジアの国際秩序と古代日本』吉川弘文館　二〇一一年
田中史生『日本古代国家の民族支配と渡来人』校倉書房　一九九七年
上川通夫『平安京と中世仏教——王朝権力と都市民衆』吉川弘文館　二〇一五年
今正秀『藤原良房——天皇制を安定に導いた摂関政治』山川出版社　二〇一二年
長谷部将司『日本古代の記憶と典籍』八木書店出版部　二〇二〇年
遠藤みどり『日本古代の女帝と譲位』塙書房　二〇一五年
大日方克己『古代国家と年中行事』吉川弘文館　一九九三年（講談社学術文庫　二〇〇八年）
三上喜孝『日本古代の文字と地方社会』吉川弘文館　二〇一三年
丸山裕美子『清少納言と紫式部——和漢混淆の時代の宮の女房』山川出版社　二〇一五年
吉川敏子『律令貴族成立史の研究』塙書房　二〇〇六年
中林隆之『日本古代国家の仏教編成』塙書房　二〇〇七年

少し上の世代の研究者の参考文献です。本著の基盤として勉強させていただきました。

瀧浪貞子『平安建都』（日本の歴史5）集英社　一九九一年
瀧浪貞子『藤原良房・基経——藤氏のはじめて摂政・関白したまう』ミネルヴァ書房　二〇一七年
瀧浪貞子『桓武天皇——決断する君主』岩波新書　二〇二三年
橋本義則『平安宮成立史の研究』塙書房　一九九五年
橋本義則『古代宮都の内裏構造』吉川弘文館　二〇一一年

下向井龍彦『平将門と藤原純友——天慶の乱、草創期武士の悲痛な叫び』山川出版社　二〇二二年
松原弘宣『藤原純友』吉川弘文館　一九九九年
服藤早苗『家成立史の研究——祖先祭祀・女・子ども』校倉書房　一九九一年
服藤早苗『平安朝の母と子——貴族と庶民の家族生活史』中公新書　一九九一年
服藤早苗『平安朝の女と男——貴族と庶民の性と愛』中公新書　一九九五年
服藤早苗『藤原彰子』吉川弘文館　二〇一九年
義江明子『県犬養橘三千代』吉川弘文館　二〇〇九年
義江明子『古代王権論——神話・歴史感覚・ジェンダー』岩波書店　二〇一一年
義江明子『日本古代女帝論』塙書房　二〇一七年
古瀬奈津子『日本古代王権と儀式』吉川弘文館　一九九八年
古瀬奈津子『摂関政治（シリーズ日本古代史6）』岩波新書　二〇一一年
山下克明『平安時代陰陽道史研究』思文閣出版　二〇一五
荒木敏夫『可能性としての女帝——女帝と王権・国家』青木書店　一九九九年
荒木敏夫『古代天皇家の婚姻戦略』吉川弘文館　二〇一三年
岡田荘司『平安時代の国家と祭祀』続群書類従完成会　一九九四年
保立道久『平安王朝』岩波新書　一九九六年
保立道久『黄金国家——東アジアと平安日本』青木書店　二〇〇四年
西山良平『都市平安京』京都大学学術出版会　二〇〇四年
西本昌弘『桓武天皇——造都と征夷を宿命づけられた帝王』山川出版社　二〇一三年
西本昌弘『早良親王』吉川弘文館　二〇一九年
西本昌弘『平安前期の政変と皇位継承』吉川弘文館　二〇二二年
吉海直人『平安朝の乳母達——源氏物語への階梯』

世界思想社　一九九五年
関口裕子『日本古代女性史の研究』塙書房　二〇一八年
矢野建一『日本古代の宗教と社会』塙書房　二〇一八年
河添房江『光源氏が愛した王朝ブランド品』角川学芸出版　二〇〇八年
河添房江『唐物の文化史――舶来品からみた日本』岩波新書　二〇一四年

平安時代前期の研究に関わる名著を少し挙げておきます。

橋本義彦『平安貴族社会の研究』吉川弘文館　一九七六年
目崎徳衛『平安王朝』講談社　一九七五年
角田文衞『紫式部とその時代』角川書店　一九六六年
桃裕行『上代学制の研究』目黒書店　一九四七年　のち吉川弘文館より一九八三年に再刊
土田直鎮『王朝の貴族』（日本の歴史5）中央公論社　一九六五年
岡田精司『京の社――神と仏の千三百年』塙書房　二〇〇〇年　のち筑摩書房より二〇二二年に再刊
野村忠夫『後宮と女官』教育社　一九七八年
所京子『斎王和歌文学の史的研究』国書刊行会　一九八九年
所功『三善清行』吉川弘文館　一九七〇年
佐伯有清『新撰姓氏録の研究　考證篇第1～第6』吉川弘文館　一九八一～八三年
岸上慎二『清少納言伝記攷』新生社　一九五八年

＊内容は各章にわたるものが多いので、順不同にしています。同一出版社で文庫化、オンデマンド化等を行った場合はとくに記載していません。この他にも多くの論文や研究書を参考にしました。紙幅の関係で一々は記しませんでしたが、厚くお礼申し上げます。

榎村寛之（えむら・ひろゆき）

1959年大阪府生まれ．大阪市立大学文学部卒業，岡山大学大学院文学研究科前期博士課程卒業，関西大学大学院文学研究科後期博士課程単位取得退学．三重県立斎宮歴史博物館学芸普及課長等を経て，現在，斎宮歴史博物館学芸員、関西大学等非常勤講師．専攻・日本古代史．博士（文学）．

主著『斎宮―伊勢斎王たちの生きた古代史』（中公新書，2017）
『律令天皇制祭祀の研究』（塙書房，1996）
『伊勢斎宮と斎王――祈りをささげた皇女たち』（塙書房，2004）
『古代の都と神々――怪異を吸いとる神社』（吉川弘文館，2008）
『伊勢斎宮の歴史と文化』（塙書房，2009）
『伊勢斎宮の祭祀と制度』（塙書房，2010）
『伊勢神宮と古代王権――神宮・斎宮・天皇がおりなした六百年』（筑摩選書，2012）
『律令天皇制祭祀と古代王権』（塙書房，2020）ほか．

謎《なぞ》の平安前期《へいあんぜんき》
――桓武天皇《かんむてんのう》から『源氏物語《げんじものがたり》』誕生《たんじょう》までの200年《ねん》
中公新書 2783

2023年12月25日初版
2024年11月5日6版

著　者　榎村寛之
発行者　安部順一

本文印刷　三晃印刷
カバー印刷　大熊整美堂
製　　本　小泉製本

発行所　中央公論新社
〒100-8152
東京都千代田区大手町1-7-1
電話　販売 03-5299-1730
　　　編集 03-5299-1830
URL https://www.chuko.co.jp/

Published by CHUOKORON-SHINSHA, INC.
Printed in Japan　ISBN978-4-12-102783-2 C1221

中公新書

日本史

d1

- 2189 歴史の愉しみ方 磯田道史
- 2455 日本史の内幕 磯田道史
- 2295 天災から日本史を読みなおす 磯田道史
- 2729 日本史を暴く 磯田道史
- 2579 米の日本史 佐藤洋一郎
- 2389 通貨の日本史 高木久史
- 2321 道路の日本史 武部健一
- 2494 温泉の日本史 石川理夫
- 2671 親孝行の日本史 勝又基
- 2500 日本史の論点 中公新書編集部編
- 1617 歴代天皇総覧（増補版） 笠原英彦
- 2302 日本人にとって聖なるものとは何か 上野誠
- 2619 もののけの日本史 小山聡子
- 1928 物語 京都の歴史 脇田修・脇田晴子
- 2345 京都の神社と祭り 本多健一

- 2654 日本の先史時代 藤尾慎一郎
- 2709 縄文人と弥生人 坂野徹
- 482 倭国 岡田英弘
- 147 騎馬民族国家（改版） 江上波夫
- 2164 魏志倭人伝の謎を解く 渡邉義浩
- 1085 古代朝鮮と倭族 鳥越憲三郎
- 2533 古代日中関係史 河上麻由子
- 2470 倭の五王 河内春人
- 2095 『古事記』神話の謎を解く 西條勉
- 1502 日本書紀の謎を解く 森博達
- 2362 六国史《りっこくし》―日本書紀に始まる古代の「正史」 遠藤慶太
- 2673 国造―大和政権と地方豪族 篠川賢
- 804 蝦夷《えみし》 高橋崇
- 1041 蝦夷《えみし》の末裔 高橋崇
- 2699 大化改新（新版） 遠山美都男
- 1293 壬申の乱 遠山美都男
- 2636 古代日本の官僚 虎尾達哉

- 2371 カラー版 古代飛鳥を歩く 千田稔
- 2168 飛鳥の木簡―古代史の新たな解明 市大樹
- 2353 蘇我氏―古代豪族の興亡 倉本一宏
- 2464 藤原氏―権力中枢の一族 倉本一宏
- 2563 持統天皇 瀧浪貞子
- 2725 奈良時代 木本好信
- 2457 光明皇后 瀧浪貞子
- 2648 藤原仲麻呂 仁藤敦史
- 2452 斎宮―伊勢斎王たちの生きた古代史 榎村寛之
- 2783 謎の平安前期―桓武天皇から『源氏物語』誕生までの２００年 榎村寛之
- 2559 菅原道真 滝川幸司
- 2281 怨霊とは何か 山田雄司
- 2662 荘園 伊藤俊一
- 2828 加耶《かや》／任那《みまな》―古代朝鮮に倭の拠点はあったか 仁藤敦史
- 2829 女たちの平安後期―紫式部から源平までの２００年 榎村寛之